蘭室長物

历代文房艺术

Refined Ancient Stationary in Scholar's Study

CHIEF EDITOR HAN TIANHENG HAN HUIZHI
韩天衡 韩回之 主编

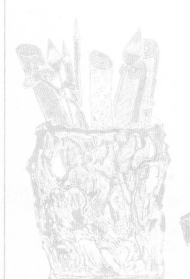

海峡出版发行集团
THE STRAITS PUBLISHING & DISTRIBUTING GROUP
福建美术出版社

兰室长物 话文房

韩天衡

中国篆刻艺术院名誉院长
西泠印社副社长
上海市非物质文化遗产「海上书法」代表性传承人

文房，泛指文人书斋文化中的器物，除却书画屏风挂轴，画案桌椅，大多是案几间袖珍玲珑的小件物品，其物虽小，却承载、记录、传承、弘扬着中华民族五千年灿烂的文明史，功绩可谓大矣。

民间素有文房四宝之说：笔、墨、纸、砚。其实不然，文房的品类实在丰富多彩，满目琳琅，品类岂止百千之数。远在南宋赵希鹄所撰《洞天清禄集》中就列入了古琴、古砚、古钟鼎彝器、怪石、砚屏、笔格、水滴、古翰墨笔迹、古画等九项内容。然当时流行的实用和装点的文房器物远远不止这些，可见风气之盛。

到了明末文震亨著的《长物志》，洋洋万言的十二卷，综合概述了明代文人清居生活的境况，在卷七《器具》中，列入的文房用具，计有砚、笔、墨、纸、笔格、笔床、笔屏、笔筒、笔船、笔洗、笔掭、水中丞、水注、糊斗、蜡斗、镇纸、压尺、贝光、裁刀、剪刀、书灯、印章、文具等。这些都仅仅是实用的文房用具，述其大概而未及详介。

此外，还记录有文房清玩雅物，如香炉、袖炉、手炉、香筒、如意、钟磬、数珠、扇坠、镜、钩、钵、琴、剑等。另外在卷三《水石》、卷五《书画》、卷六《几榻》、卷十二《香茗》中，还表述了大量的文房清玩，如灵璧石、昆山石、太湖石、粉本、宋刻丝、画匣、书桌、屏、架、几、沉香、茶炉、茶盏等。对这些文房器物衍生变化的创作，别出心裁的布置和极尽个性的刻意追慕，体现了彼时高层文人『于世为闲事，于身为长物』的立异炫奇、乐在其中的悠游心境。

文房之所以受到历代文人的普遍钟爱，不仅是因为其有实用价值，而是作为载体，千百年来殚精竭虑的文人赋予了它丰瞻深厚的文化的、艺术的、史料的内涵。同时，也显示出充满智慧的工匠，在文房器的构思和制作上显示出的非凡的想象力、变通力和创造力。曼妙精致、美轮美奂的文房是大匠巨擘的心力结晶，也是文人雅士相伴一世的挚友和伴侣。如砚台一属，文人墨客皆宝爱有加，昵称为砚田，乃作文遣词，笔歌墨舞，是有关仕途、生计之重器。砚台或端，或歙，或红丝，或洮河，或松花，或澄泥，必先严选其质，由砚工妙构巧作，或精细入微，或浑然天成，继而选上好硬木制匣，匣上或嵌玉、或镶金，或髹漆，极尽奢华。往往又在其上赋诗题记，抒发情怀，记述故事，复有金石家镌刻上石，嵌绿填金。若是古器，则每每书画文辞，积玉缀珠，文采斐然，凭添史实，内涵满溢，此等尤物怎不令人欢喜无量，珍若球图。

文房者贵在有『文』，足令文人痴迷，逸事趣谈，车载船装，传颂千古。若苏东坡之好砚，米襄阳之好石，项子京之好书画，毛子晋之好古籍，毛奇龄之好印石，丁日昌之好墨，陈介祺之好吉金，汪启淑之好印谱，张鲁庵之好印泥，秦康祥之好竹雕，陆心源之好瓦甓，……不胜枚举，堪称百代艺苑佳话。附带的谈点常识，在文房书斋里，张挂书画是必不可少的。然而，画之张挂则早于书法，书法轴的挂之壁间，当是元末明初际发蒙。这与纸张制作的趋于大张化有关，也与习俗的拓展有关。而对联的书写与张挂则以明代中期为滥觞。

文房种类繁多，百奇千怪。虽出现有早晚，成熟分先后，而至清代堪称无物不有，无饰不精，包罗万象，出人意表，蔚为大观。上下数千年的绚烂文房艺术文化，是我国独有的文化见证、艺术瑰宝，是先民中能工巧匠与文人雅士才智共融的智慧结晶，弥足珍贵。

然而，在上世纪中叶的一段时间里，文房一属冷落寂寞，且一切趋于简约，甚至无奈地被归为『四旧』，打上封资修的印记，可悲可笑可怜。好在，俱往矣，否极泰来，改革开放这三十余年，祥和宽容的氛围，传统优秀文化的被重视，人民生活质量的大提高，以及审美意识的进步，文房的制作和收藏日新日日新地在迅速复苏，同时也彰显了文化自信的回归和拓展。文房具其实用性似有减退，但是赏玩性存在感却在递增。无论是能工巧匠还是受众乃至藏家都对文房器物有着求美、求巧、求别致、求个性化、求现代性的高上追求。

这次由我策展的《兰室长物——历代文房具特展》汇集了海内外十位低调藏家的庋藏。对参展藏家的无私支持，令我感动。此展文房类的书画、石墨、杂件达六百件，跨度三千年，自商周秦汉魏晋唐宋元明清至近当代，不乏孤品、珍品、妙品，足资观赏。

然而收藏，对于藏家永远是『家蓄万物，犹缺一物』留有遗憾的乐事。对于这个展事也是如此，『十全十美』、『一网打尽』显然是不现实的。好在这只是一个开始。相信以后一定会有同道能人，乃至公家馆院，以更精博的展示，来弥补我力不从心而显见的不足。期待着。

二零一七年二月七日於豆庐

目录

图版

器物

专论

蘭室長物

历代文房艺术

书画

Refined Ancient
Stationary
in Scholar's Study

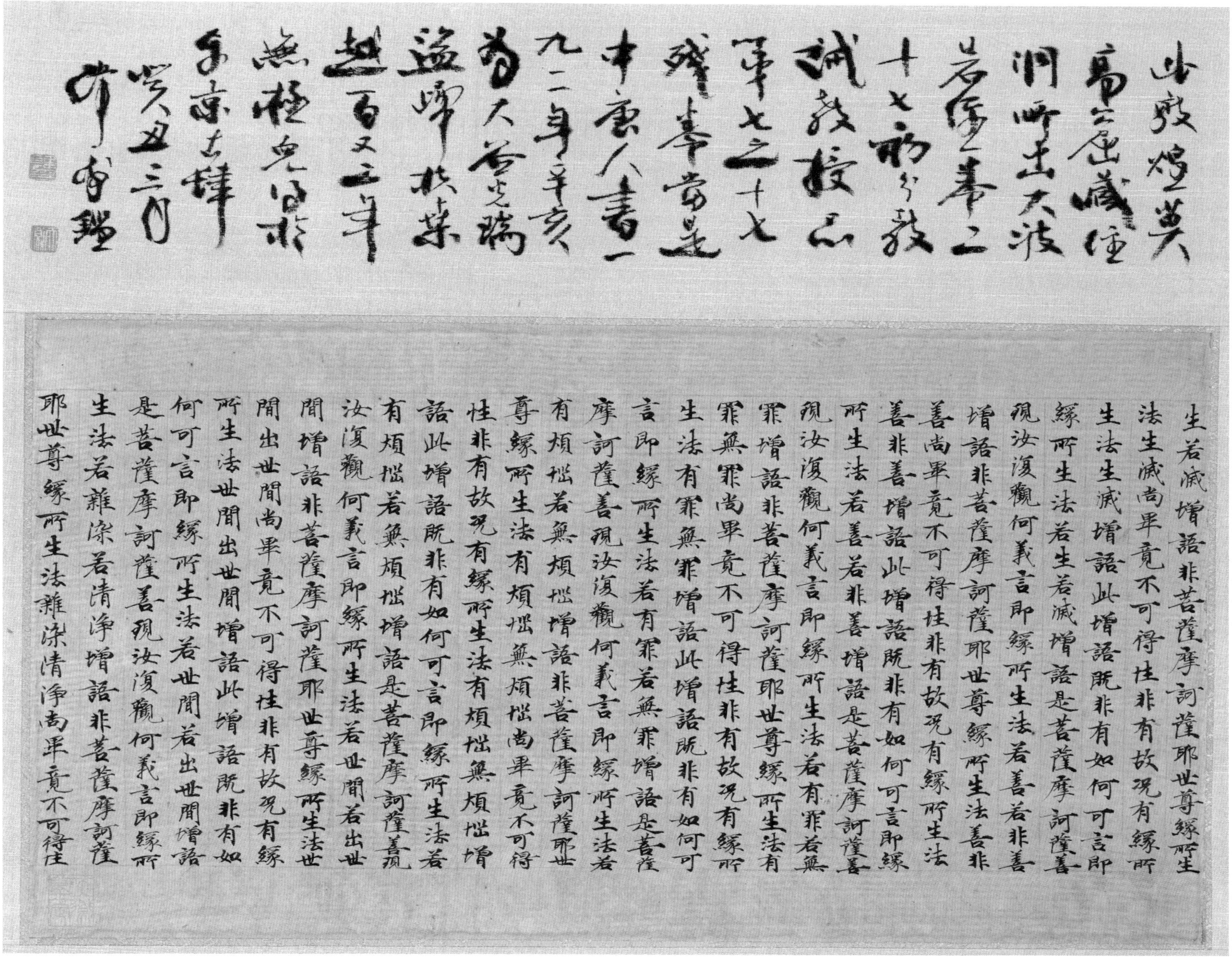

唐

佚名

楷书大般若经

纸本 25.5×48厘米

大谷光瑞旧藏

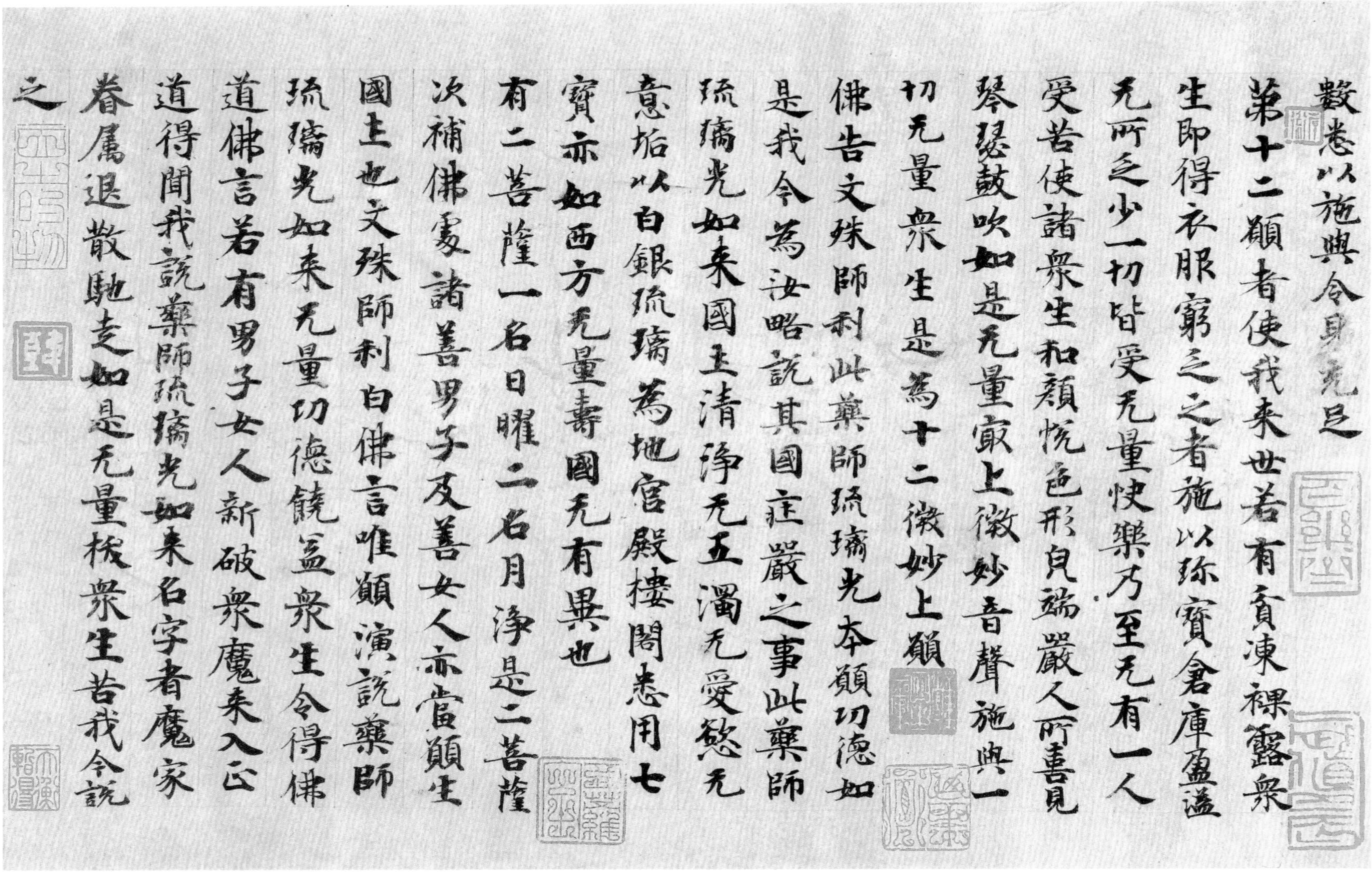

數卷以施與令身无乏
第十二願者使我来世若有貧凍裸露衆
生即得衣服窮之之者施以珍寶倉庫盈溢
无所乏少一切皆受无量快樂乃至无有一人
受苦使諸衆生和顏悅色形貌端嚴人所喜見
琴瑟鼓吹如是无量最上微妙音聲施與一
切无量衆生是為十二微妙上願
佛告文殊師利此藥師琉璃光本願功德如
是我今為汝略說其國莊嚴之事此藥師
琉璃光如来國土清淨无五濁无愛欲无
意垢以白銀琉璃為地宫殿樓閣悉用七
寶亦如西方无量壽國无有異也
有二菩薩一名日曜二名月淨是二菩薩
次補佛處諸善男子及善女人亦當願生
國土也文殊師利白佛言唯願演說藥師
琉璃光如来无量功德饒益衆生令得佛
道佛言若有男子女人新破衆魔来入正
道得聞我說藥師琉璃光如来名字者魔家
眷屬退散馳走如是无量拔衆生苦我今說
之

唐

佚名

楷书灌顶经

纸本　23×36厘米

宋

马麟（生卒不详）

松溪泊舟图

绢本 36×28厘米

庞莱臣旧藏

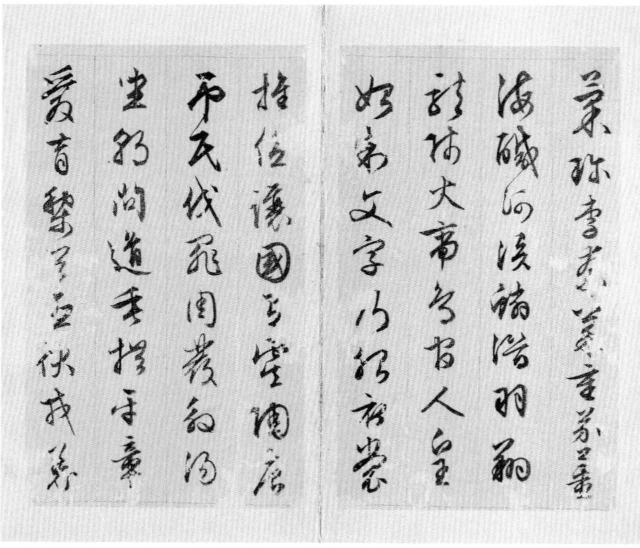

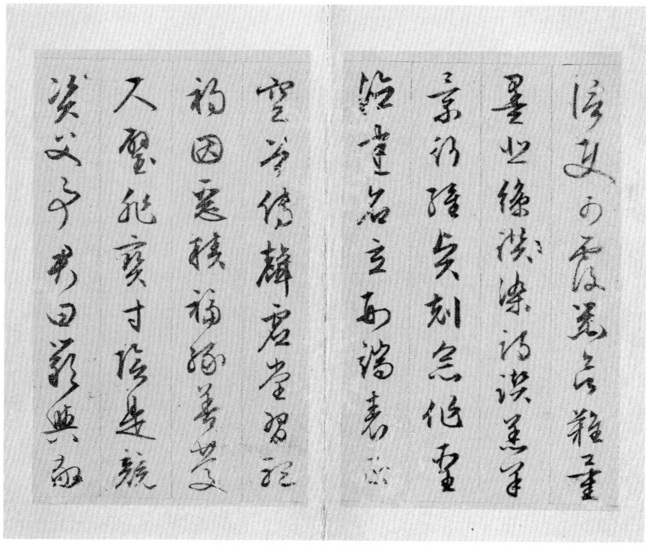

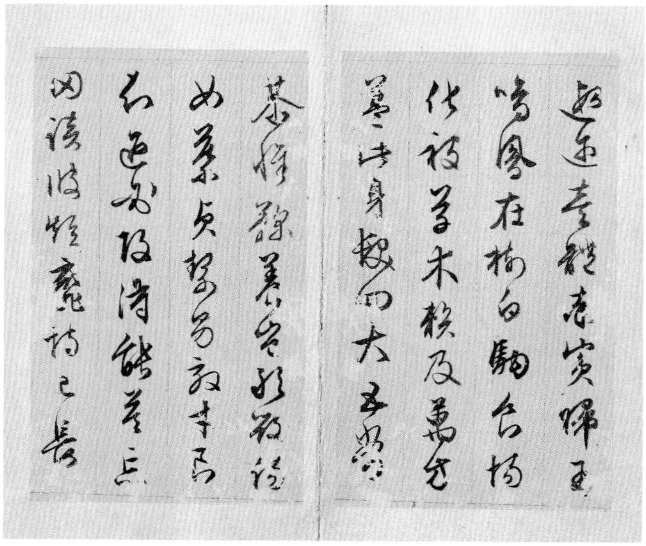

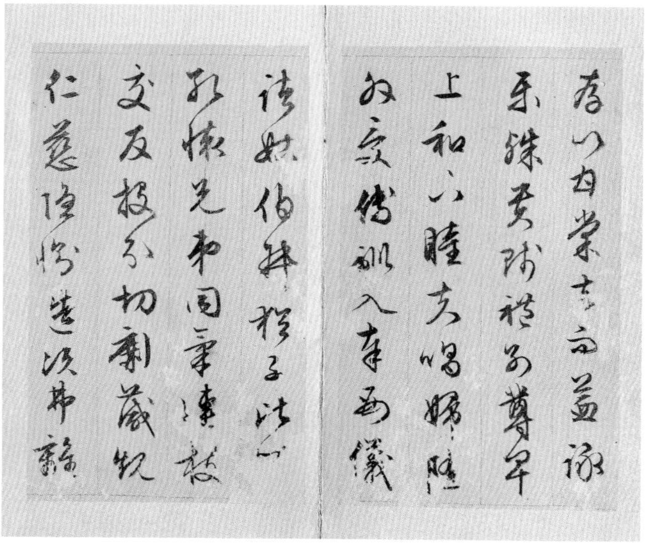

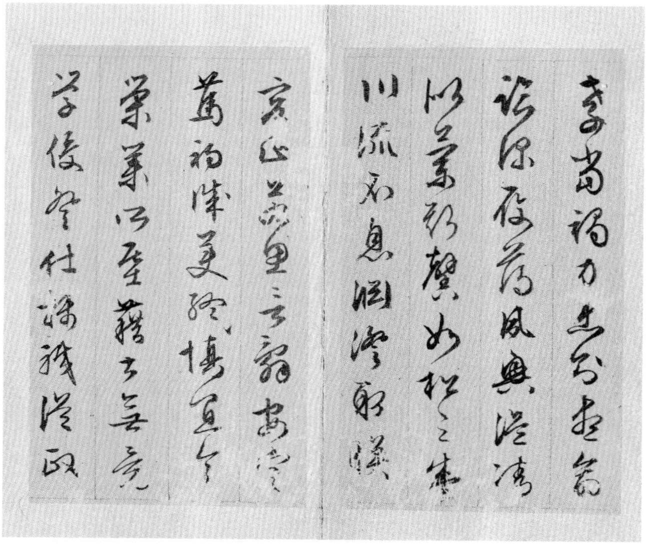

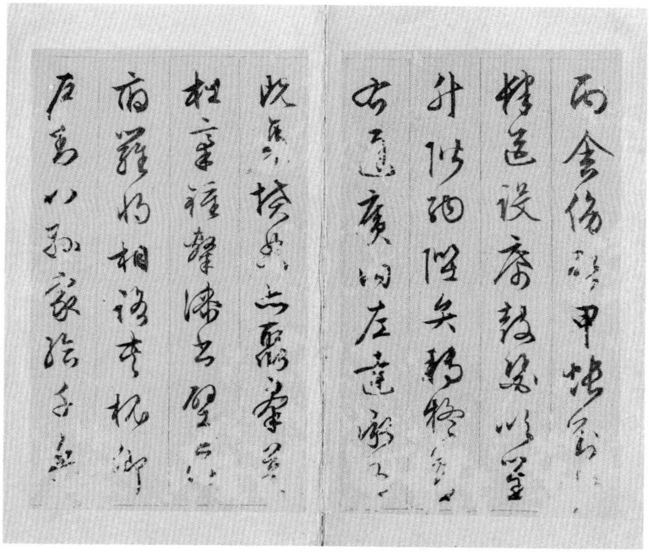

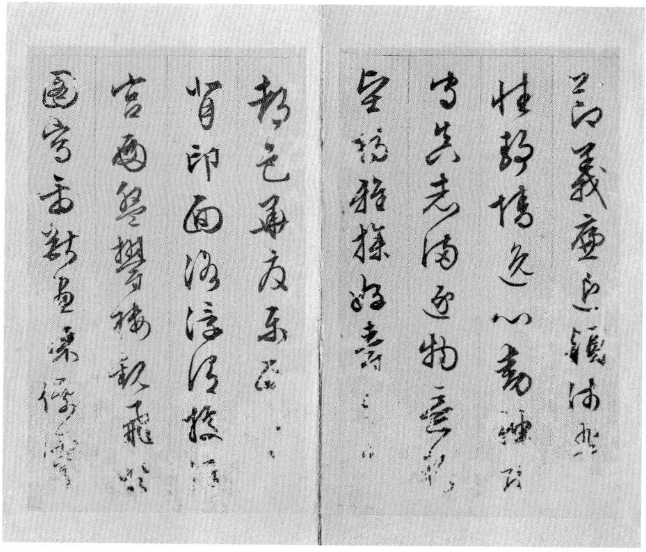

明
文徵明（1470 ~ 1559）
行书《千字文》册
1550年作
绢本 29.5×17.5 厘米 ×15 开

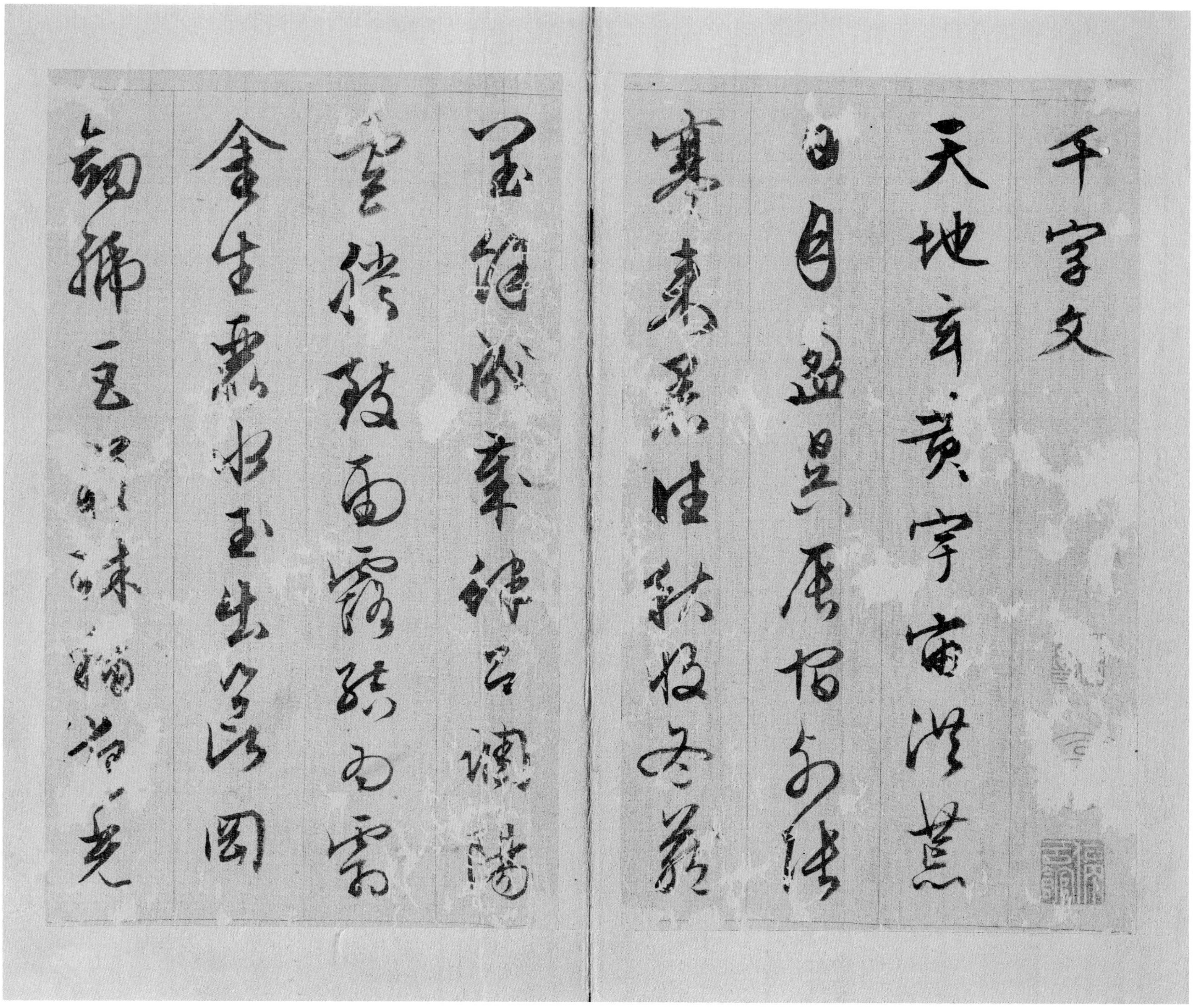
千字文
天地玄黄宇宙洪荒
日月盈昃辰宿列张
寒来暑往秋收冬藏
闰余成岁律吕调阳
云腾致雨露结为霜
金生丽水玉出昆冈
剑号巨阙珠称夜光

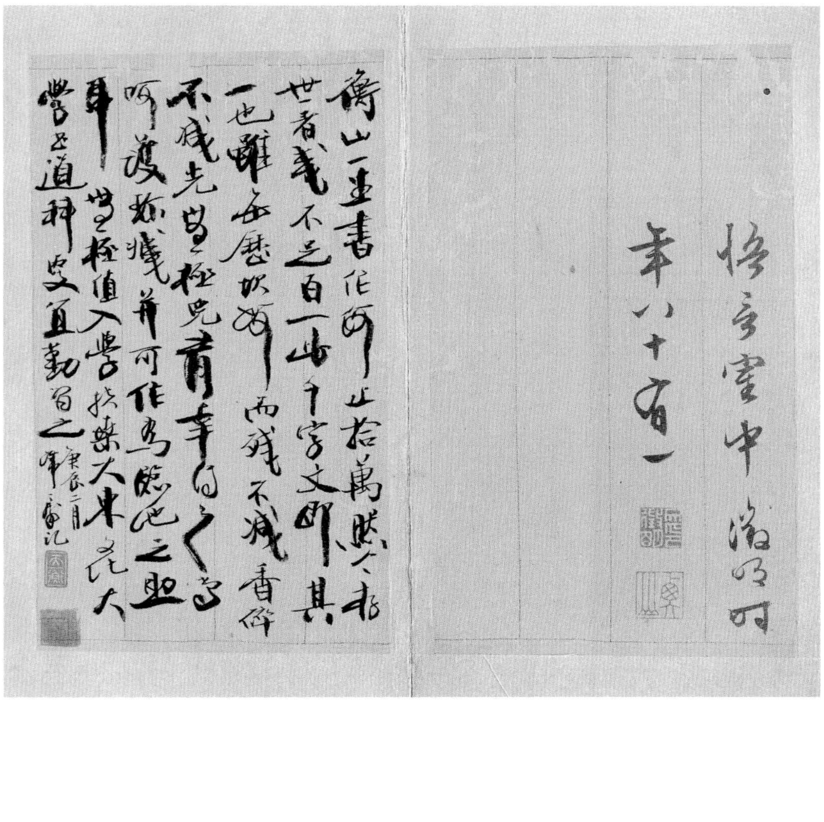

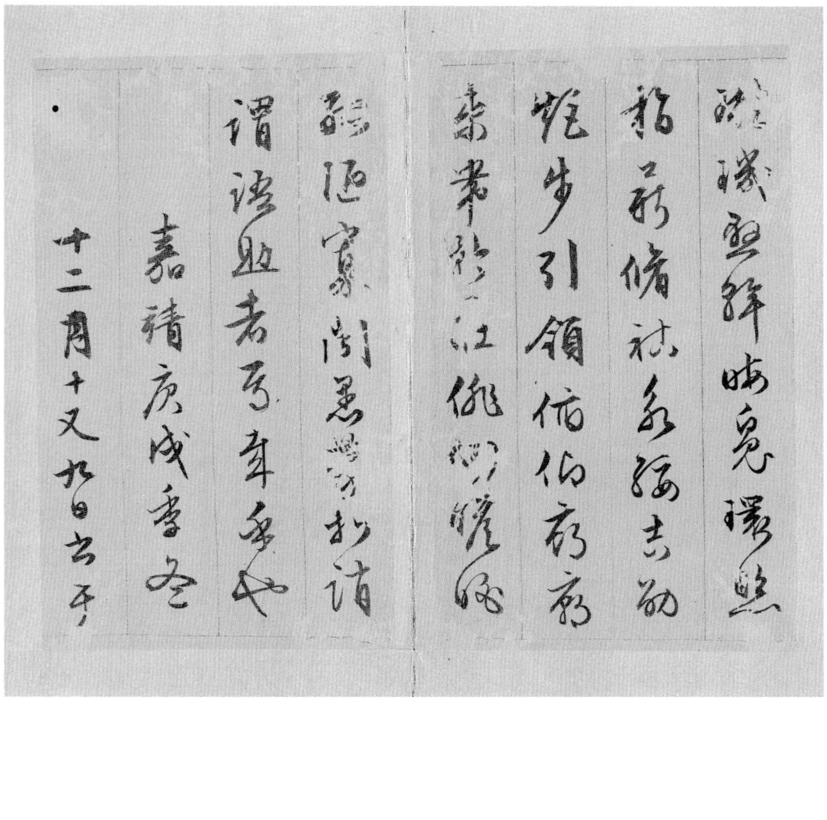

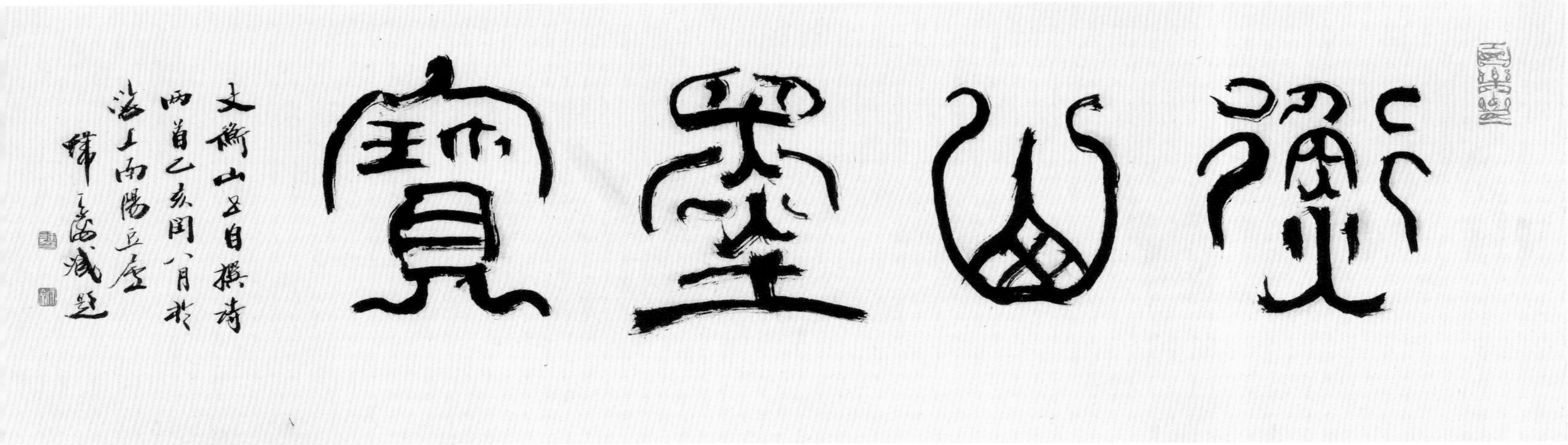

明
文徵明（1470 ～ 1559）
行书进春朝贺卷
1552年作
纸本 30×91厘米

圓蓋雲峰糖屬爭劍

復星辰慕先驚旅

日月明十里喜風傳聲

辭弟方和氣塲語辭白

頌明報紀元墨彤裁

思文頌太平

壬子二月十六日重錄

惟明

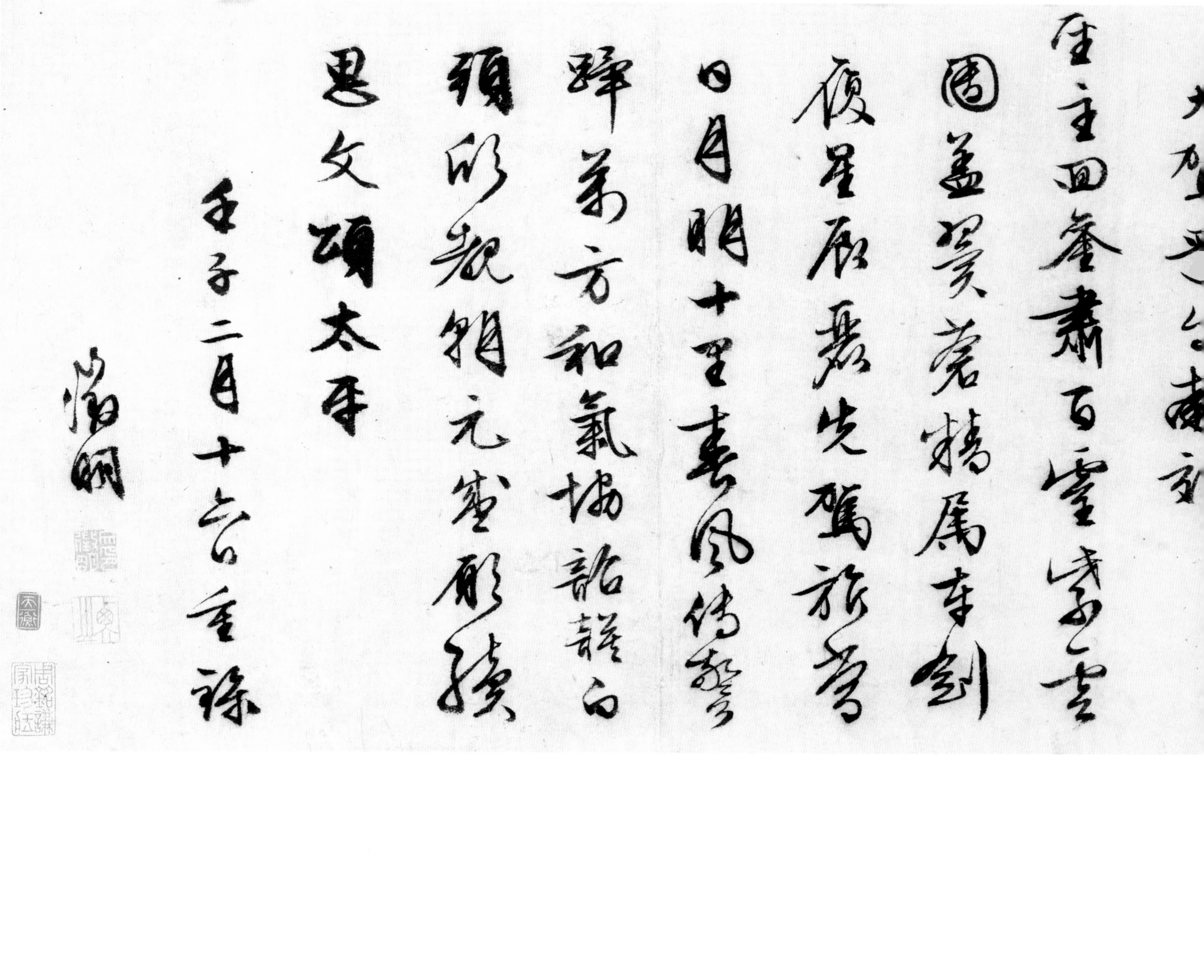

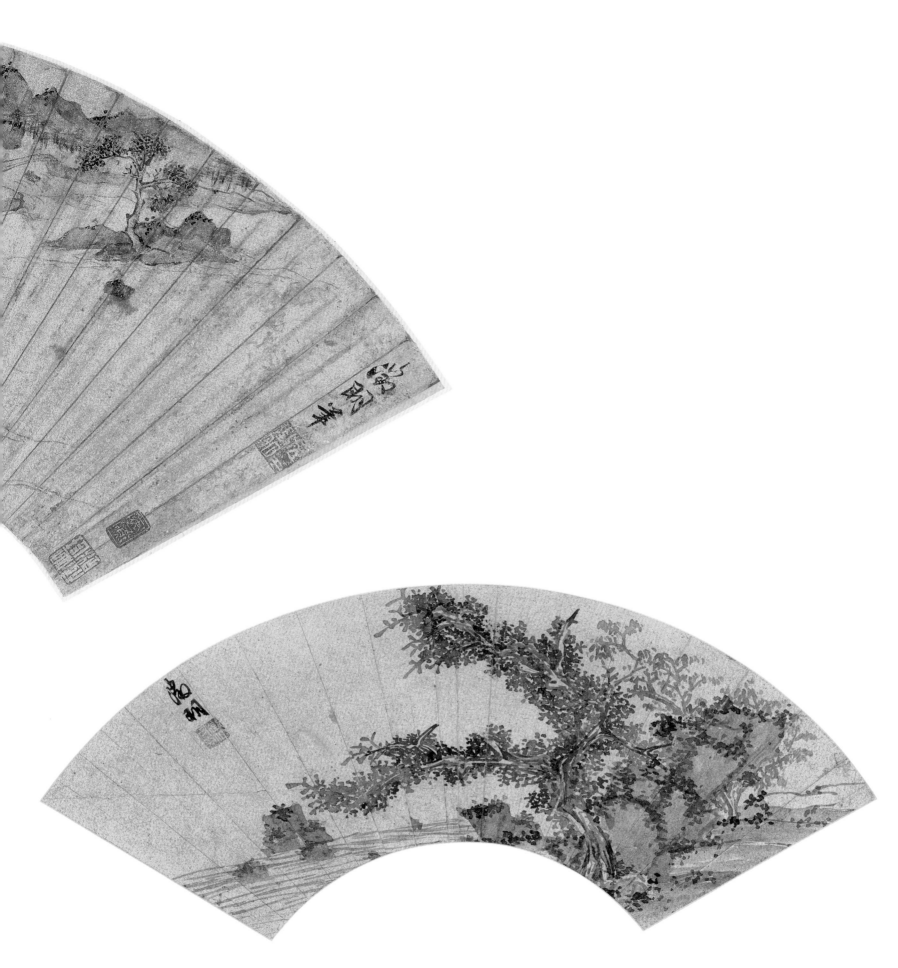

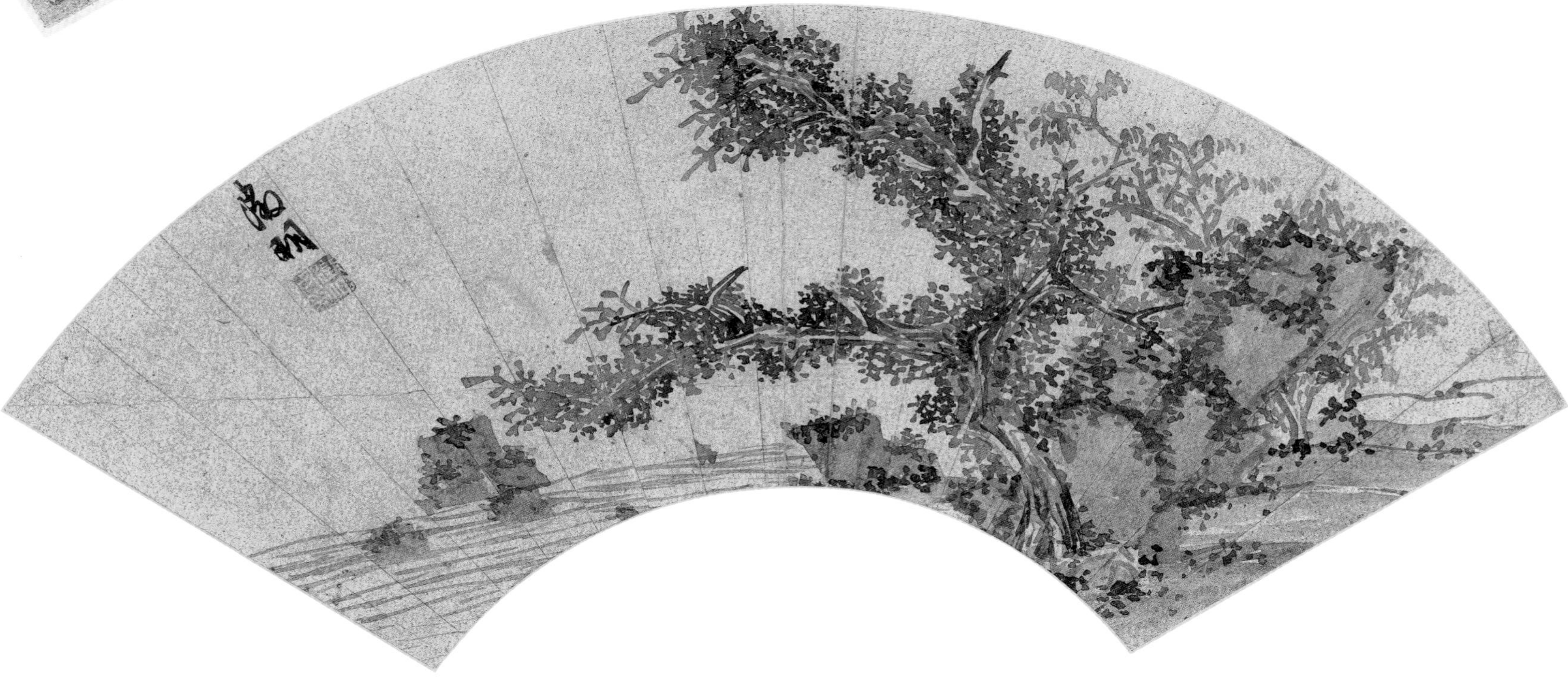

明
文徵明（1470 ~ 1559）
古树奇石扇面
泥金纸 23×49 厘米

明

文徵明（1470～1559）

山水扇面

纸本　24×52厘米

明

丁云鹏（1547～1628）

太平洗象图

纸本 103×49厘米

明
董其昌（1555～1636）
王维诗意图
绢本 102×50厘米

明

董其昌（1555 ~ 1636）

楷书七言诗扇面

纸本 25×52 厘米

一丘一壑
戊辰夏孟
為圃為農
果亭瑞圖書

明

张瑞图（1570 ~ 1641）

行书『一丘·为圃』四言联

1628年作

纸本 176×41厘米×2

明

吴彬（1573～1620）

阮修像

1595年作

纸本 161×43厘米

何绍基书《阮修传》诗塘

阮修傳

阮修字宣子好易老善清言嘗有論鬼神有無者皆以
人死者有鬼修獨以為無曰今見鬼者云著生時衣服若人
死有鬼衣服有鬼耶論者服焉後遂伐社樹或止之修
曰若社而為樹伐樹則社移樹而為社伐樹則社亡矣性
簡任不脩人事絕不喜見俗人遇便舍去意有所思率尓
褰裳不避晨夕至或無言但欣然相對常步行以百錢
挂杖頭至酒店便獨酣暢雖當世富貴而不肎顧家無
儋石之儲晏如也與兄弟同志常自得於林阜之間王衍
當時談宗自以論易略盡然有所未了研之終莫悟每
曰不知比沒當見能通之者否衍族子敦謂衍曰阮宣子可
與言衍曰吾亦聞之但未知其亹亹之處定何如耳及與
修談言寡而旨暢衍乃歎服焉梁國張偉志趣不常自
隱於屠釣修愛其才美而知其不真偉後為黃門郎
陳留內史果以世事受累修居貧年四十餘未有室王
敦等斂錢為婚皆名士也時慕之者求入錢而不得修所
著述甚寡嘗作大鵬贊曰蒼蒼大鵬誕自北溟假精靈
鱗神化以生如雲之翼如山之形海運水擊扶搖上征
翕然神舉背負太清志存天地不屑唐庭鷽鳩仰笑
尺鷃所輕超世高逝莫知其情王敦時為鴻臚卿謂
修曰卿常無食鴻臚丞差有祿能作否修曰亦復可尓
耳遂為之轉太傅行參軍太子洗馬避亂南行至西
陽期思縣為賊所害時年四十二

寄雲前輩正書　世侍何紹基

何绍基书《阮修传》诗塘

明

吴彬（1573 ~ 1620）

工笔汉钟离

绢本 52×29厘米

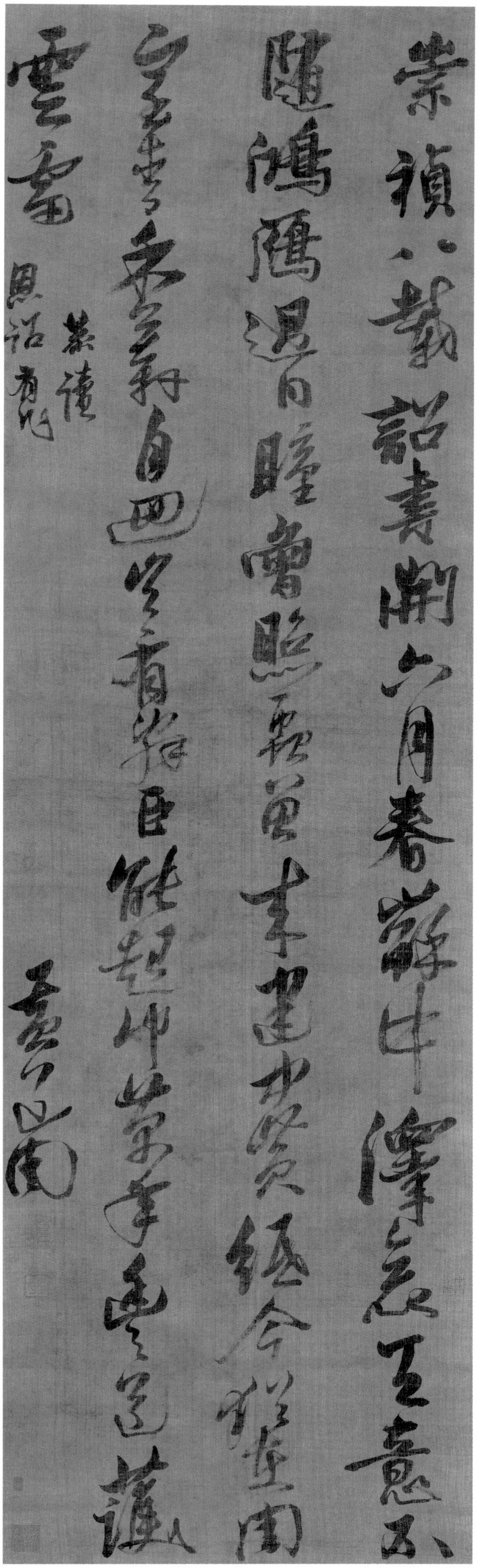

明

黄道周（1585 ~ 1646）

行书恭读恩诏有作

绢本　168×49 厘米

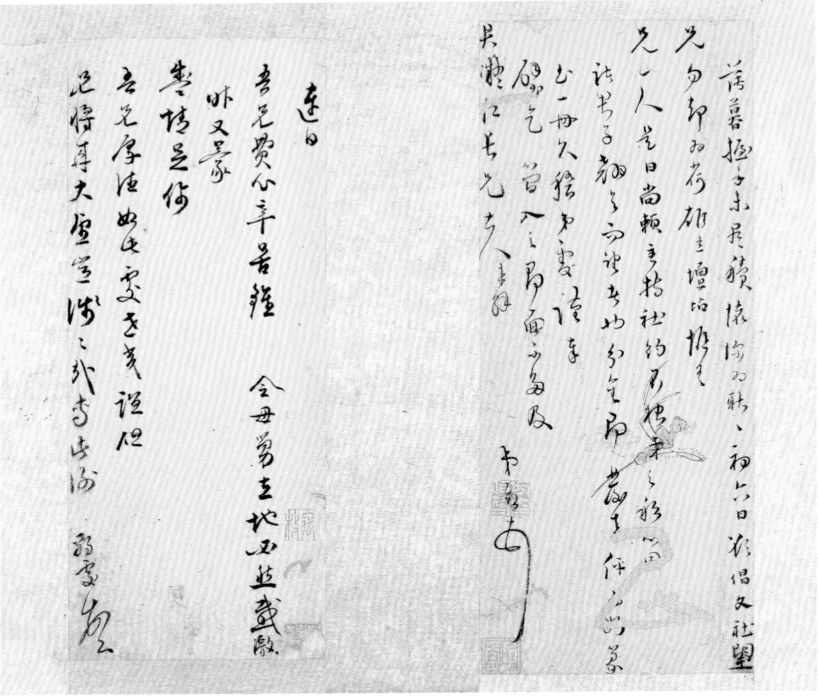

明末清初名贤尺牍

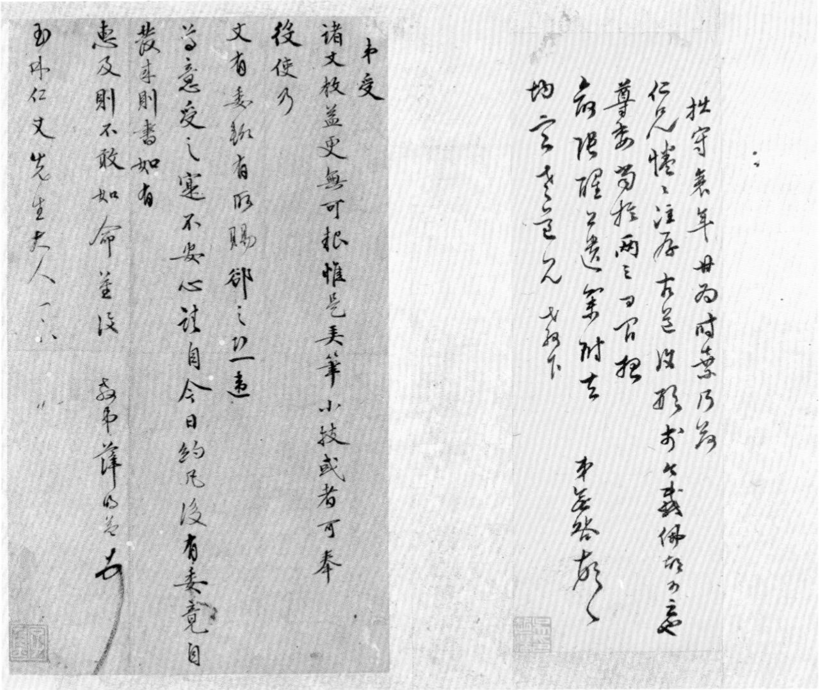

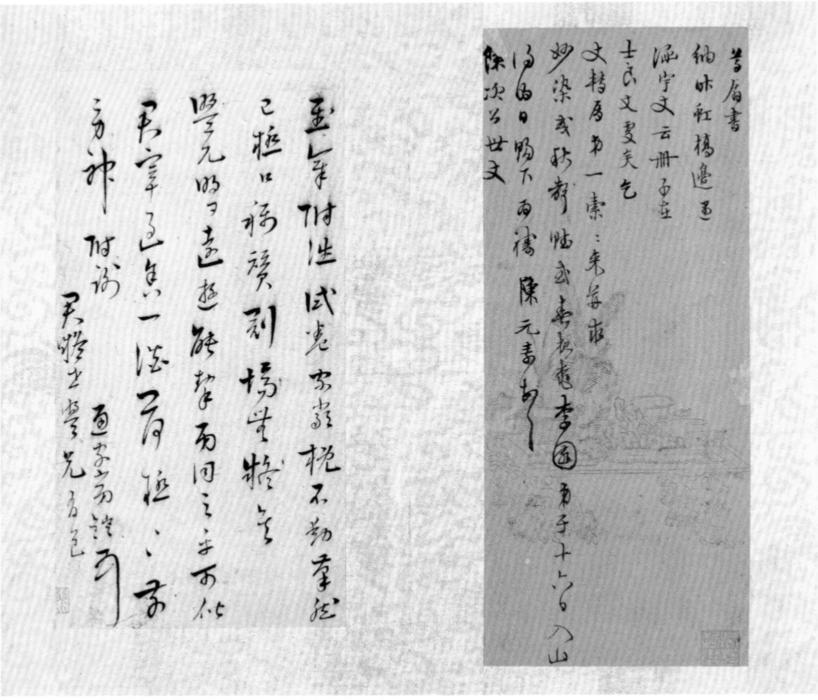

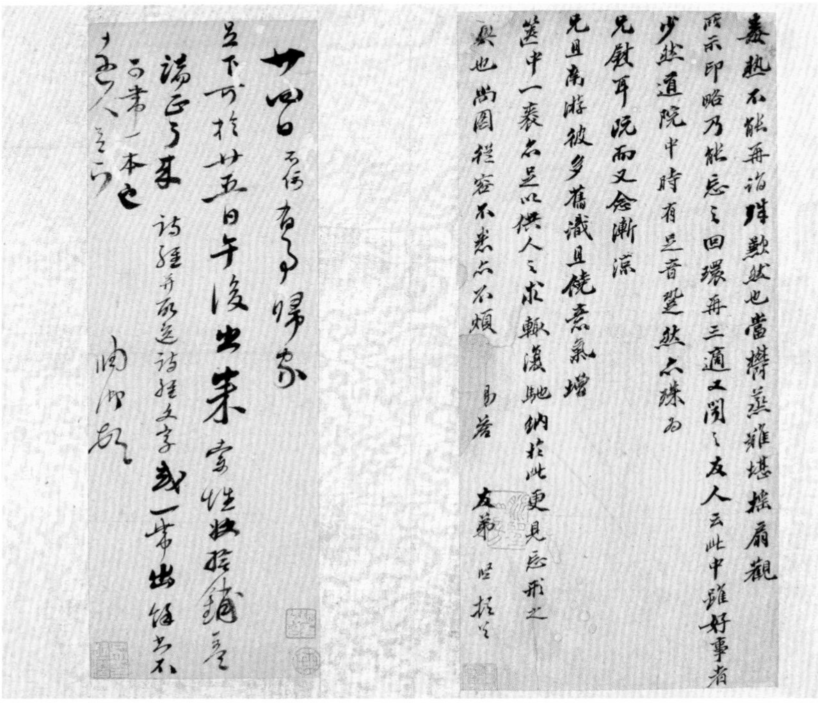

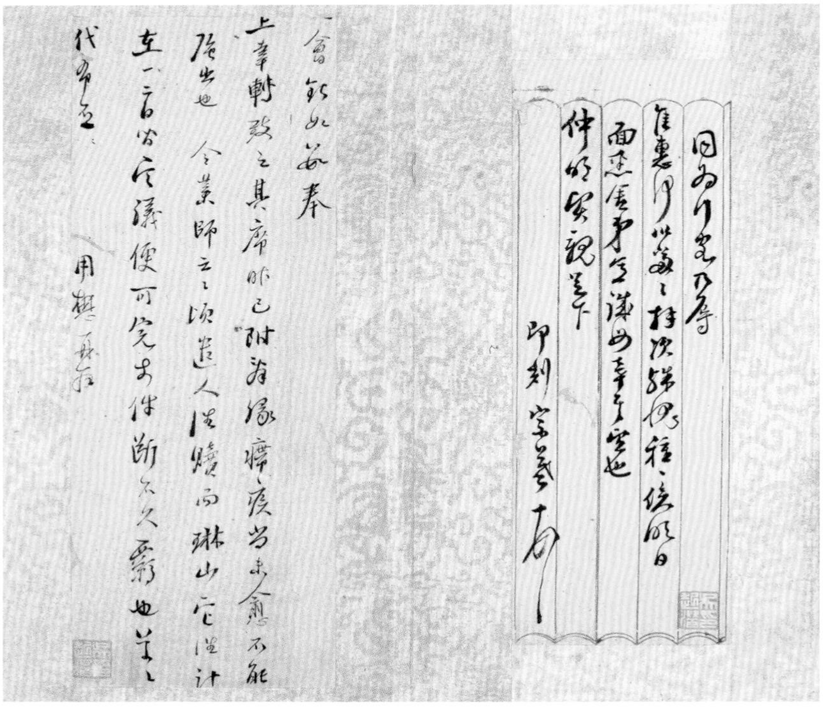

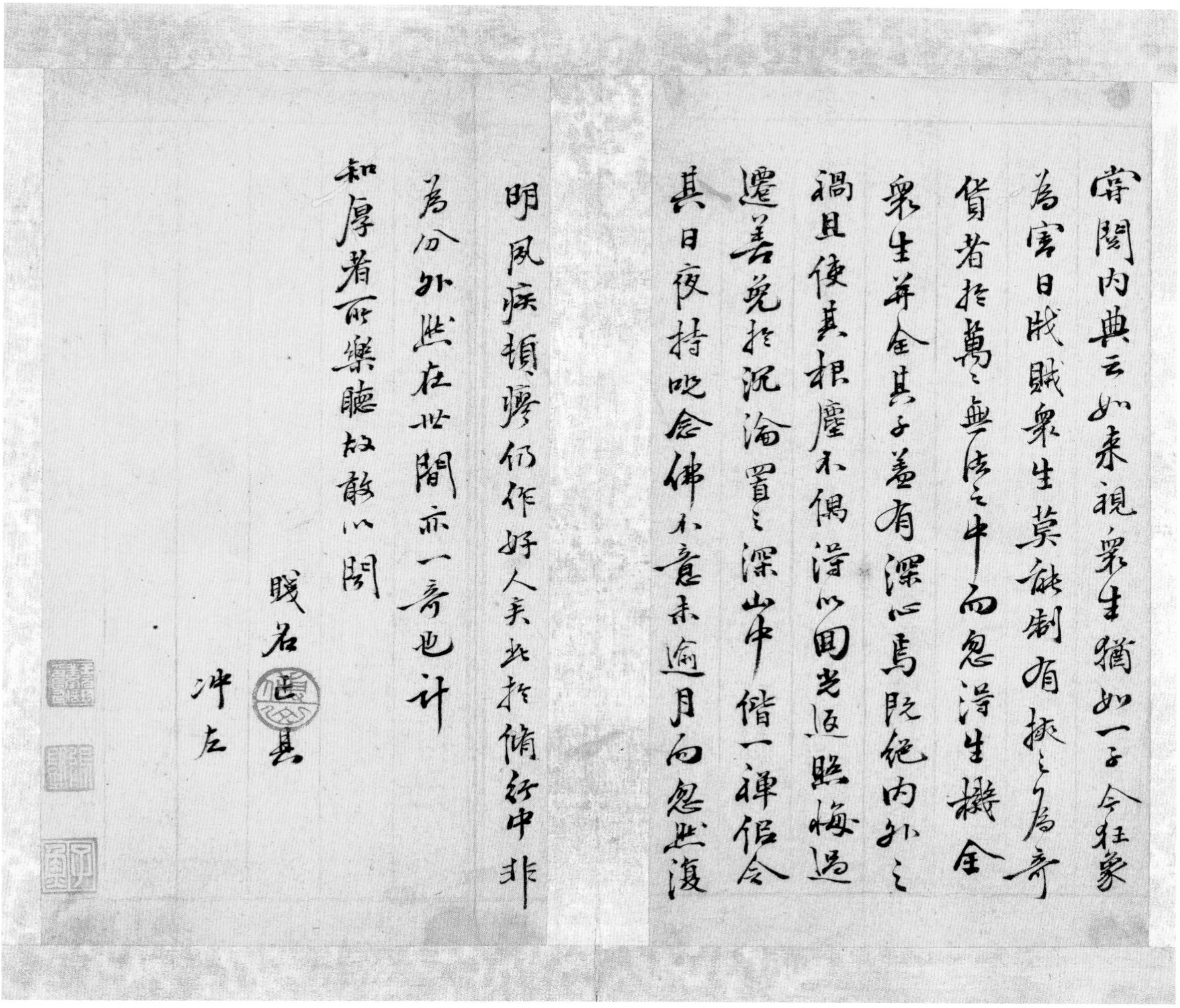

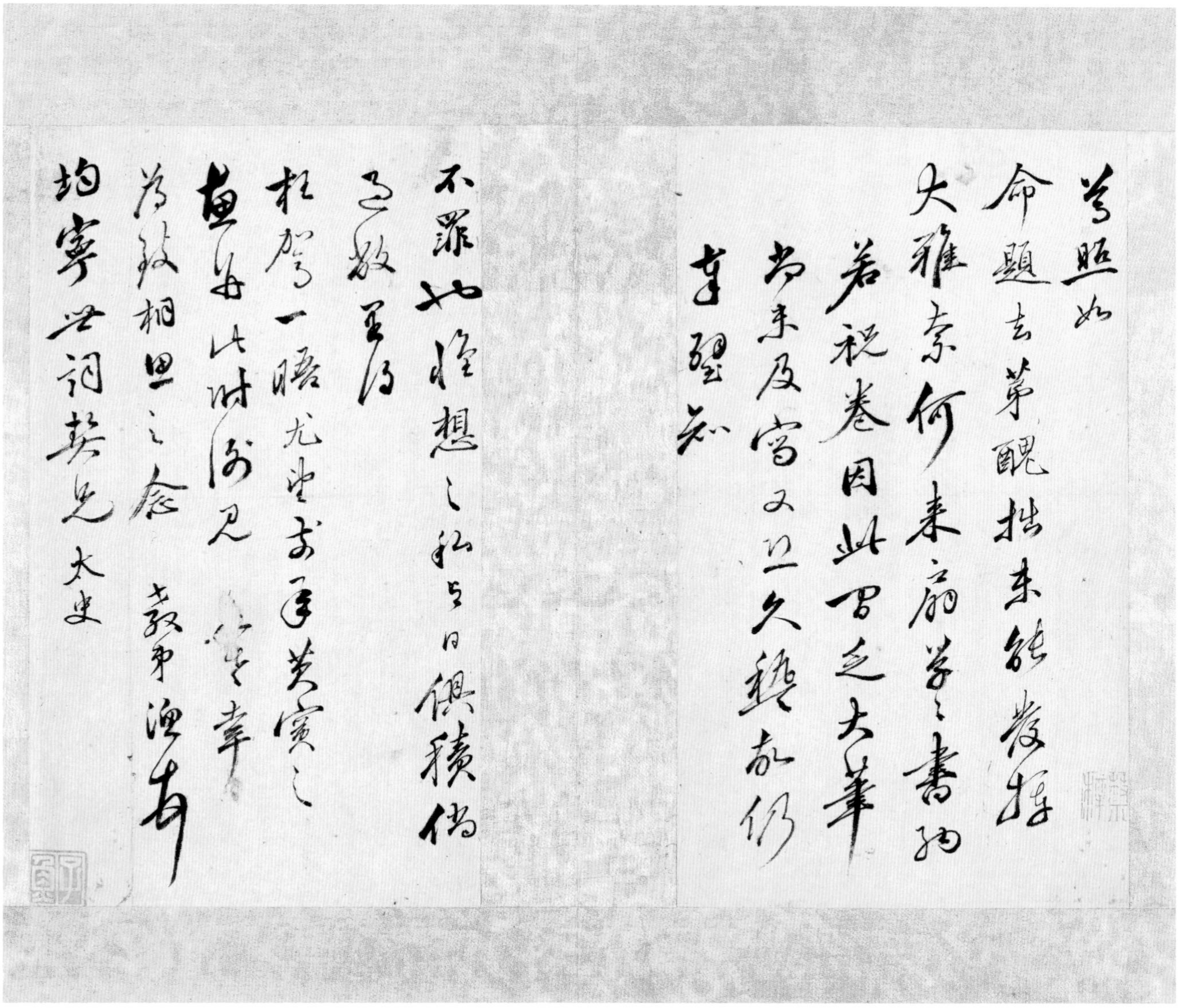

清

傅山、李渔等七家信札

纸本 尺寸不一

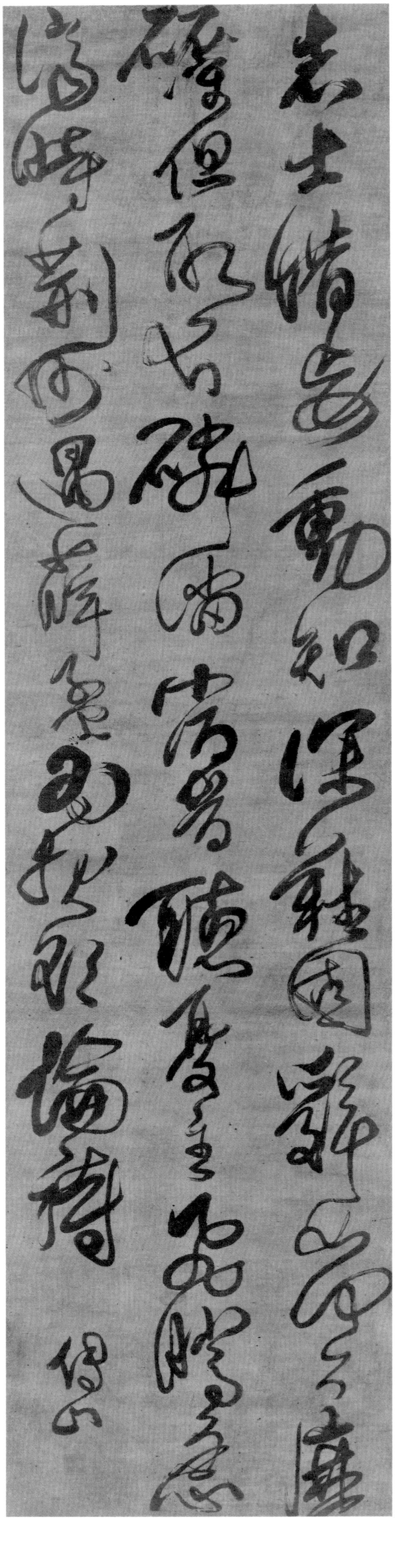

清

傅山（1607～1684）

草书五言诗

绢本 168×42厘米

清

李鱓（1686 ~ 1756）

芦汀双鹭图

1752年作

纸本 178×46厘米

清

佚名

工笔花篮图

绢本　28×170厘米

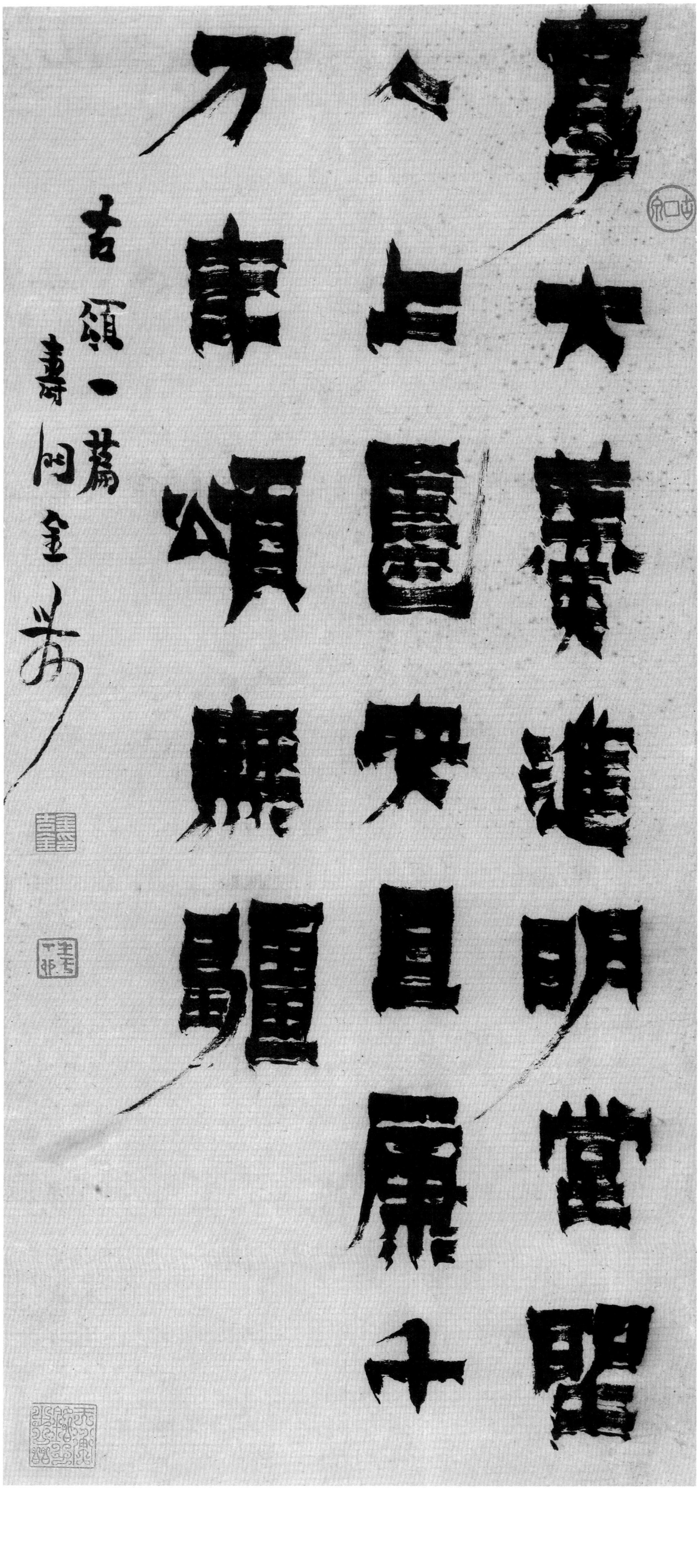

清

金农（1686～1763）

隶书古颂

纸本 69×29厘米

清

金农（1686～1763）

隶书鹤赋

1754年作

纸本 167×52厘米

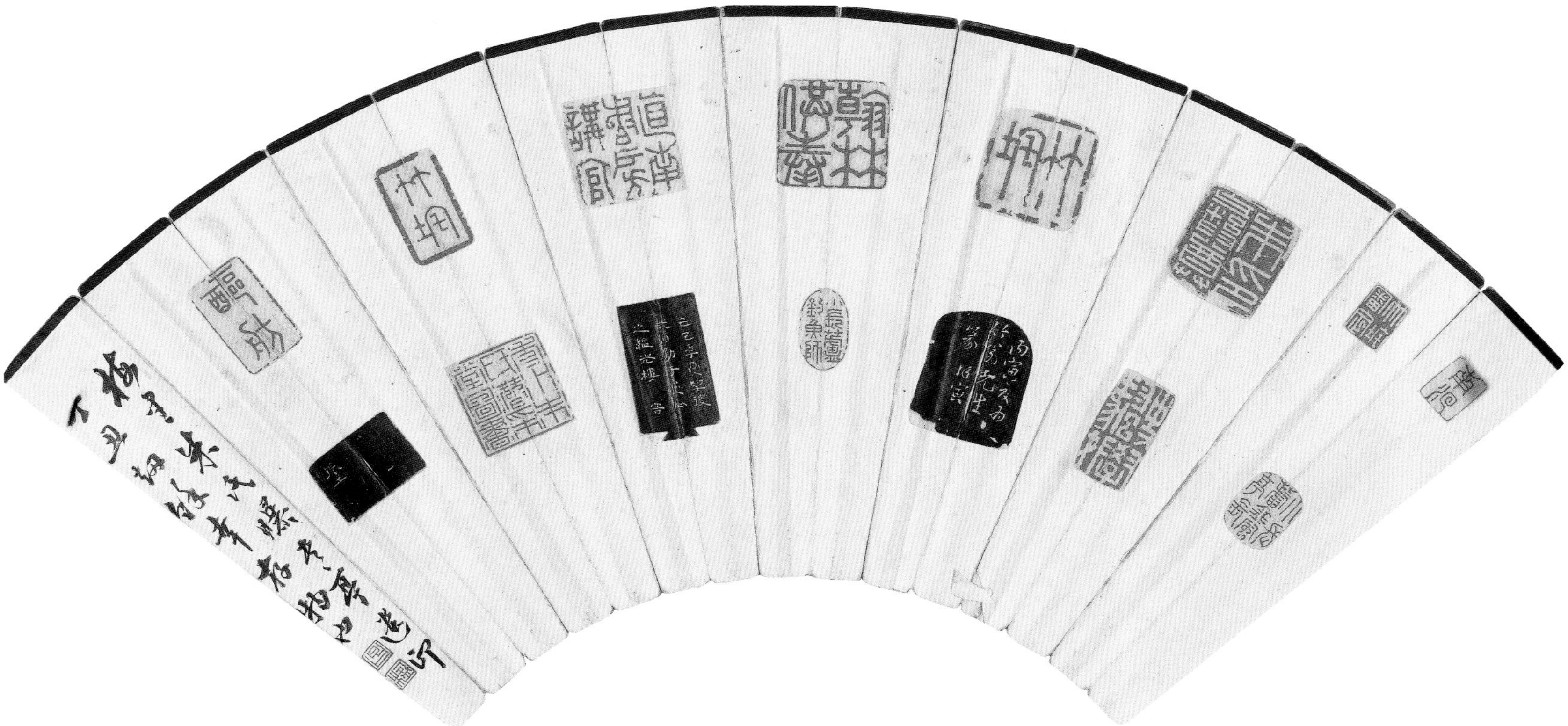

清

朱彝尊（1629 ~ 1709）
辑曝书亭遗印蜕扇面
纸本 25×48厘米

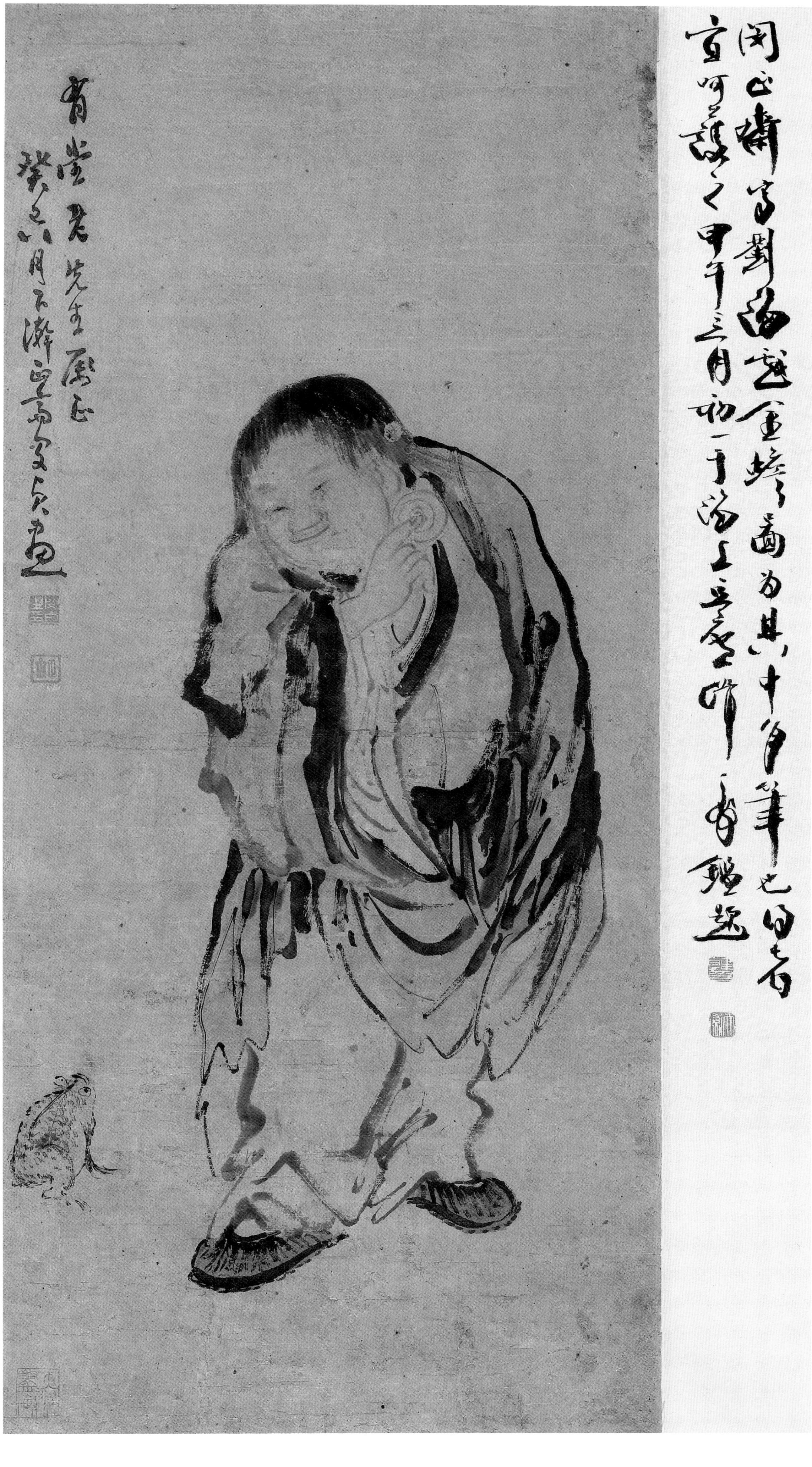

清
闵贞（1730～？）
刘海戏金蟾图
1773年作
纸本 63×28厘米

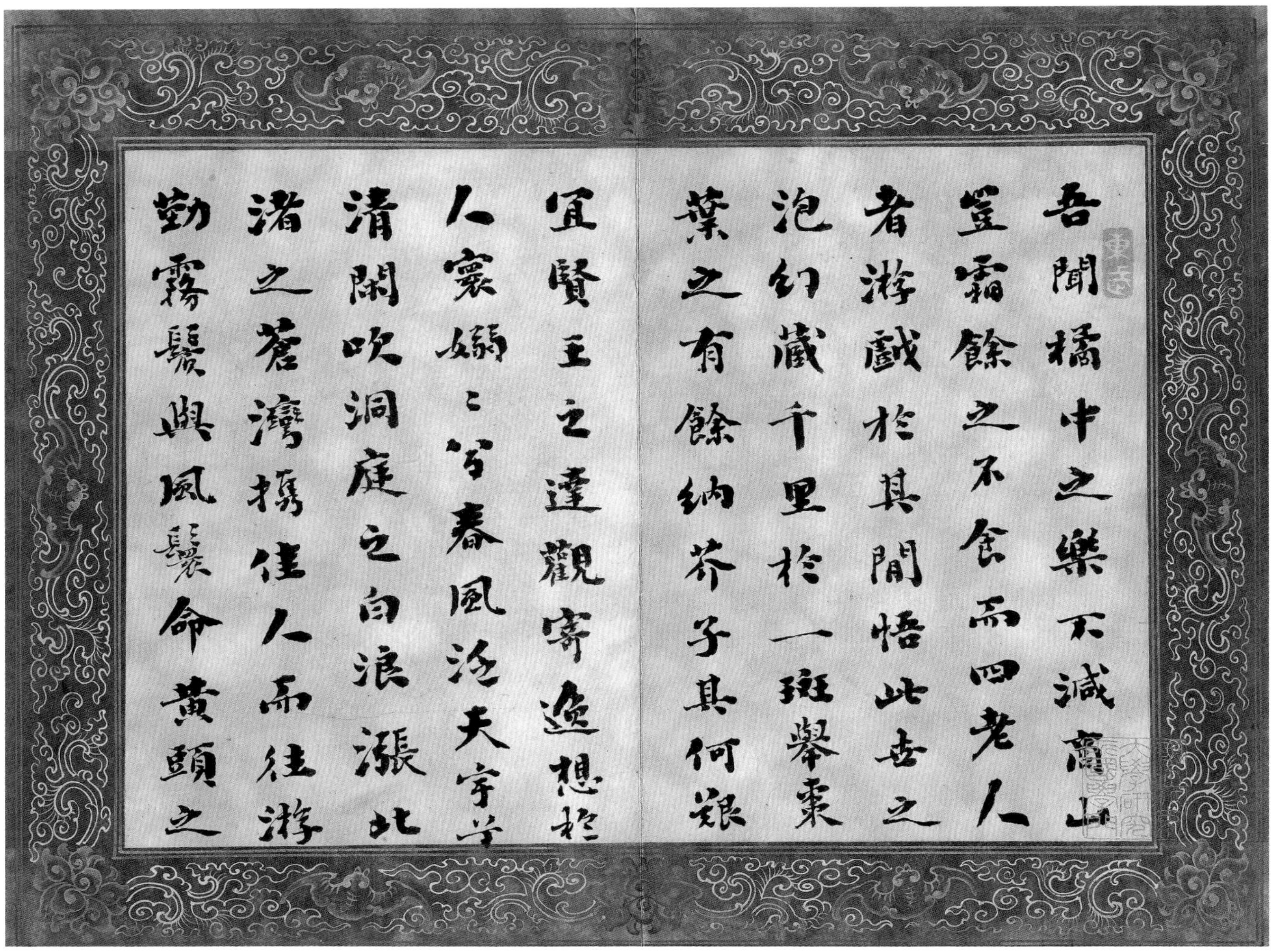

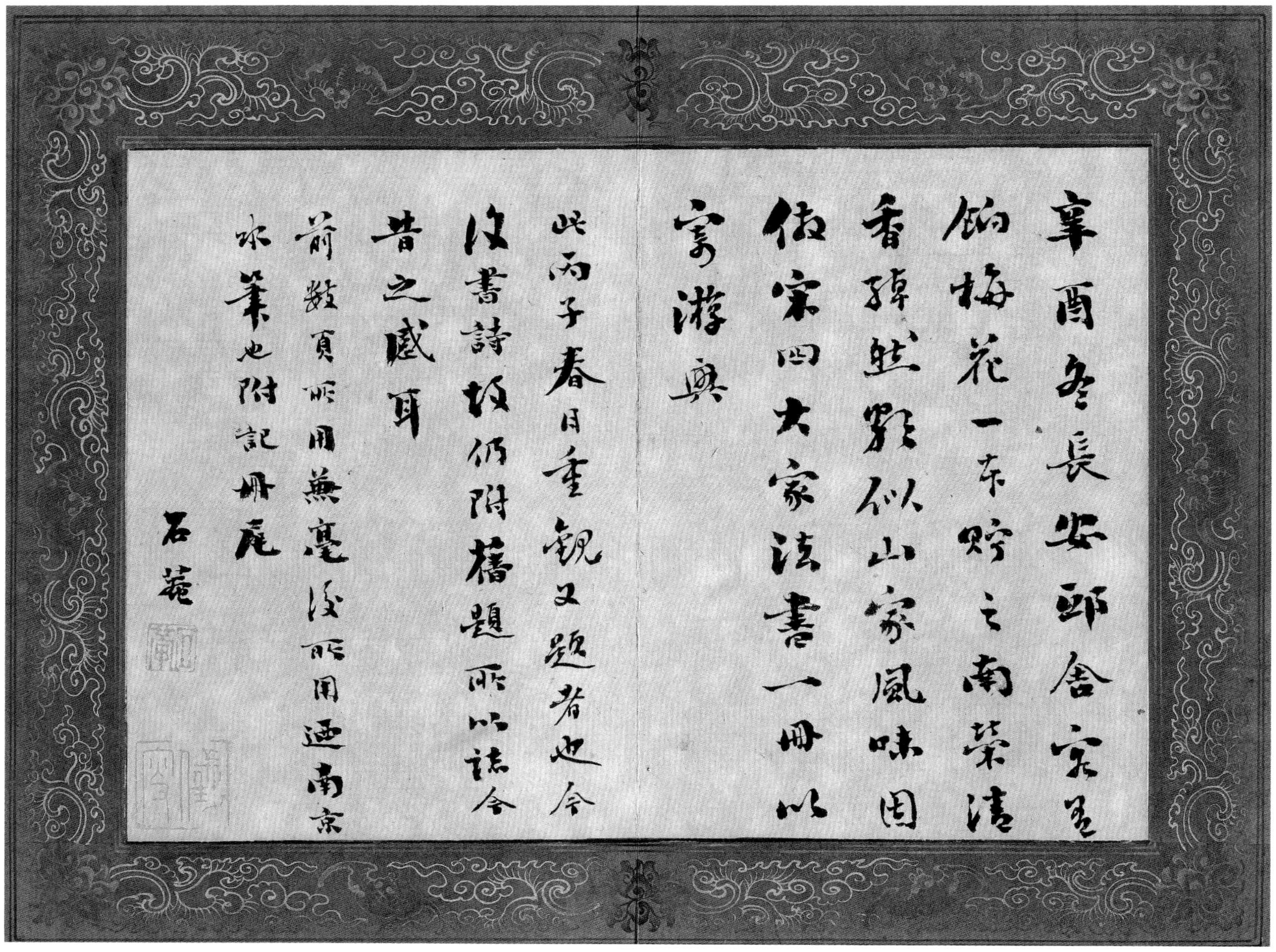

清
刘墉（1719～1804）
行楷诗稿册
1756年作
纸本 13×20厘米×11开

劉墉小楷逸品冊頁

千畝春澤而與俱還糉
以二米之米藉以三脊之菅
候雲飛而冰解旋珠零而漆
潛翠勺銀罌然絡青綸隨
屬車之頏頎畫三江於一
銀分帝觴之餘灑章公子
毫破慳找洗盞而起醫殼
晉豆之庸頎畫三江於一
吸春勺奧龍之神芯醪夢鈴
紅始如髮壤壤鼓包山之桂

楫如林屋之瓊閣卧松風
之墓縮揭春溜之深源逼
范蠡於泝菀而夫羨之悵
屬此龥於西子洗之圖之
慈頰驚羅羅之慮飛失舞
袖之弓彎覽而賦之以枝
公子曰鳴呼噫嘻吾言夸矣
公子其為我冊之
書洞庭春色賦於丹林詩興之所

一音楫物宮商潛運是以如來
六度名言不浮其性相隨迎不
見其終始不可以學地知不可
以愆生及其淫藥之蘊也夫豈
谷無私有至斷寶洪鏡虛受無
來不應況法身圓對規雄寒立
剛高謝四流推之於無則俯宏
利見迦維託生王室憑五衢之
軾極溺浙川開八正之門大庇
交喪於是元關此楗感而遂通
懷而施洽摩有唱無緣之慈而
遝源淥波胸而不竭行不捨之

宅晨涼暝惠日於庸衢則重釋
夜晚故餘使三十七品有樽趄
之師九十六種無藩籬之圖跂
而方廣東被散珠南杉圓魯三
莊貽昭夜景之鑒淡晉雨明並
勒斫青之飾然遂遺文開出列
剝相望澄什結轍於山西林遠
肩隨乎江左矣
乾隆乙卯十月朢書頤跎
景碑文一節於天香深霽

雪浪溪山照眼明出門一笑
大江橫龍蔽廬圖三分地泊
與先生曳杖川
倒連滄海注銀漢榮許瓶影
而得莊長日閃門答一子與
夜漲菩到蓬皇東坡
何妨館閣且從容徐藥嚴岧
事來同漫向江船問消息果
然東下太每之岑
浪迹江湖不記年黃庭子官晚
爭妍不知有蒼生石郤門吏
王宗傳錢海岳

往歉興采拂衣還
弃朱何資有奉錢思
自大鈞能遣物心庭
訪藥是優賢
欲尋軒檻倒清樽江上煙雲
向晚猶清倩東風吹散雨閒閒
朝郤待入花園花未全開
月未圓看待月思依然剛含
花月無情物若使多情更可
憐菉

此圖乃北京大學何完二圖
豐門藏令庵山楷冊考善文
頁為且十二年黃宏後為之
……（行草題跋，辨識不清）
瑞羊之學林詩於吟堂記

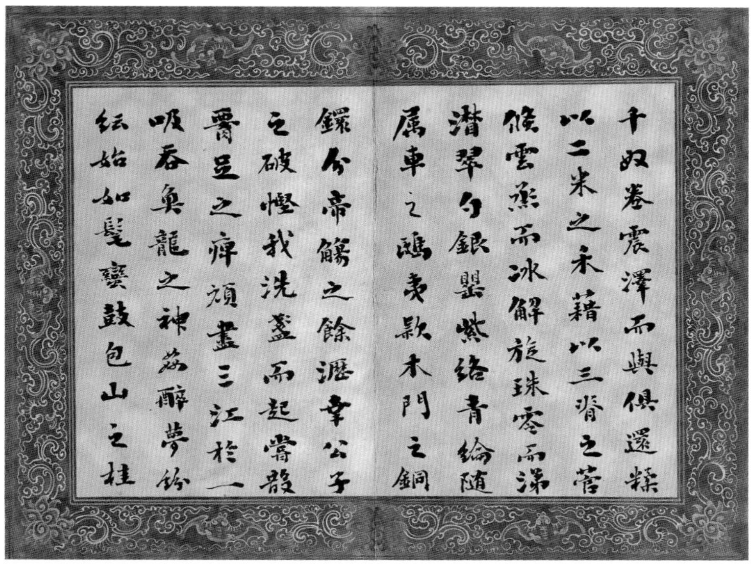

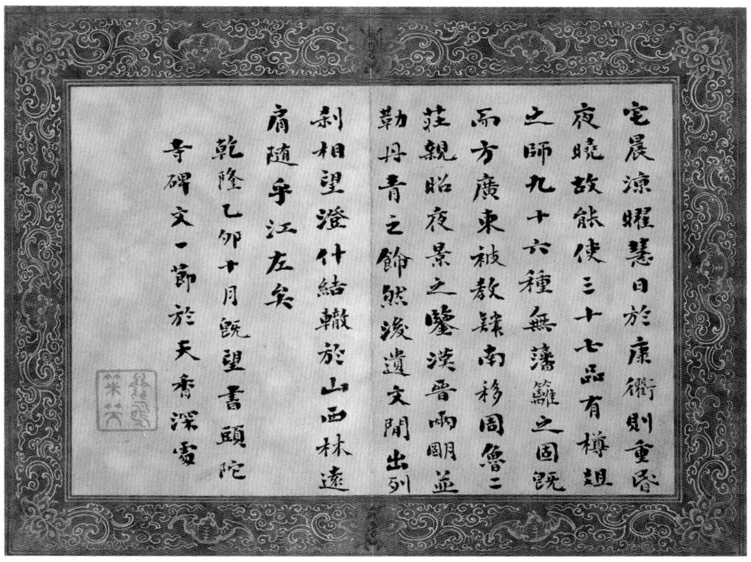

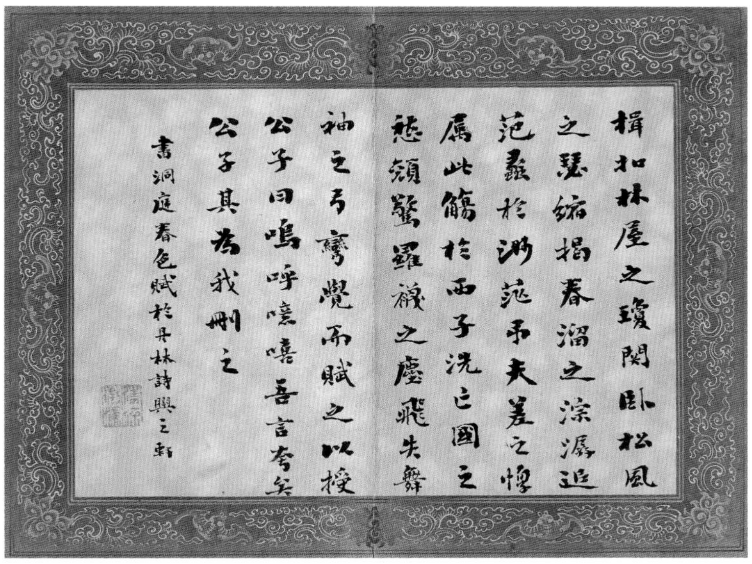

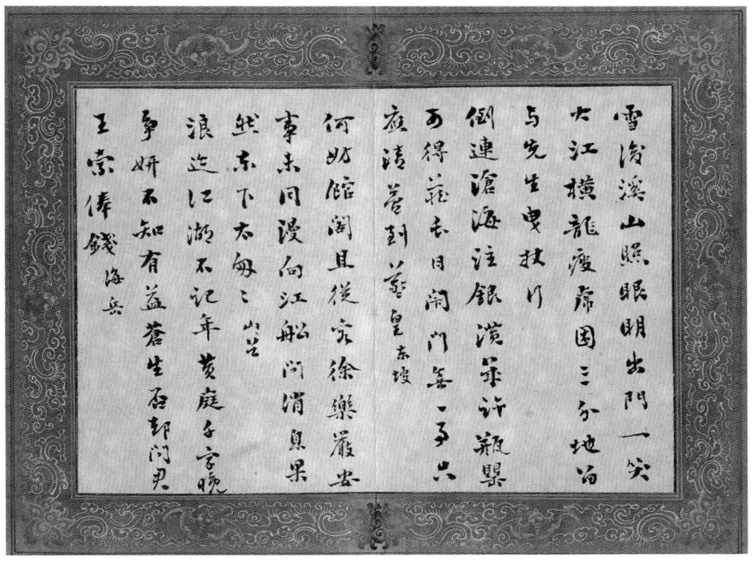

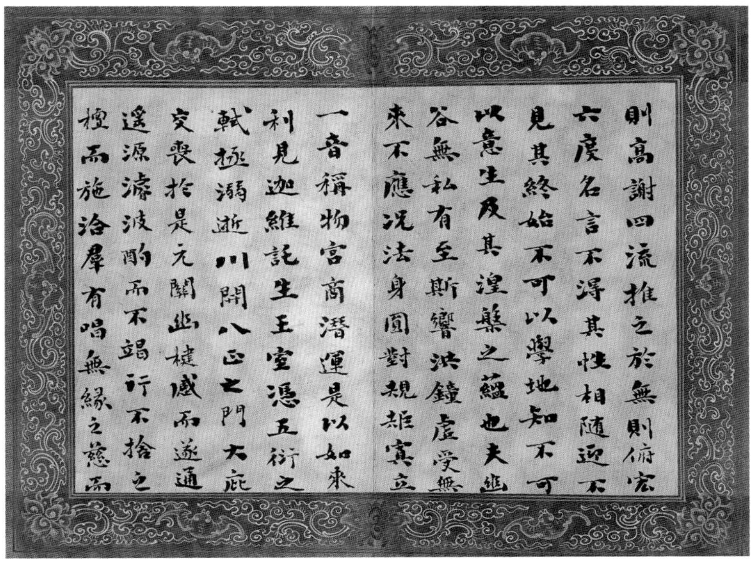

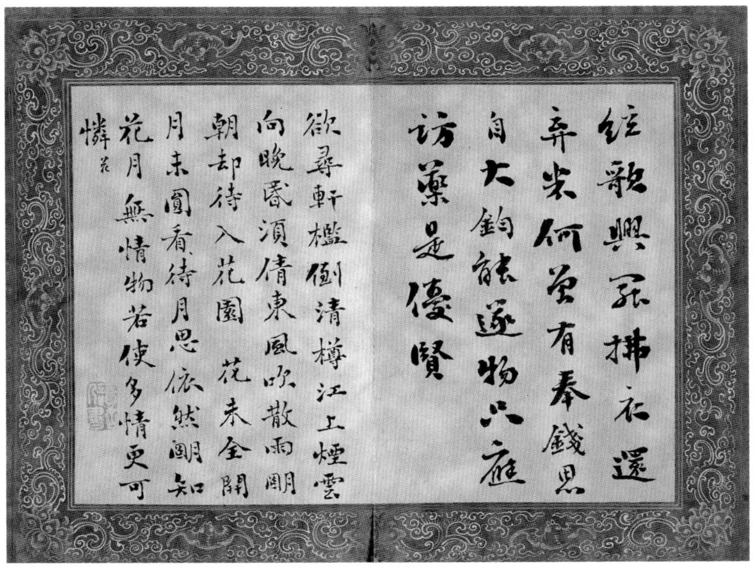

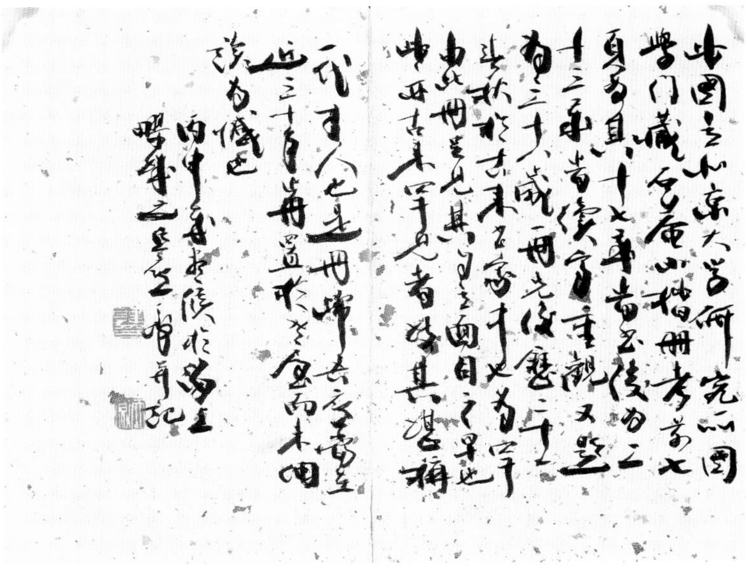

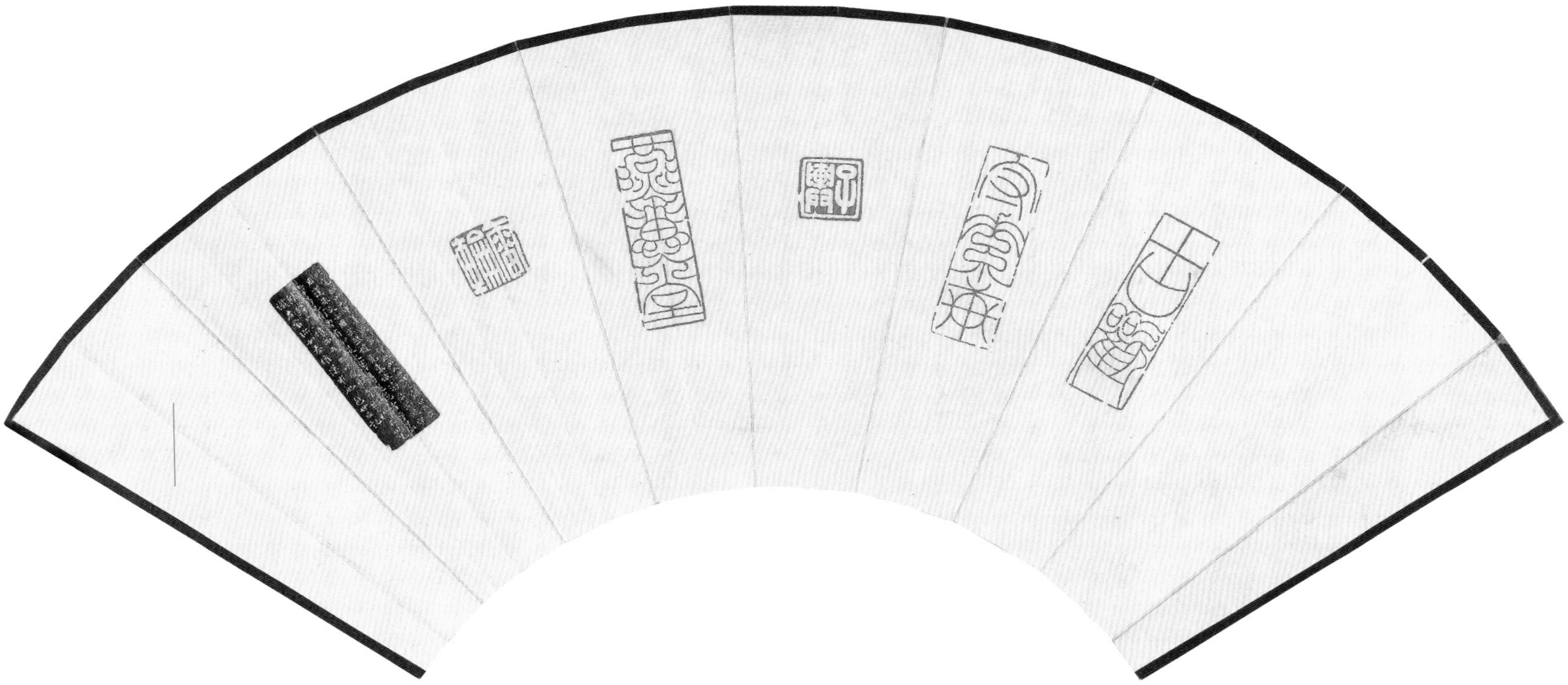

清
邓石如（1743～1805）
燕翼堂五面印蜕扇面
纸本 24×50厘米

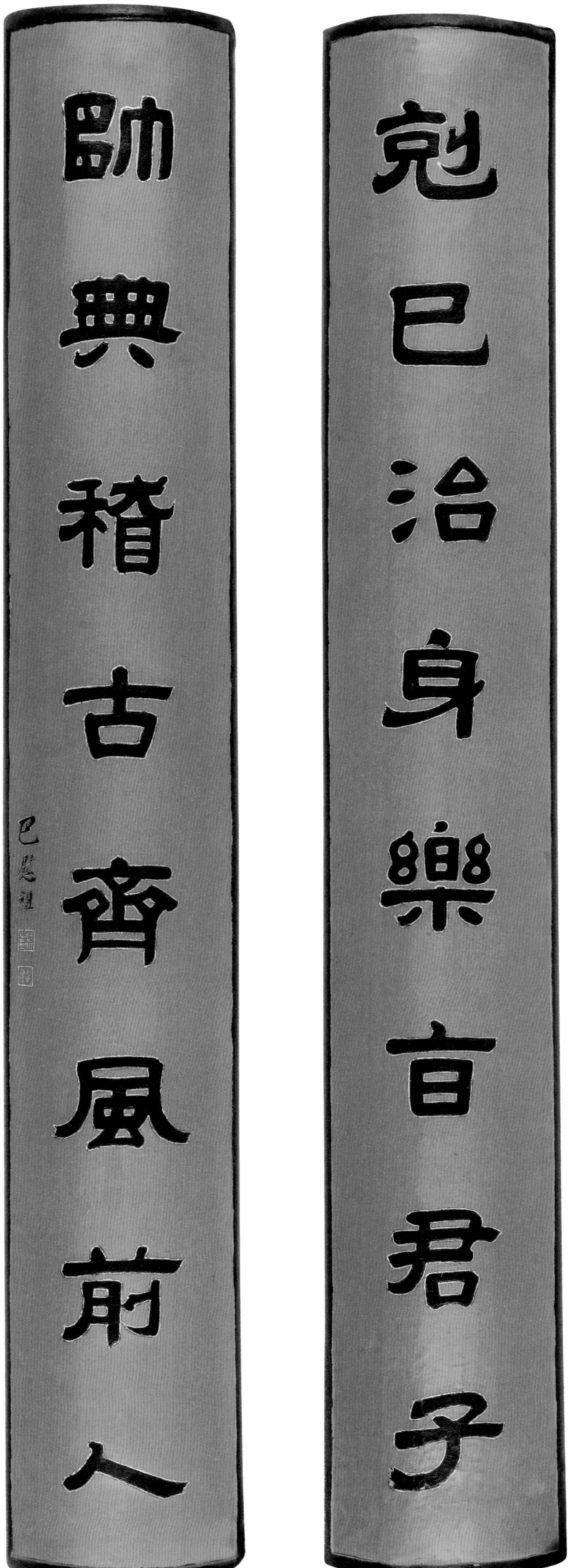

清
巴慰祖（1744～1793）
隶书『克己·师典』八言抱柱联
木刻髹漆 173×25厘米×2

清
奚冈（1746 ~ 1803）
隶书『花巢』横披
纸本 27.5×103厘米

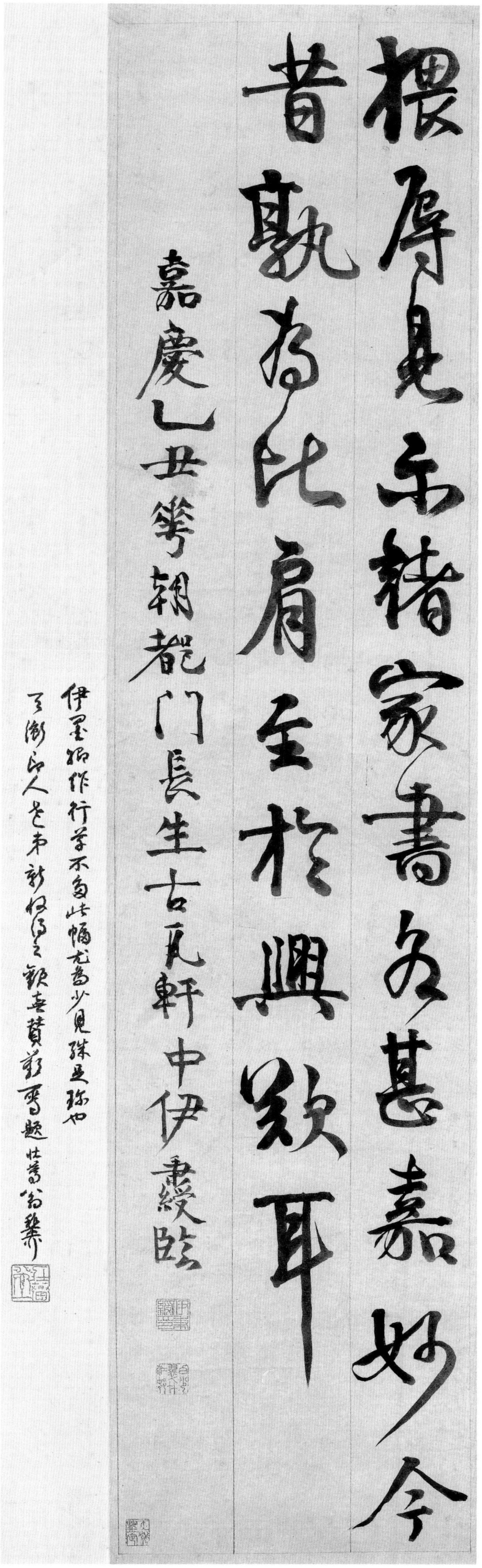

清

伊秉绶（1754～1815）

临欧阳询法书

1805年作

纸本 126×29厘米

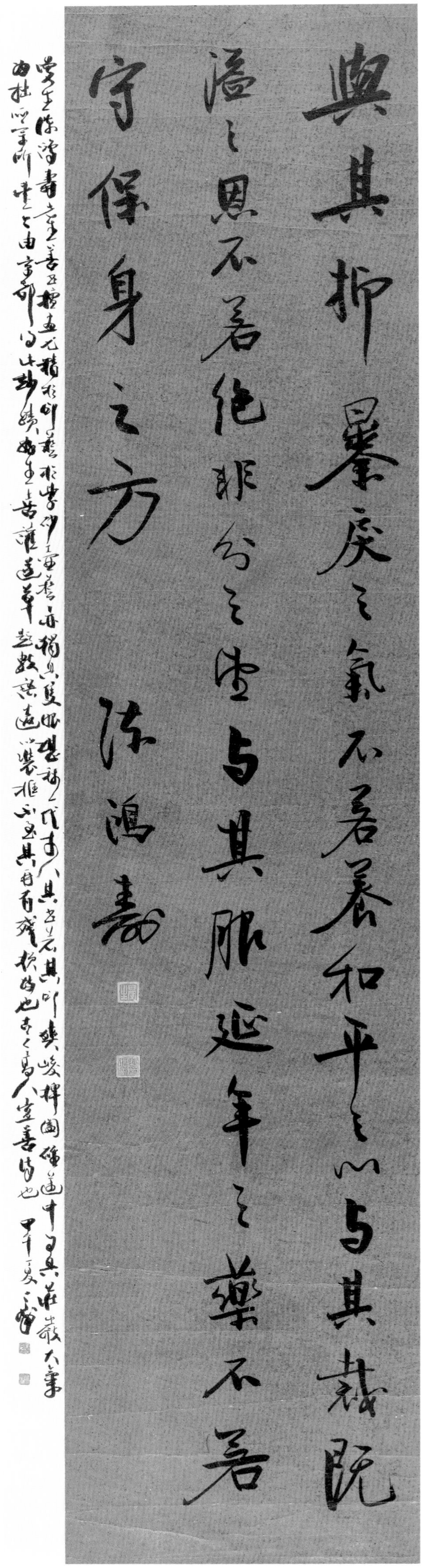

清
陈鸿寿（1768～1822）
行书吕坤《呻吟语·修身》
蜡笺 158×35厘米

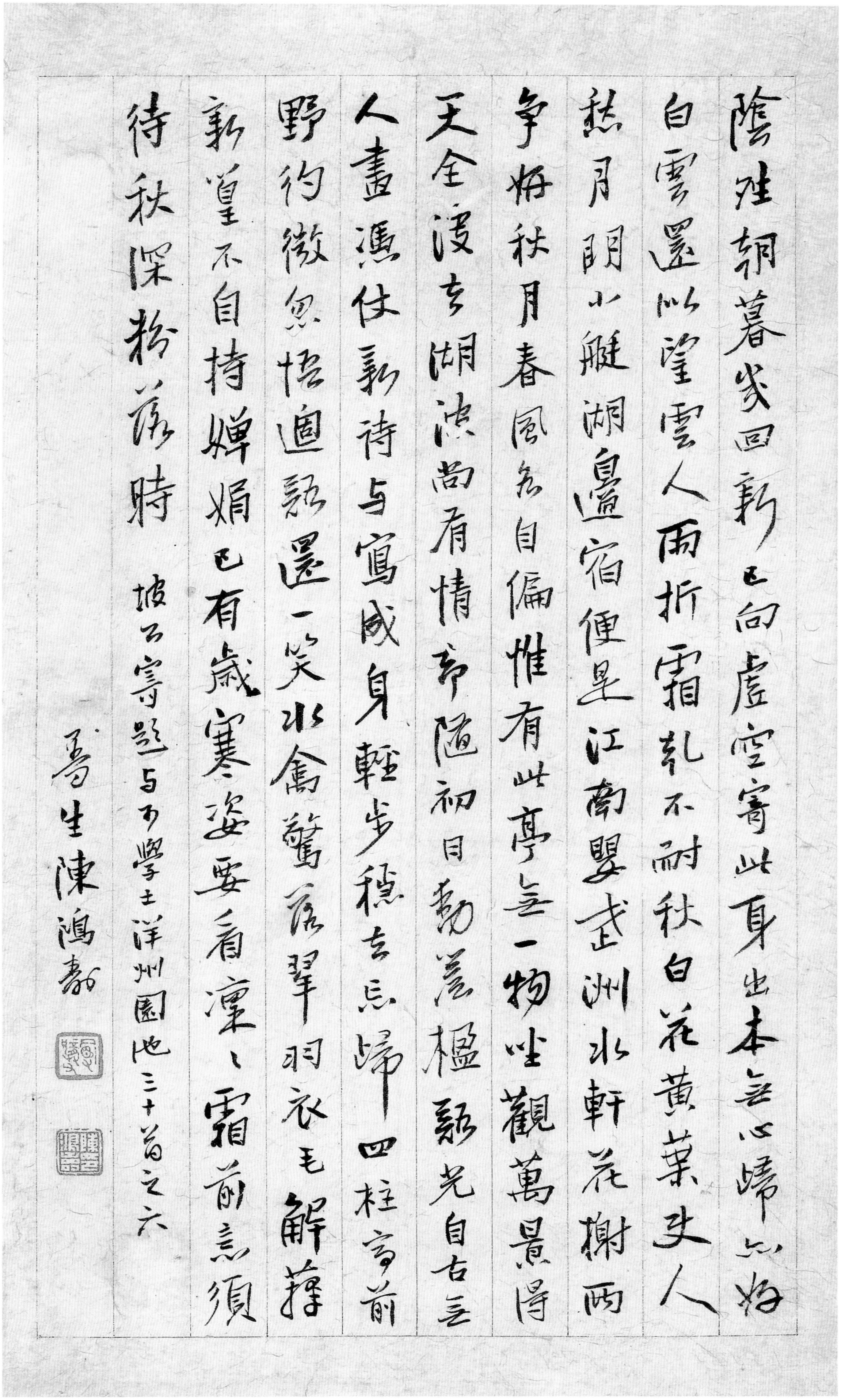

清
陈鸿寿（1768～1822）
行书苏东坡《望云楼》诗
纸本 52×30厘米

清
何绍基（1799～1873）
隶书『揽卷·援毫』五言联
纸本 88.5×18厘米×2

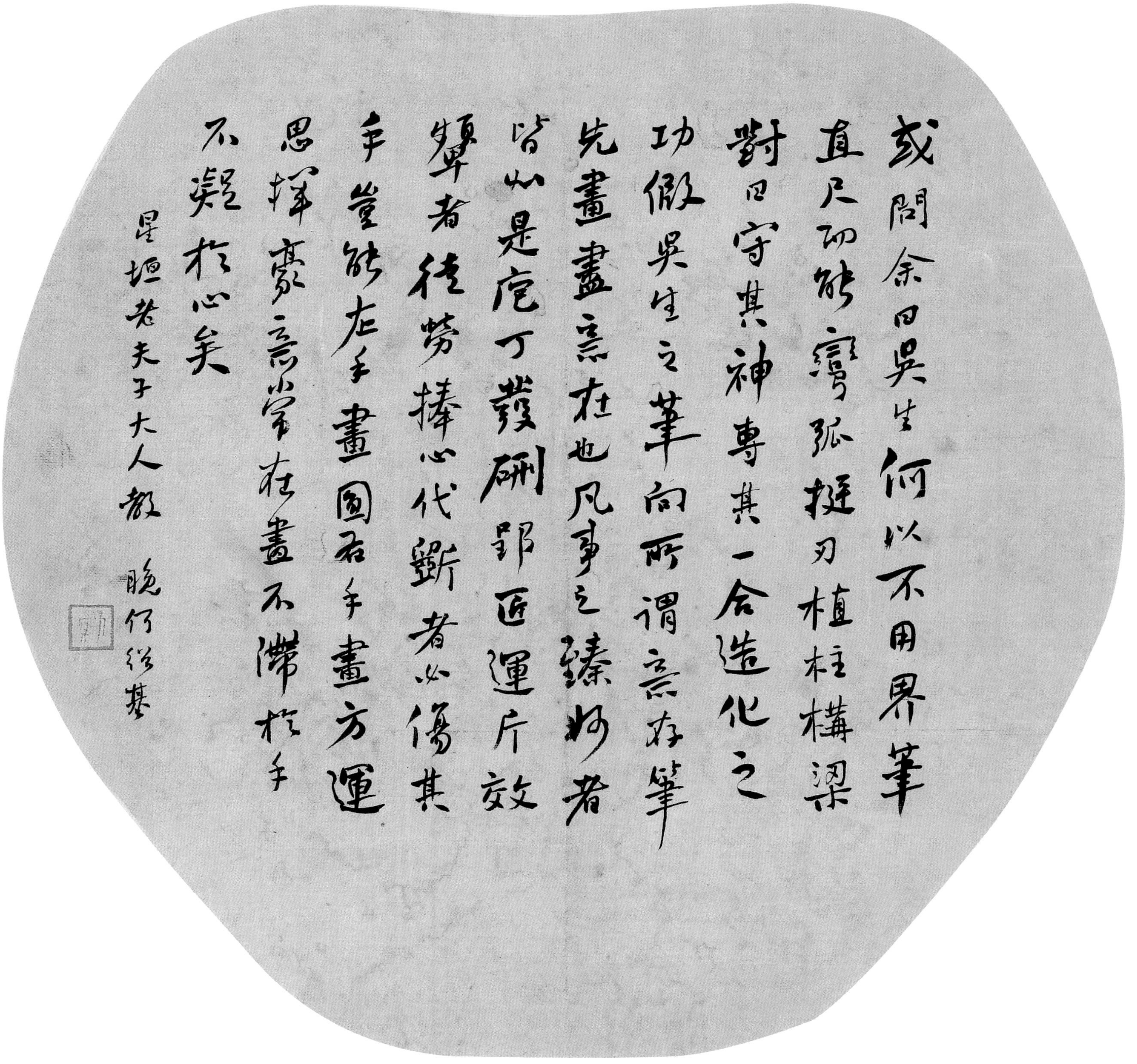

清

何绍基（1799～1873）

行书张彦远《论画》团扇

绢本 24×25.5厘米

清

任熊（1823～1857）

涌金门外小瀛洲扇面

1853年作

纸本　26×57厘米

清

虚谷（1823～1896）

松鼠图

1880年作

纸本 118×35厘米

清
虚谷（1823～1896）
水仙花扇面
1893年作
纸本　26×53厘米

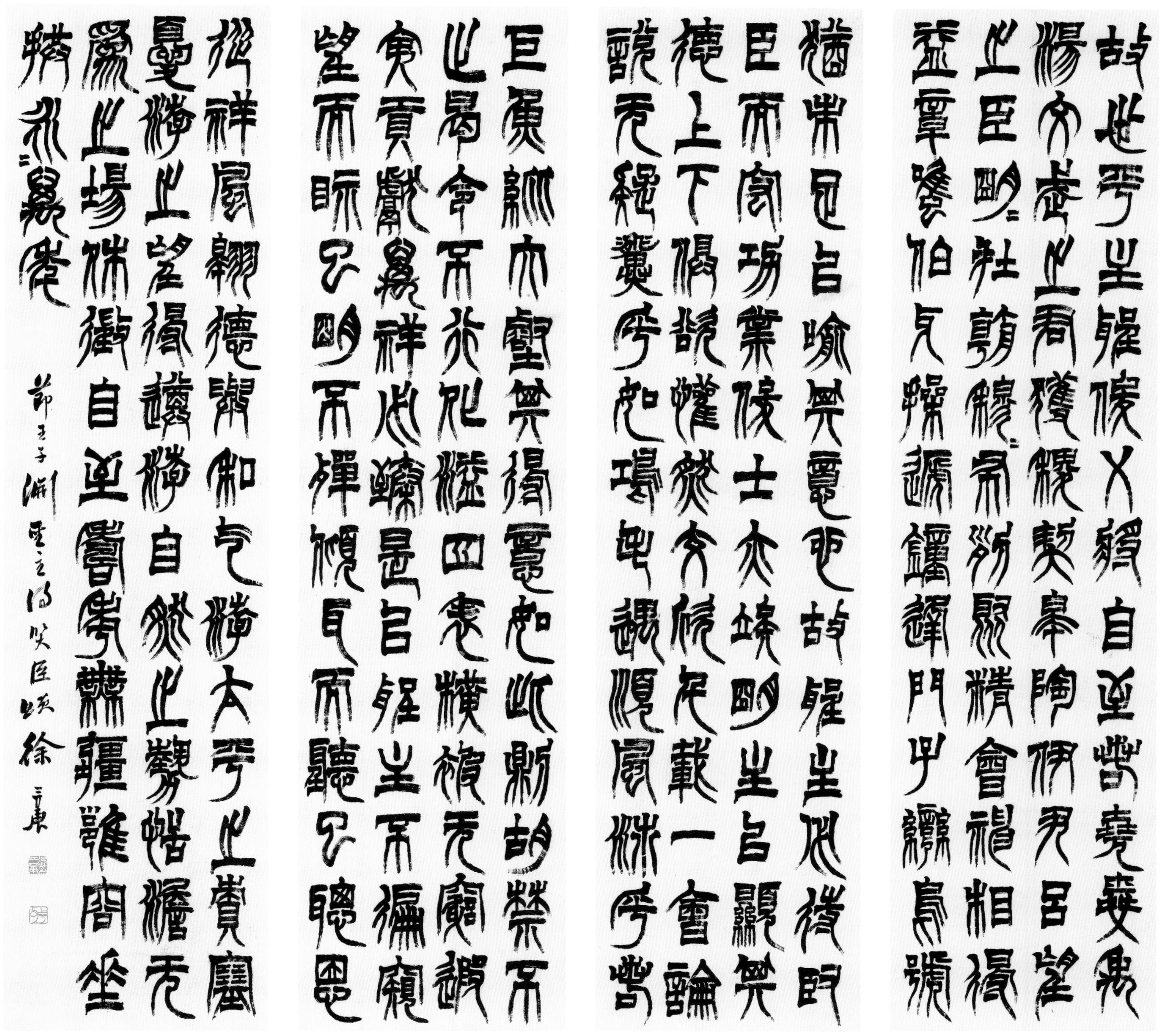

清

徐三庚（1826 ~ 1890）

篆书王褒《圣主得贤臣颂》四屏

纸本 134×34厘米×4

清
赵之谦（1829～1884）
篆书『及时·今年』七言联
纸本 141×31厘米×2

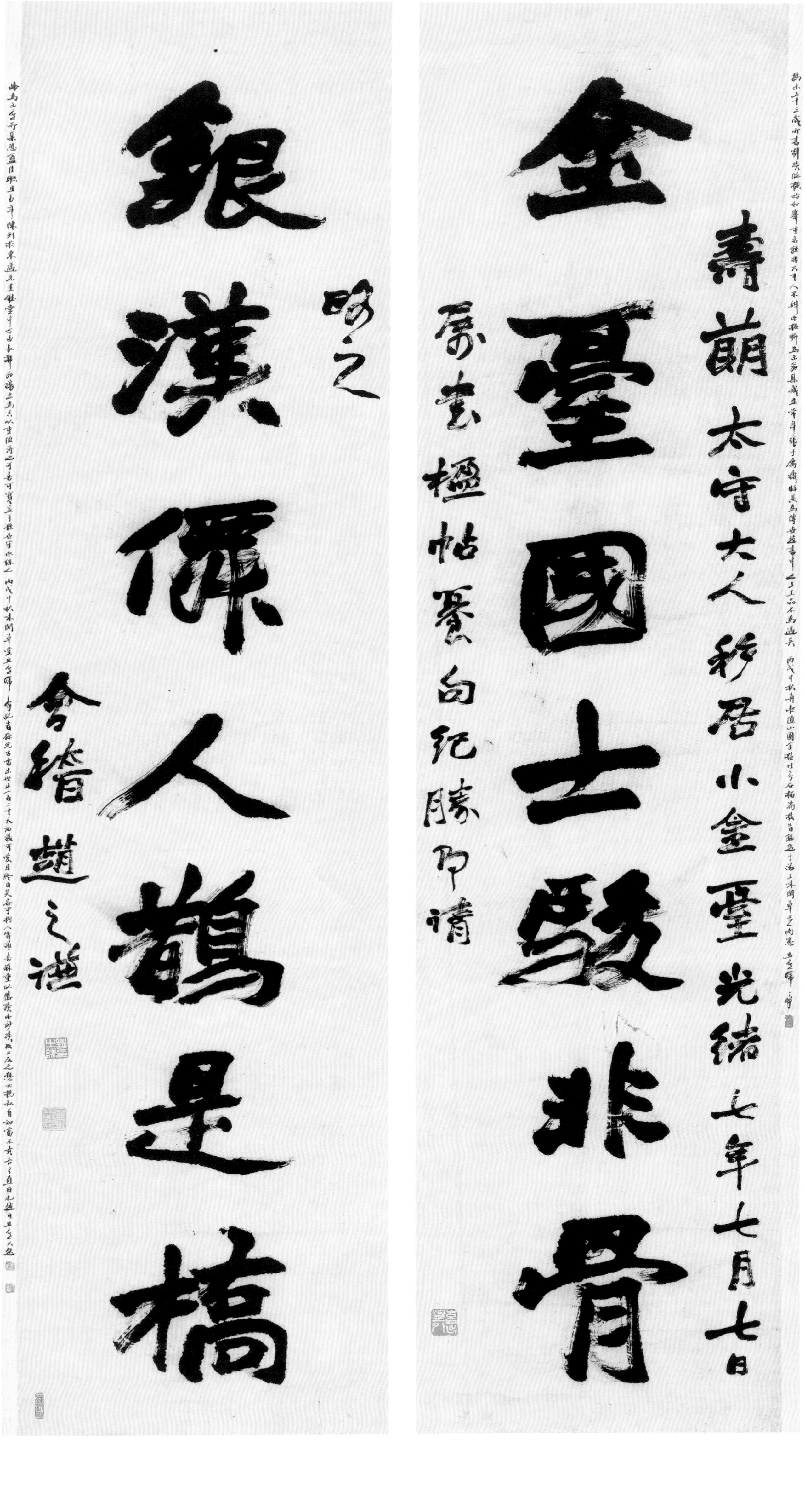

清
赵之谦（1829～1884）
行书『金台·银汉』七言联
1881年作
纸本 177×44厘米 ×2

清

赵之谦（1829～1884）

行书五言诗

纸本　37×89厘米

清

任伯年（1840～1896）

锦鸡团扇

1874年作

泥金绢 直径27厘米

清

任伯年（1840～1896）

褚德彝（1871～1942）

花鸟隶书扇面

纸本 25×50厘米

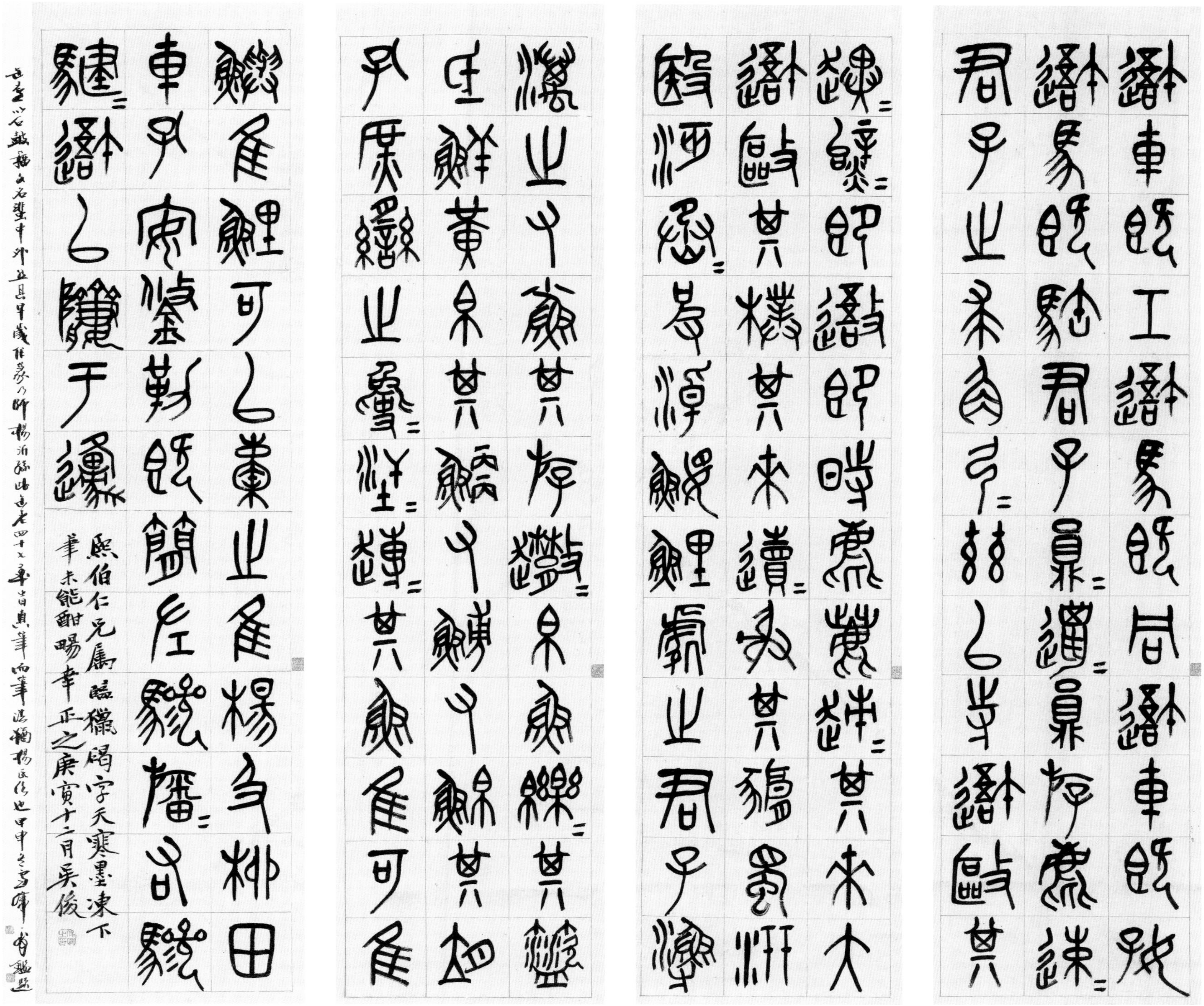

近代

吴昌硕（1844～1927）

临石鼓文四屏

1890年作

纸本 127.5×33厘米 ×4

近代
吴昌硕（1844 ~ 1927）
鲜鲜霜中菊
1914 年作
纸本 146×79 厘米

近代

吴昌硕（1844 ~ 1927）

篆书『无始斋』横披

1922年作

纸本 33.5×131厘米

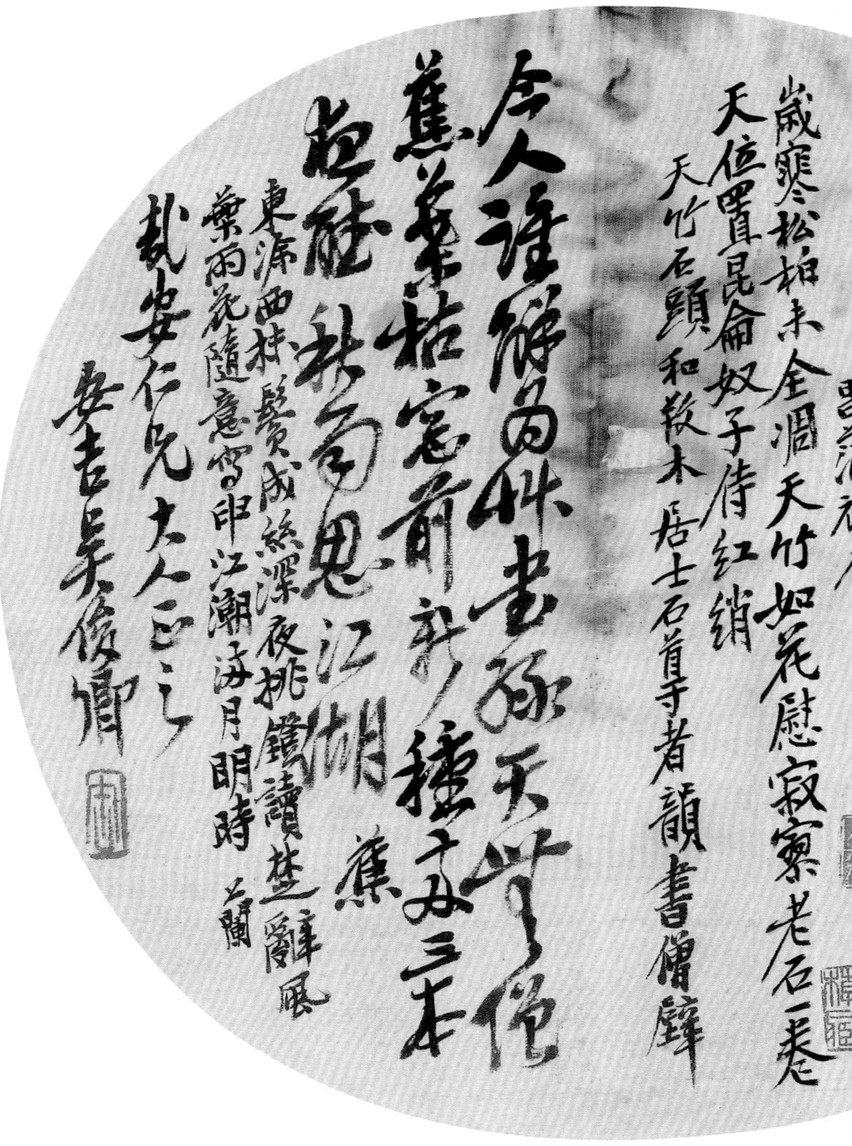

近代
吴昌硕（1844～1927）
行书咏兰蕉团扇
绢本 直径23厘米

近代
吴昌硕（1844～1927）
墨梅团扇
纸本 直径31厘米

近代

黄士陵（1849～1909）

手绘博古图横披

1905年作

纸本 40.5×124厘米

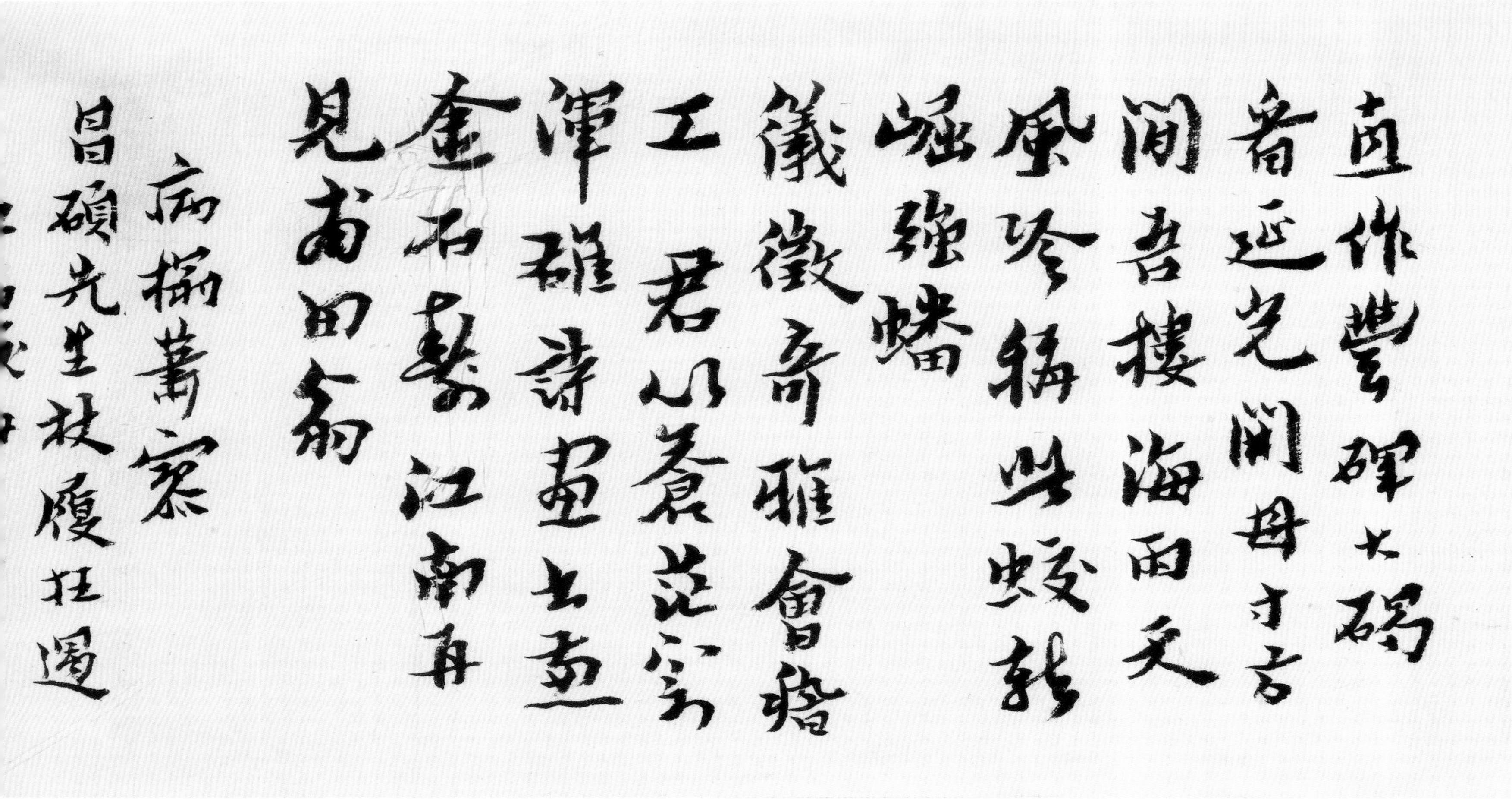

近代
沈曾植（1850～1922）
行书诗横披
纸本 16×51厘米

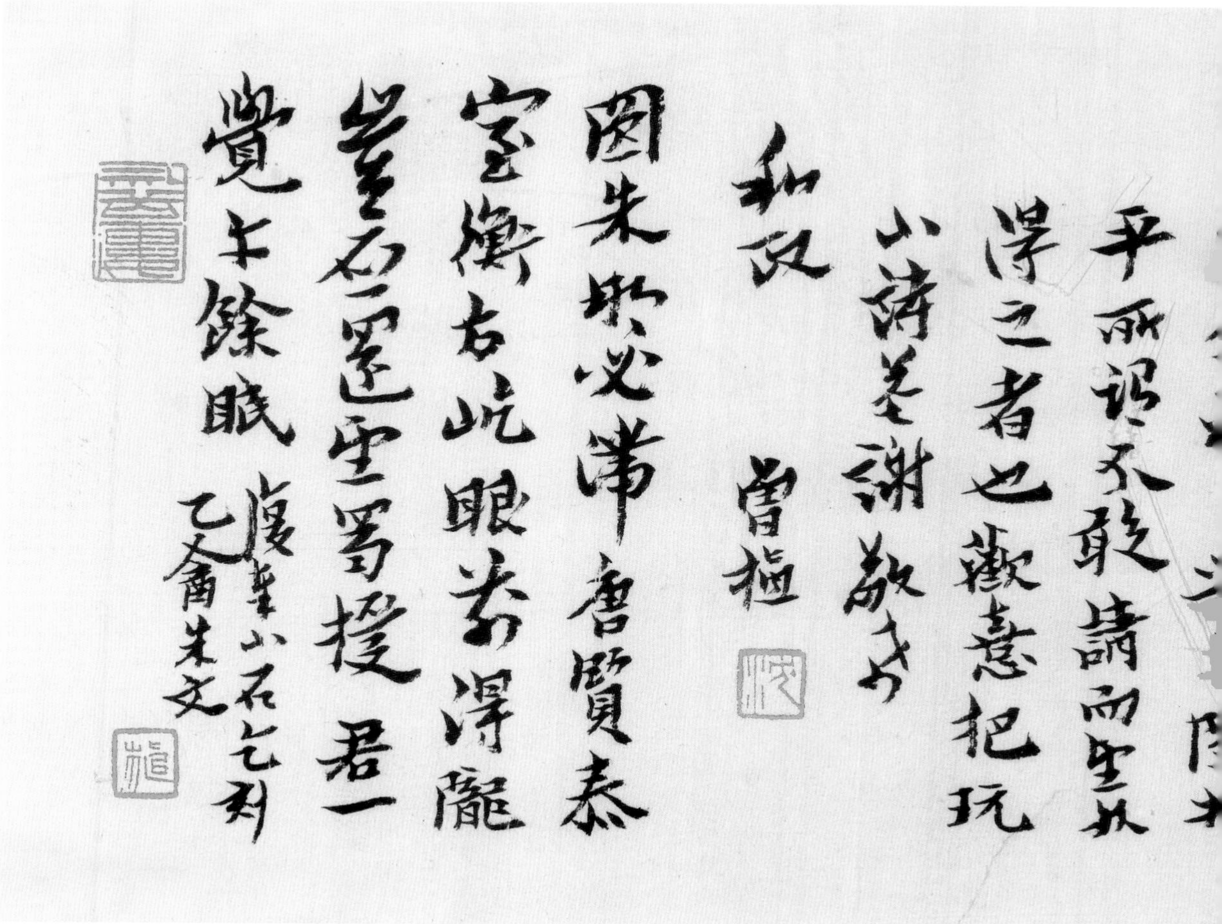

近代
沈曾植（1850～1922）
行书扇面
纸本 18.5×53厘米

近代

陆恢（1851～1920）

山水成扇

1906年作

纸本 18×49厘米

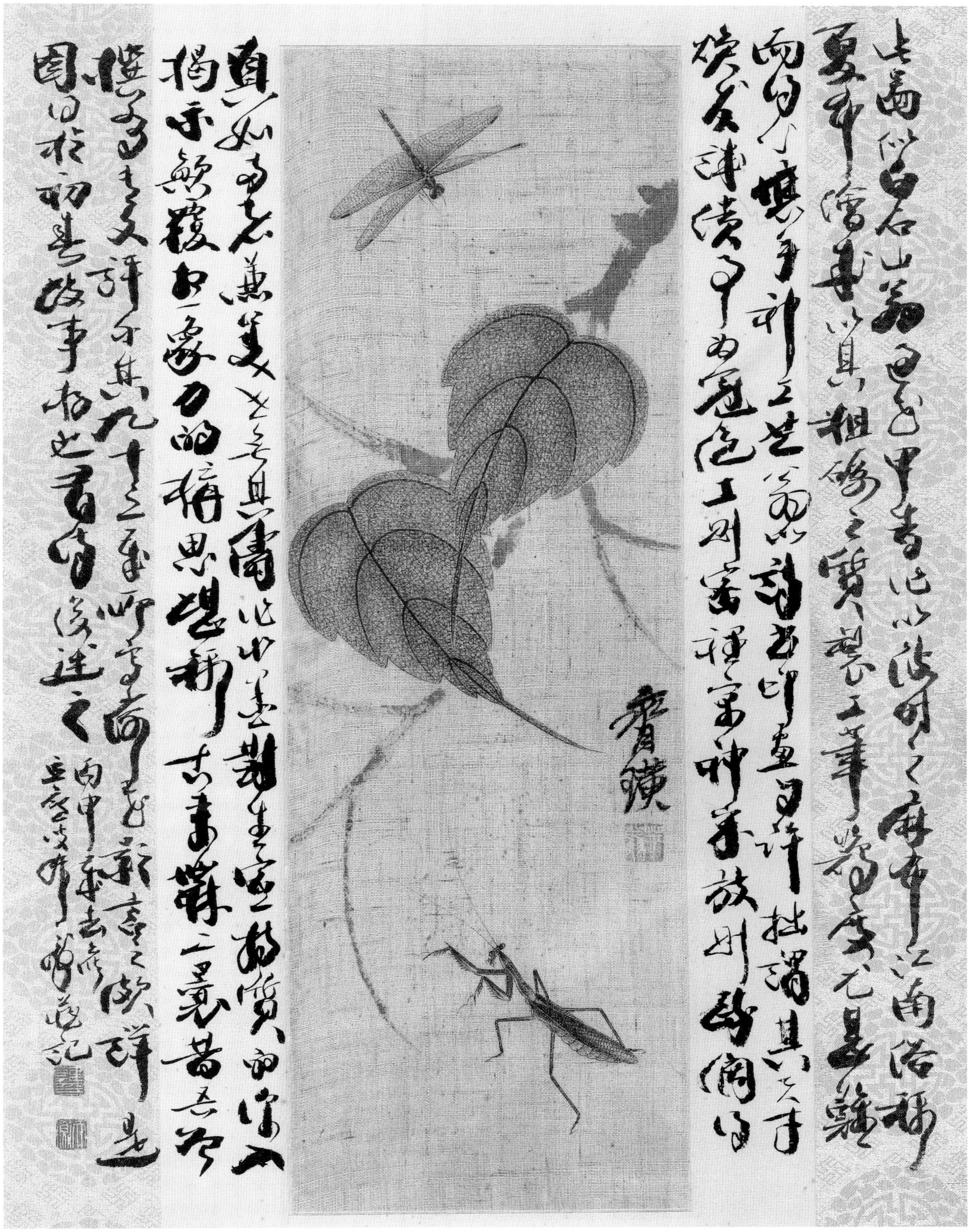

现代
齐白石（1864～1957）
工笔草虫
麻布 43×14厘米

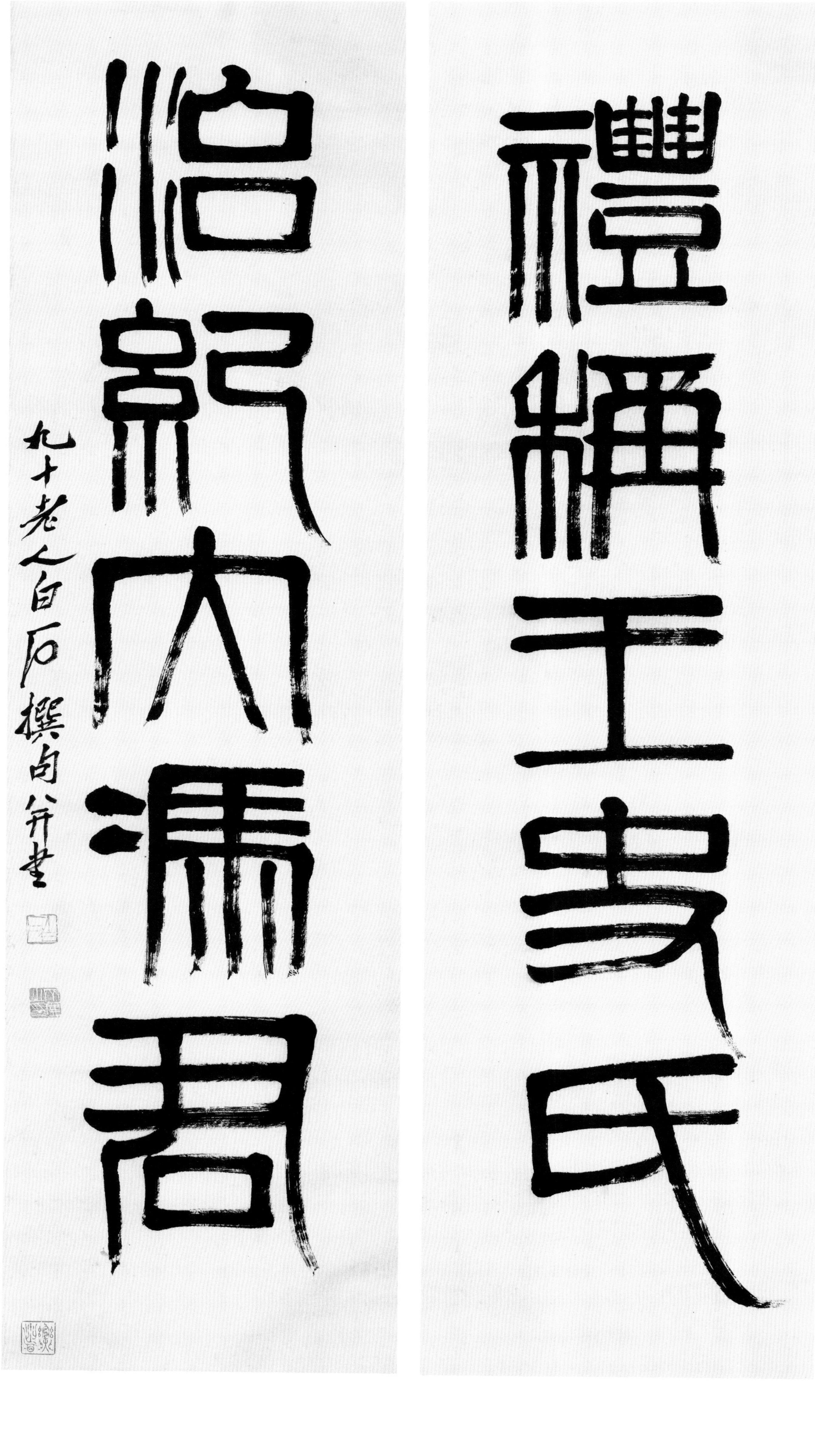

现代
齐白石（1864～1957）
篆书『礼称·治纪』五言联
1951年作
纸本 157×43厘米

现代
齐白石（1864～1957）
工笔草虫团扇
绢本 高26厘米

墨用濃淡之外
有時而用焦墨
宿墨退墨或
廚中埃墨及
取青黛雜墨
水此宋元人
論用墨法
也
賓虹

现代
黄宾虹（1865～1955）
山水图
纸本 68×34厘米

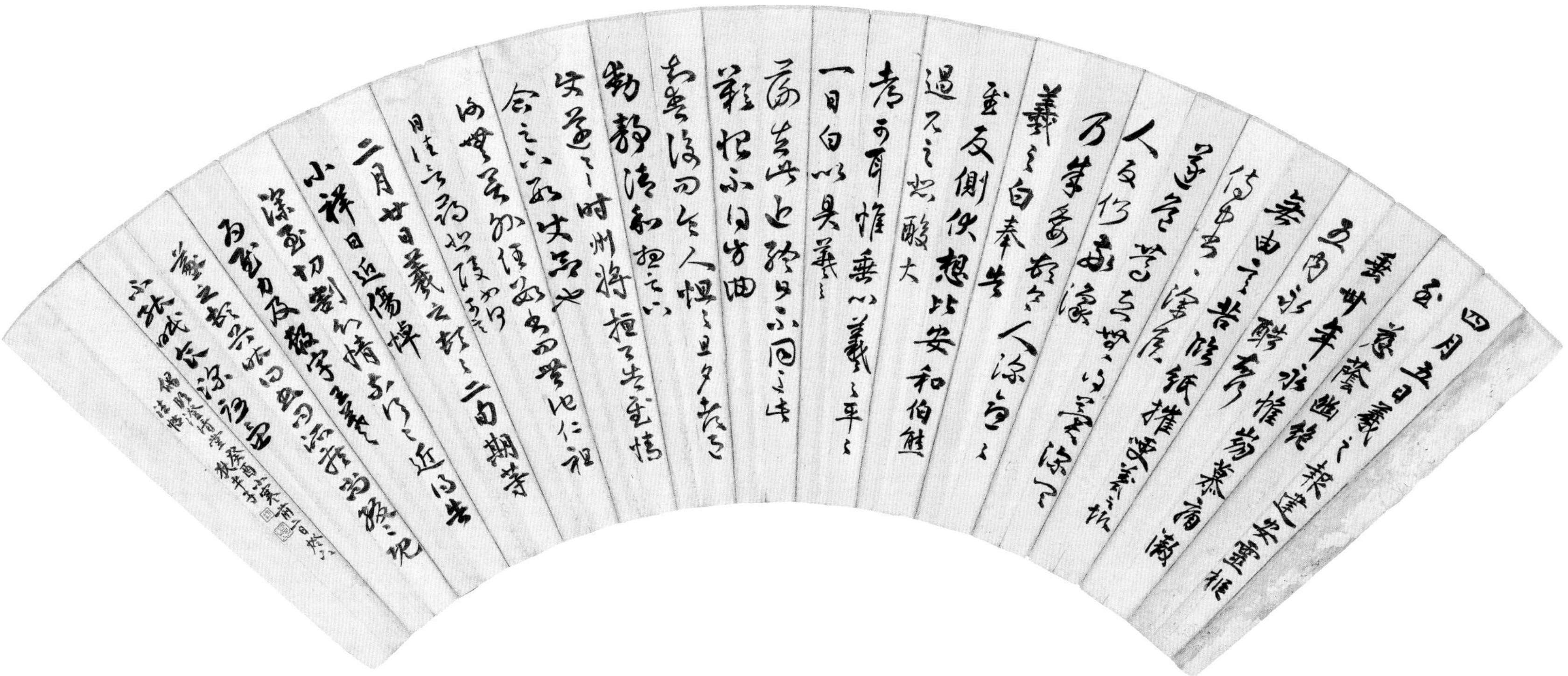

近代
狄楚青（1873 ~ 1941）
临王羲之行书帖扇面
1933年作
纸本 40×102厘米

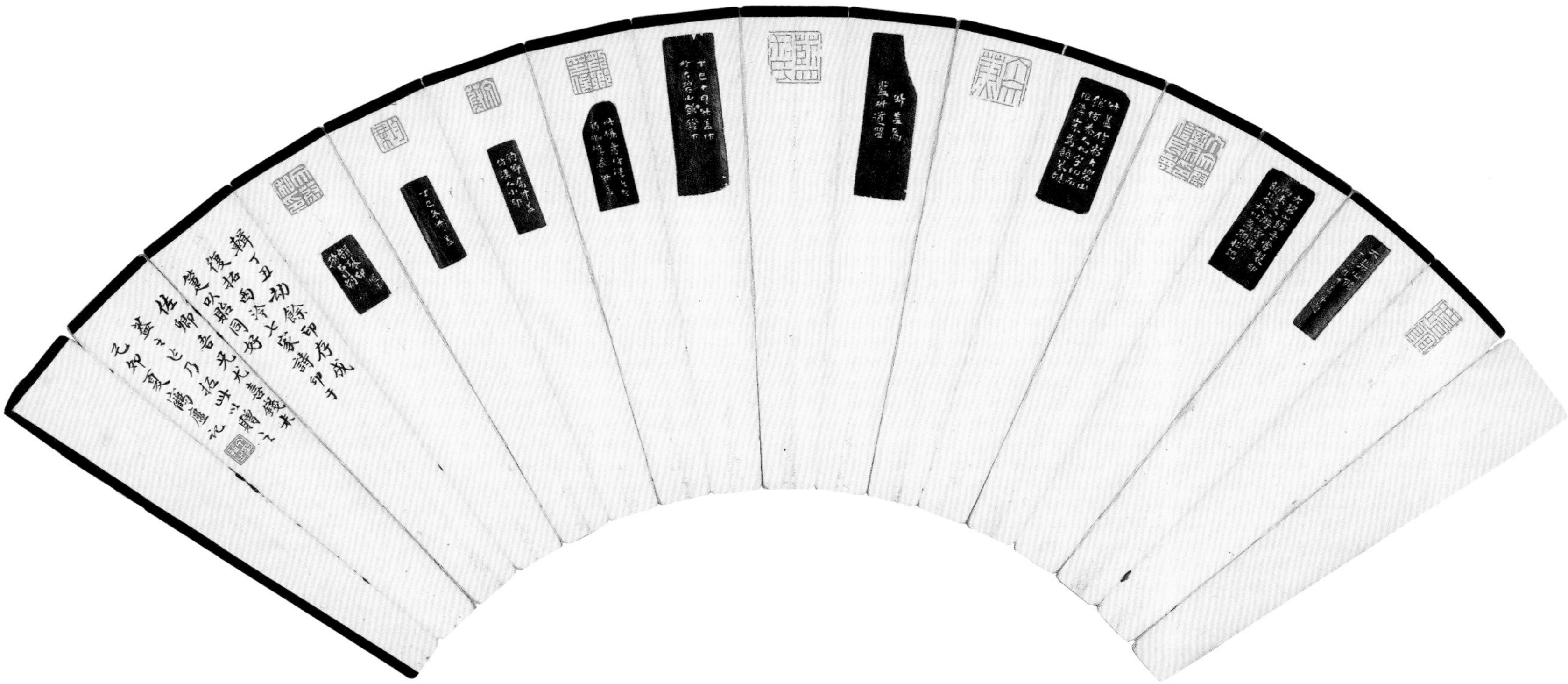

近代

丁仁（1879～1949）

辑钱松印蜕扇面

1915年制

纸本 25×52厘米

现代
高剑父（1879～1951）
虎啸山月图
1943年作
纸本 130×66厘米

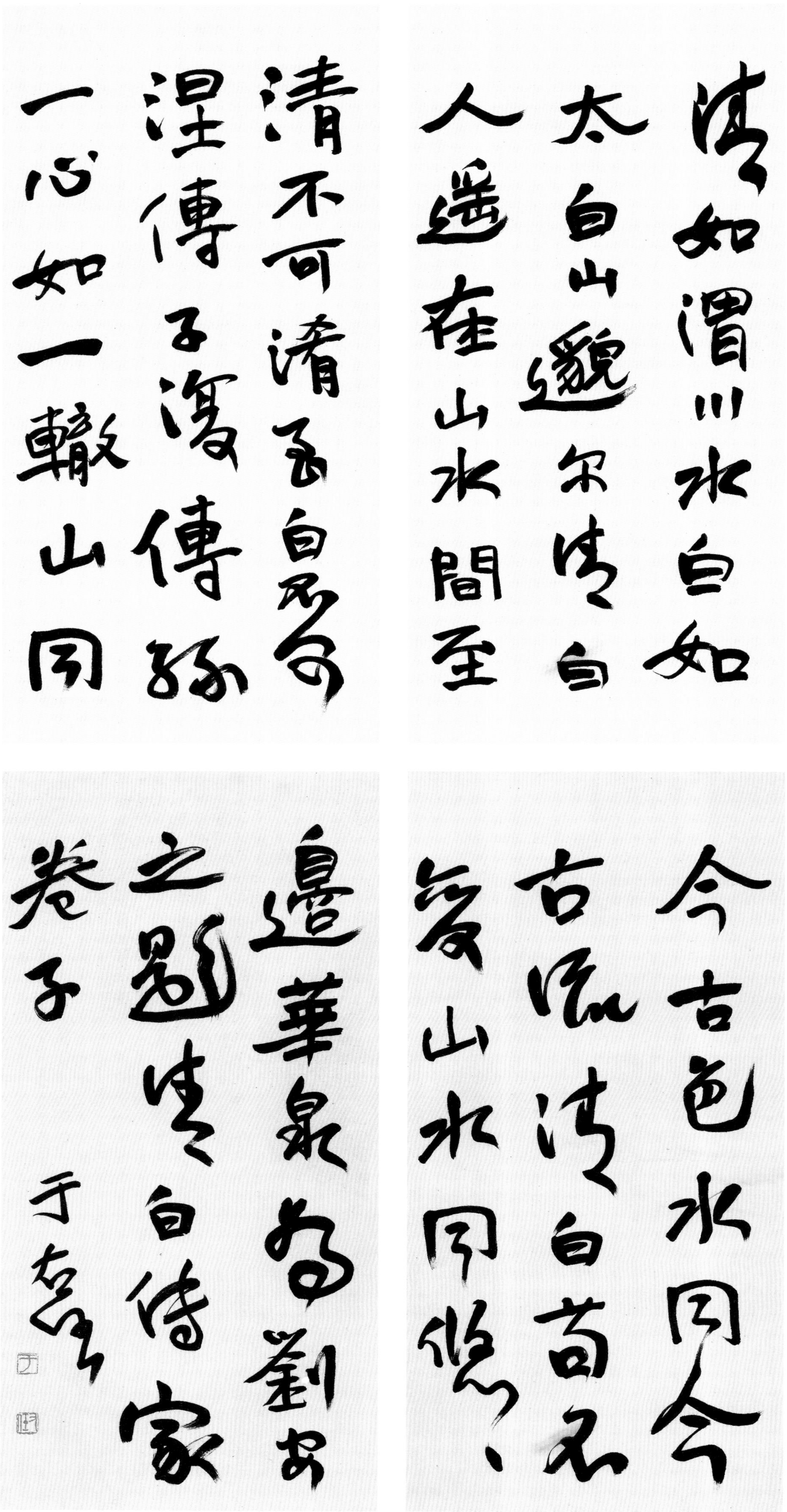

现代

于右任（1879 ~ 1864）

行书《华泉集》清白传家诗四屏

纸本　68×33.5厘米 ×4

近代

冯超然（1882 ~ 1954）

山水成扇

1927年作

纸本 19×50厘米

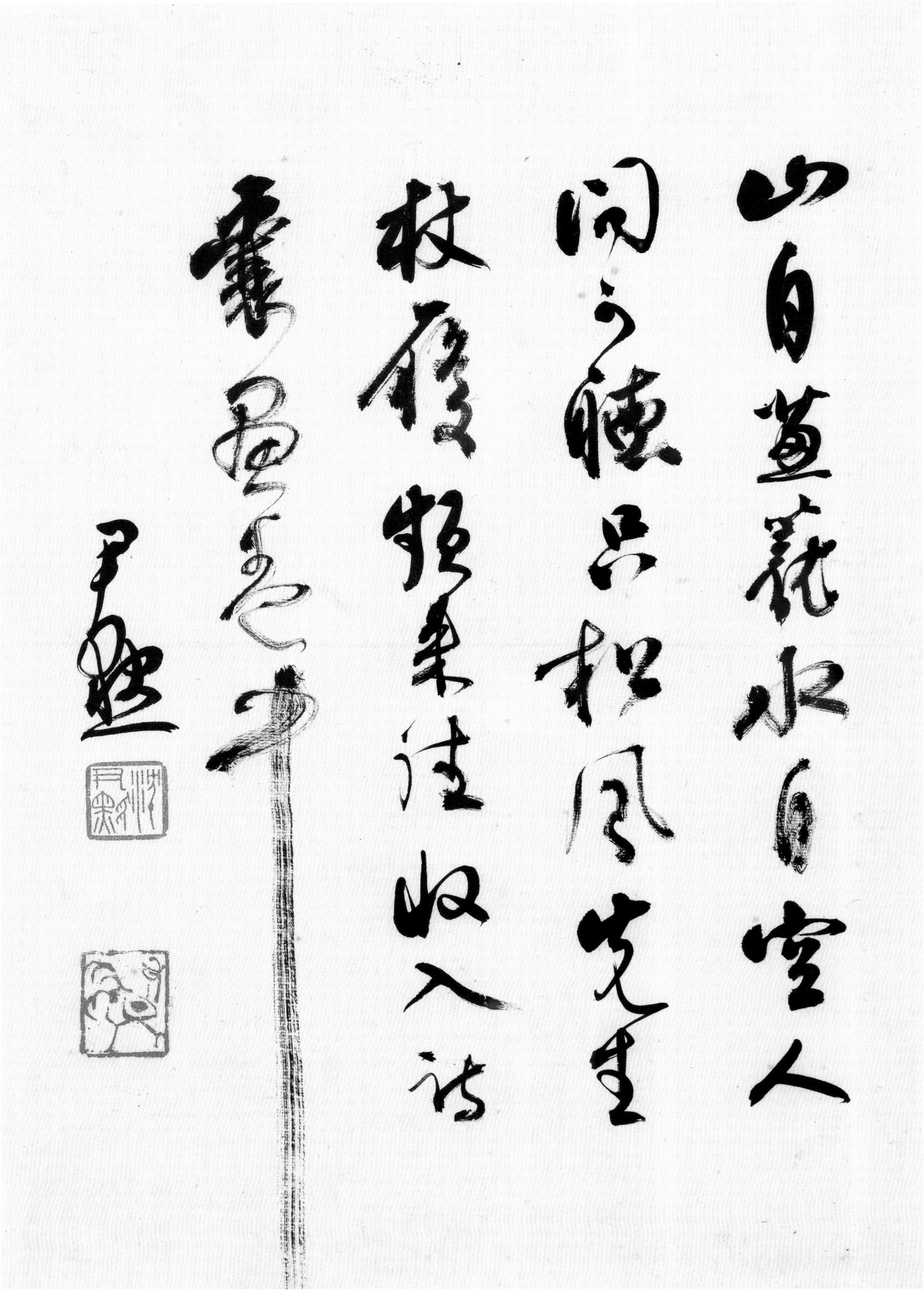

现代
沈尹默（1883～1971）
行书七言诗
纸本 33×24厘米

现代

于非闇（1888 ~ 1959）

工笔杏花珍禽图

1939年作

纸本 77×29厘米

现代
吴湖帆（1894～1968）
春山读易图
1940年作
纸本 93×45厘米

现代
吴湖帆（1894～1968）
行书『岂能・已分』七言联
纸本 135×32厘米×2

现代
徐悲鸿（1895 ~ 1953）
奔马图
1942年作
纸本 100×48厘米

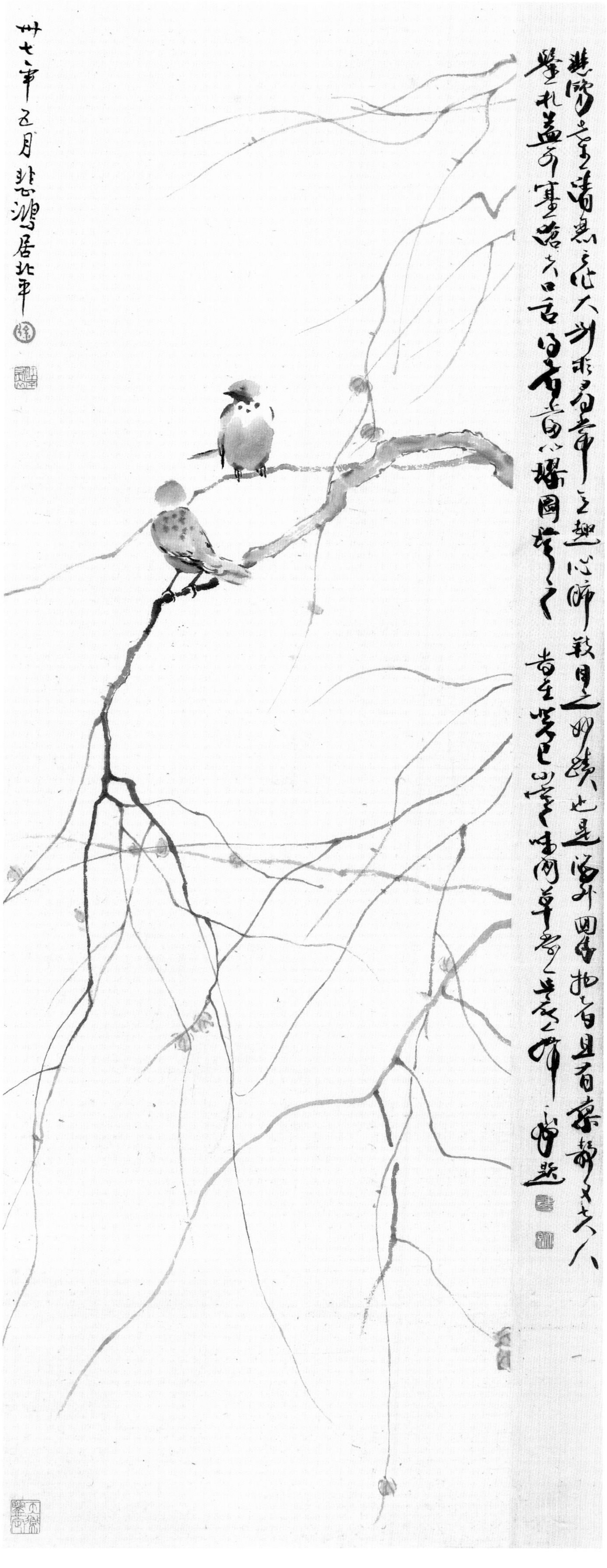

现代
徐悲鸿（1895 ~ 1953）
春枝双雀图
1948 年作
纸本 102×31.5 厘米

现代
刘海粟（1896～1994）
熊猫竹石图
1975年作
纸本 134×67厘米

现代
陈之佛（1896～1962）
工笔鸳鸯荷戏图
纸本 100×56厘米

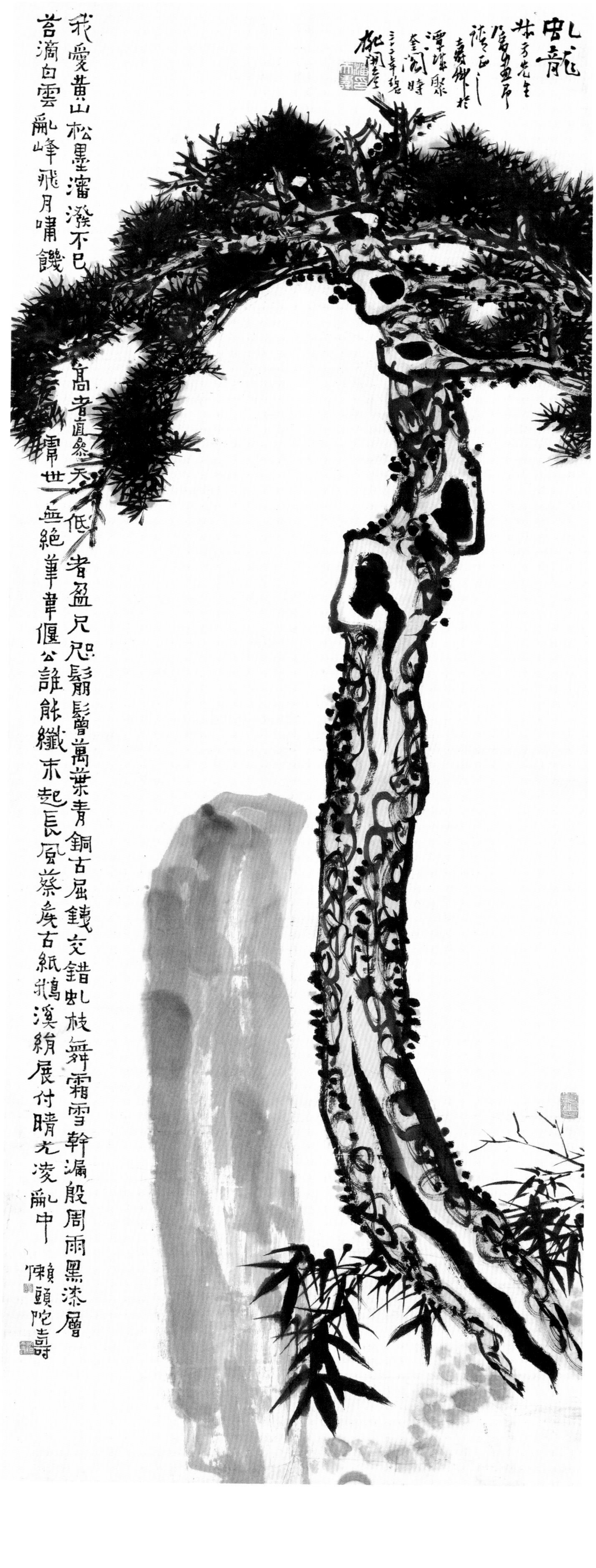

现代
潘天寿（1897～1971）
虬龙图
1943年作
纸本 182×68厘米

现代
潘天寿（1897～1971）
春燕图
纸本 59×47厘米

现代
张大千（1899～1983）
秋江独钓成扇
1935年作
绢本　18×51厘米

现代
马晋（1900 ～ 1970）
工笔孔雀富贵图
1962 年作
绢本 128×71 厘米

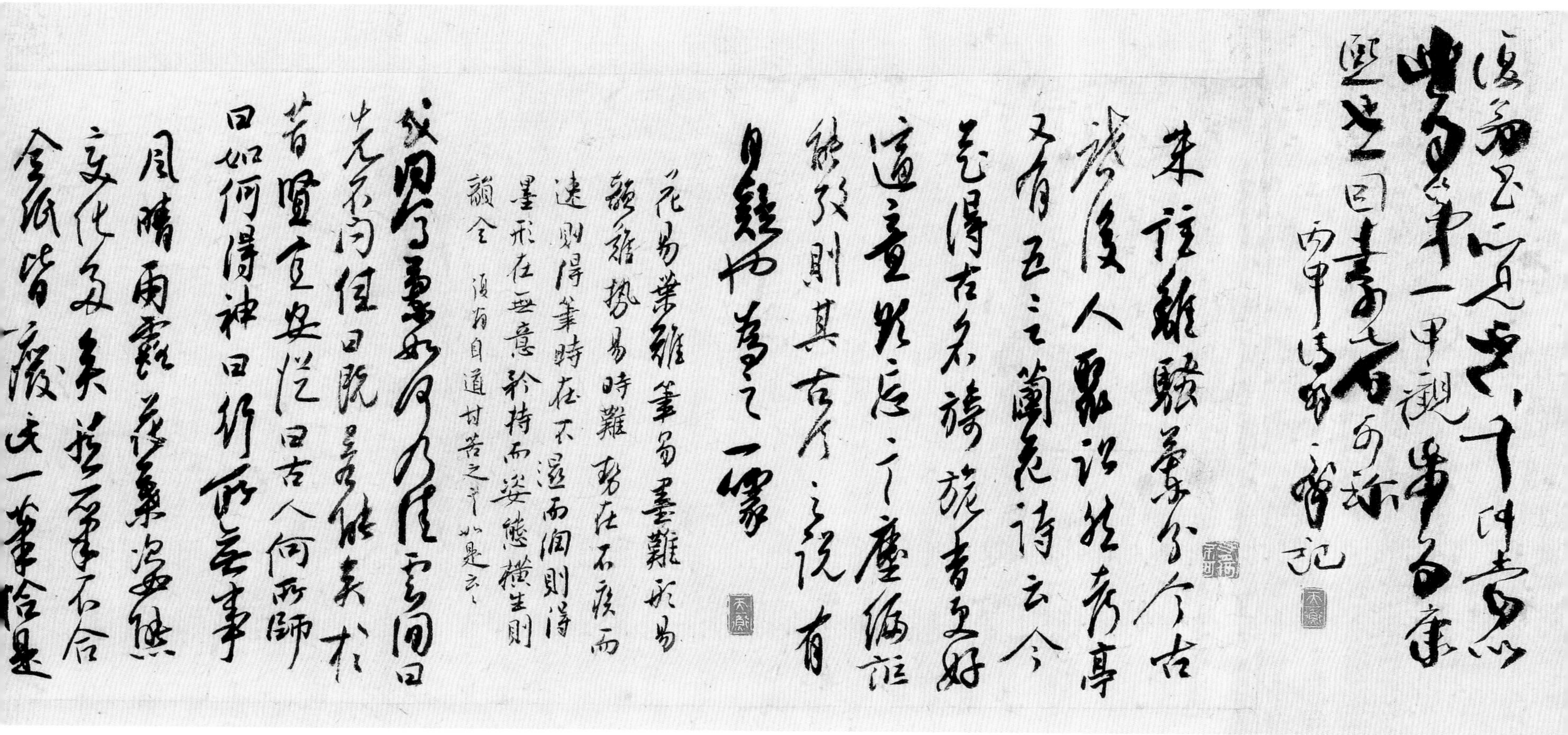

现代
白蕉（1907～1969）
行草书题兰旧句
纸本 23.5×120厘米

狠石易 對目已狼戾

不易 十三 撕廿九 又

棄其一畫三年五十八

扵此喾而今度我知

勉天

雜書題小素稿男

雪鴻仁先葺便我平

石厈先家鴻壁

孔花辰的名愛也

白蓮 [印]

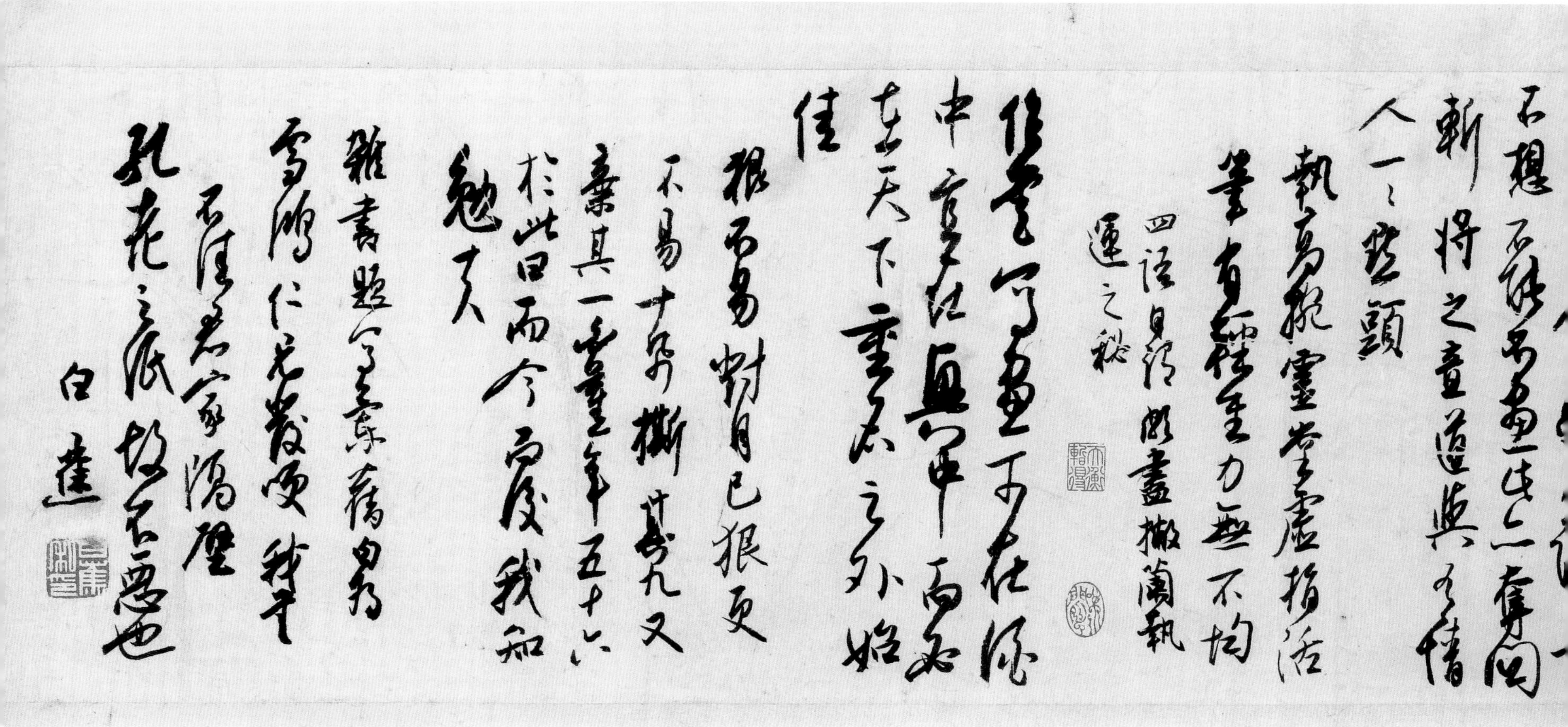

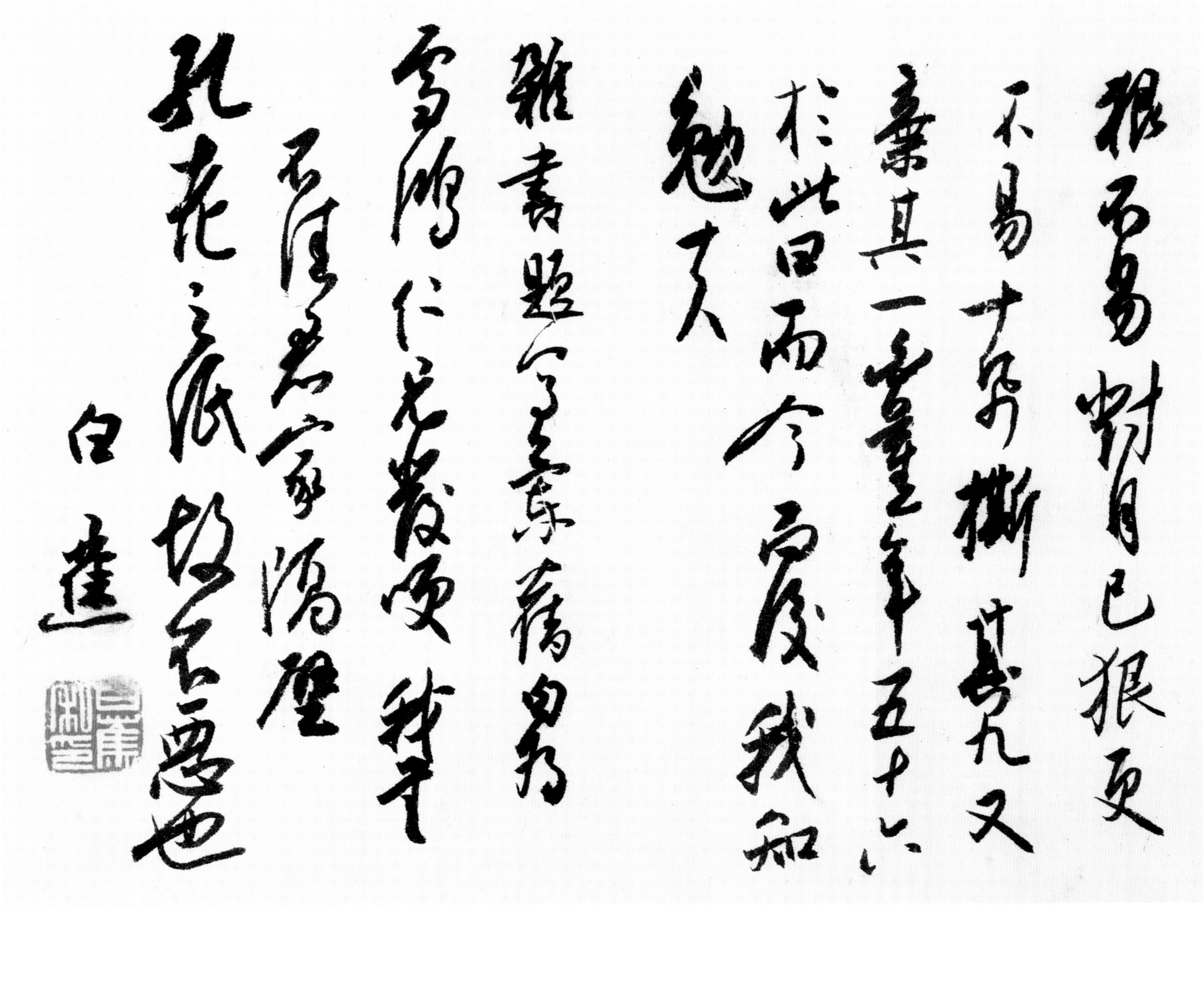

现代

张大壮（1903～1980）

没骨富贵图成扇

1946年作

纸本 19×51厘米

明宣宗壶中富贵图
庚寅夏五月 抑非居士作於海上崇兰草堂

现代
陆抑非（1908～1997）
工笔壶中富贵图
1950年作
纸本 105×44厘米

现代
陆俨少（1909～1993）
峡江图
1975年作
纸本 142.5×34厘米

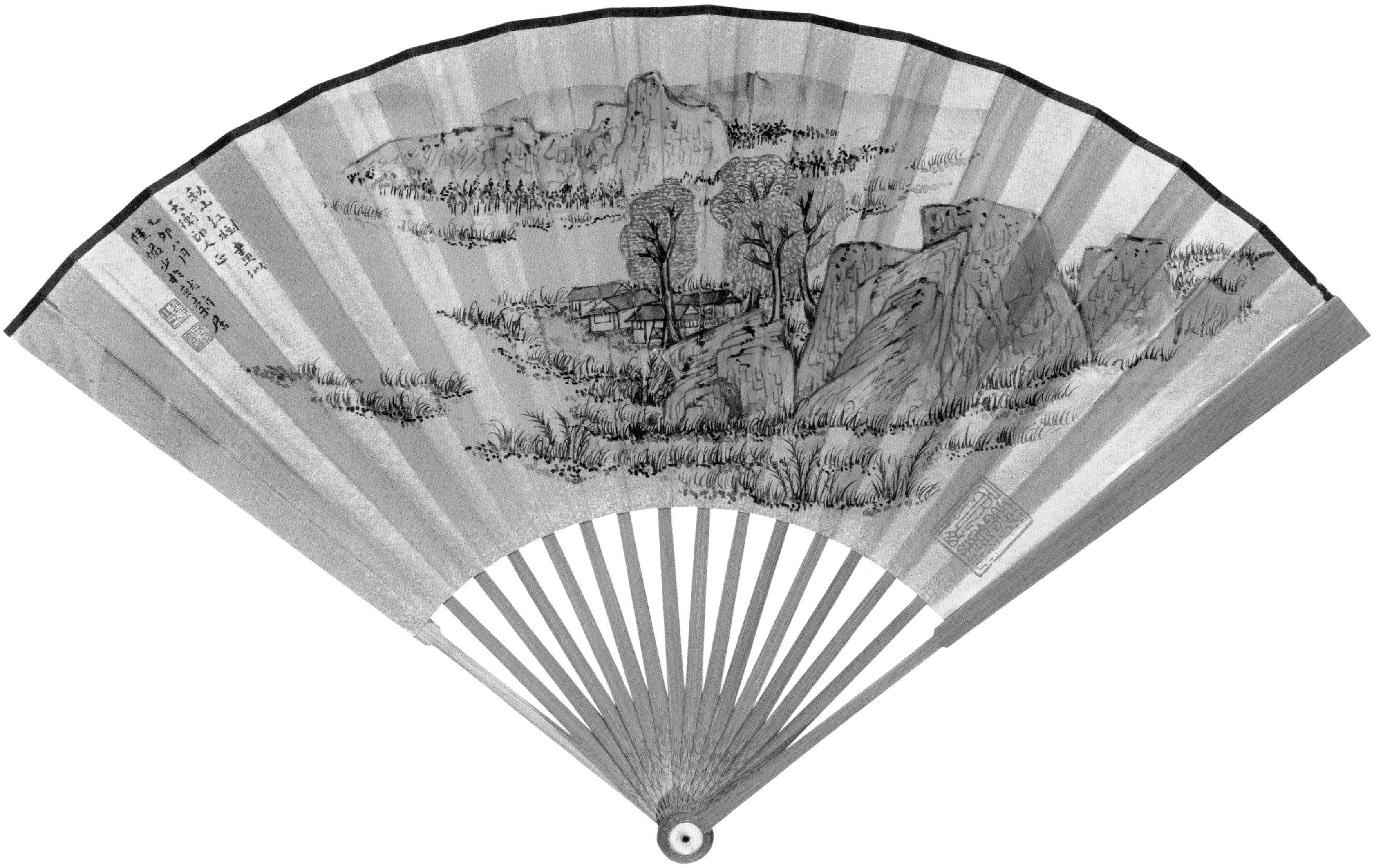

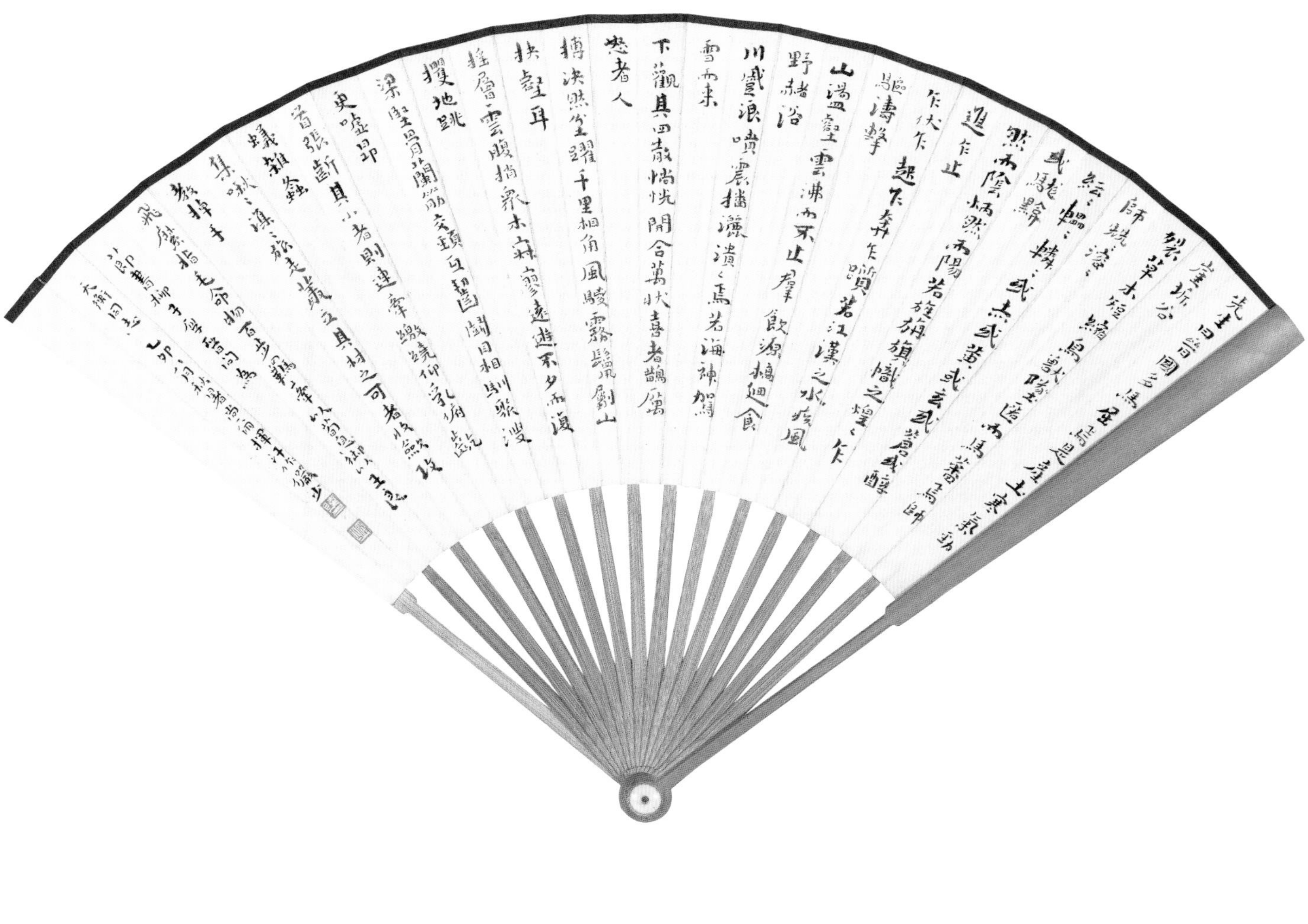

现代
陆俨少（1909～1993）
青绿山水楷书成扇
1975年作
金笺 19×46厘米

现代
应野平（1910～1990）
蜀江云成扇
纸本 19×49厘米

现代
唐云（1910 ~ 1993）
大吉图
1987年作
纸本 84×58厘米

云海松涛 乙亥春日 谢芳

气势磅礴 此壮笔奇翁一九七九

庚午冬佈置鱼今垂见因题时

癸巳初冬 铁云轩宝善因记

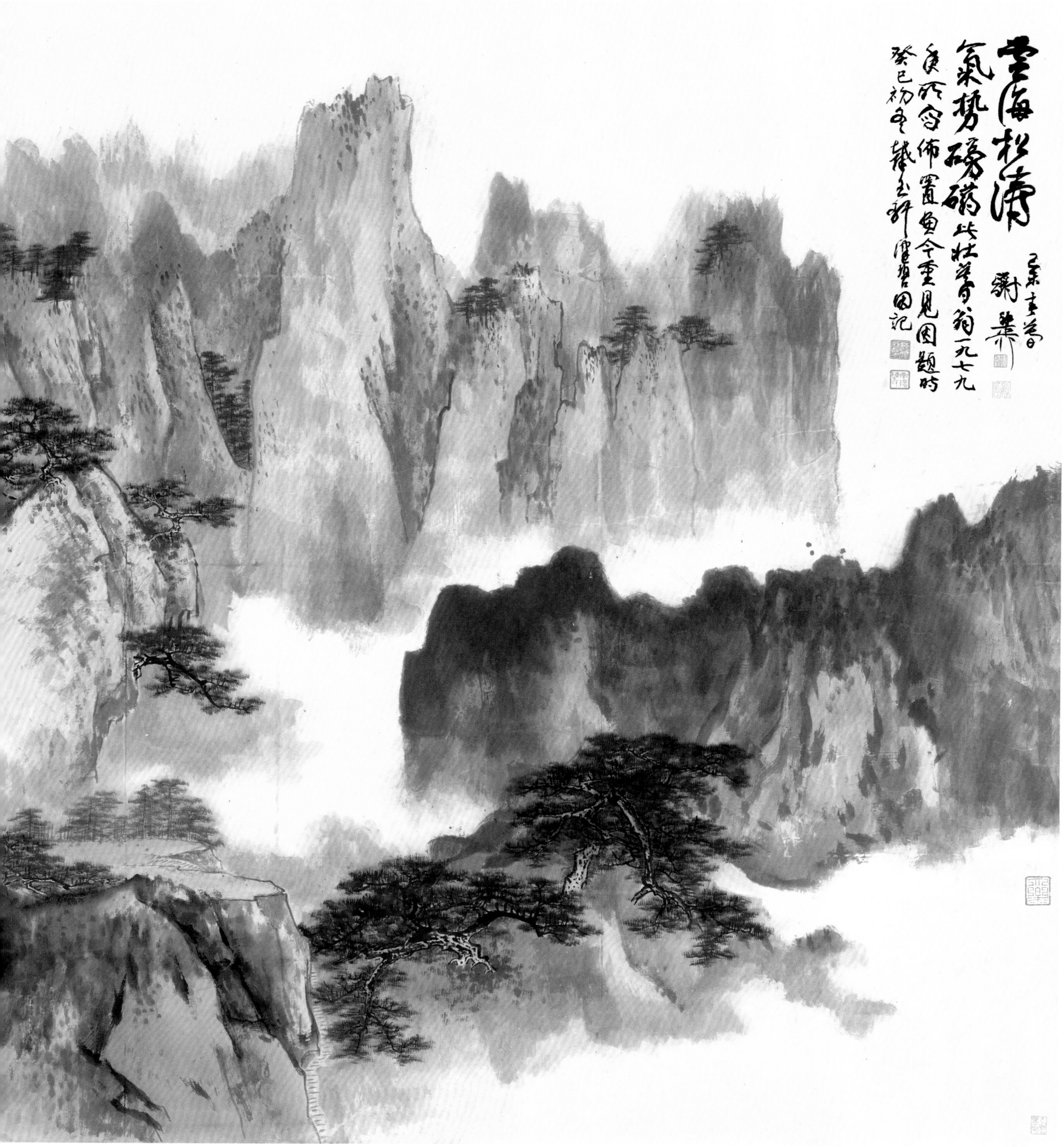

现代
谢稚柳（1910～1997）
云海松涛图
1979年作
纸本 142×220厘米

现代
谢稚柳（1910 ~ 1997）
行书『商略·都忘』七言联
1946年作
纸本 98×24厘米×2

现代
谢稚柳（1910 ~ 1997）
工笔花鸟扇面
1943 年作
纸本 18×50.5 厘米

现代
谢稚柳（1910 ~ 1997）
紫牡丹成扇
1983 年作
纸本 20×54 厘米

现代
谢稚柳（1910～1997）
工笔花鸟卷
1941 年作
绢本 27×279 厘米

现代

谢稚柳（1910 ~ 1997）

春山图行书成扇

1978年作

纸本 19×54厘米

现代
程十发（1921～2007）
普渡慈航图
1986年作
纸本 173×68厘米

现代
程十发（1921 ~ 2007）
金鱼成扇
1979年作
纸本 18×51厘米

当代
陈佩秋（1922～）
芭蕉水凫图
纸本 77×44厘米

当代

陈佩秋（1922～）

花鸟草书成扇

1985年作

纸本 18×50厘米

现代

黄胄（1925 ~ 1997）

赶集图

1966 年作

纸本 69×52 厘米

现代

黄胄（1925～1997）

叼羊图

1983年作

纸本 91×351厘米

现代
黄胄（1925 ~ 1997）
松鹰图
1978年作
纸本 137×68厘米

现代
黄胄（1925～1997）
渡河少女
纸本 25×31厘米

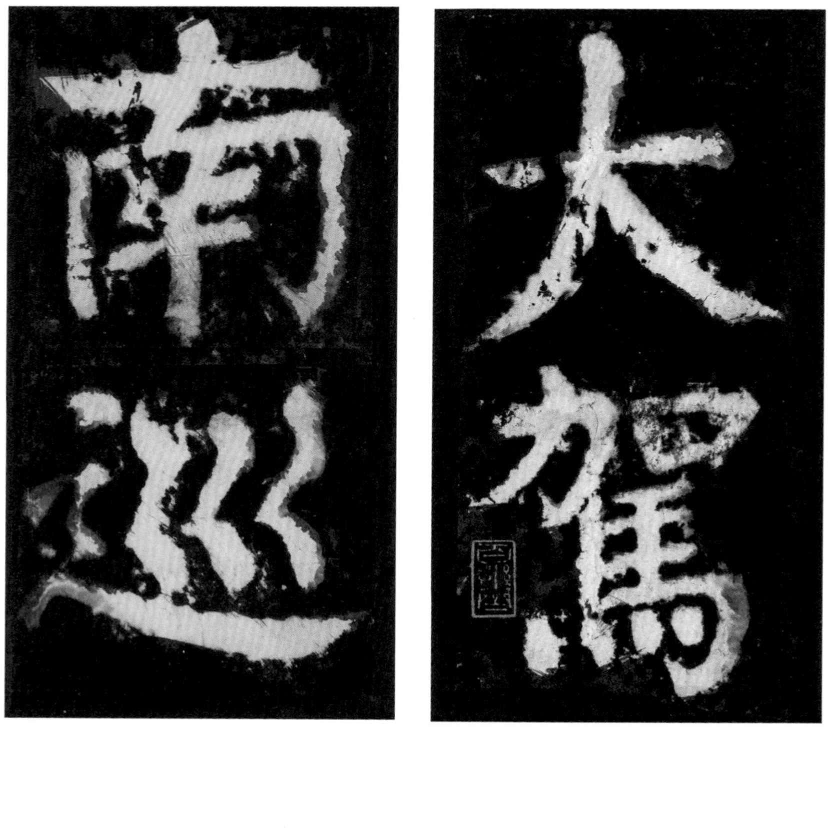

明拓
唐　颜真卿书《大唐中兴颂》拓本
30.5×16.5厘米
明王铎题签
1983年陆俨少作读碑图

浯溪中興頌元結撰文
顏魯公大書

大唐中興頌

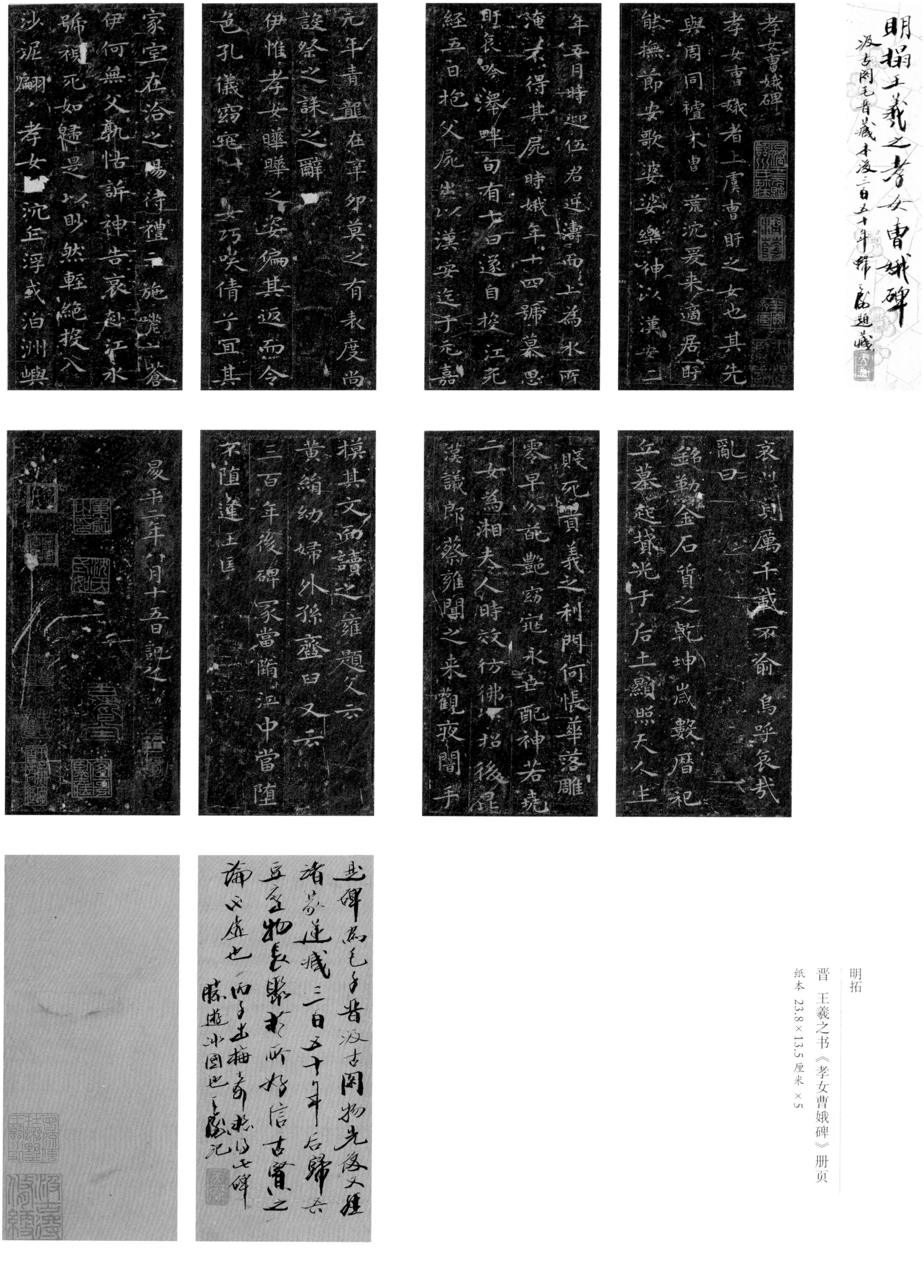

明拓

晋 王羲之书《孝女曹娥碑》册页

纸本 23.8×13.5厘米×5

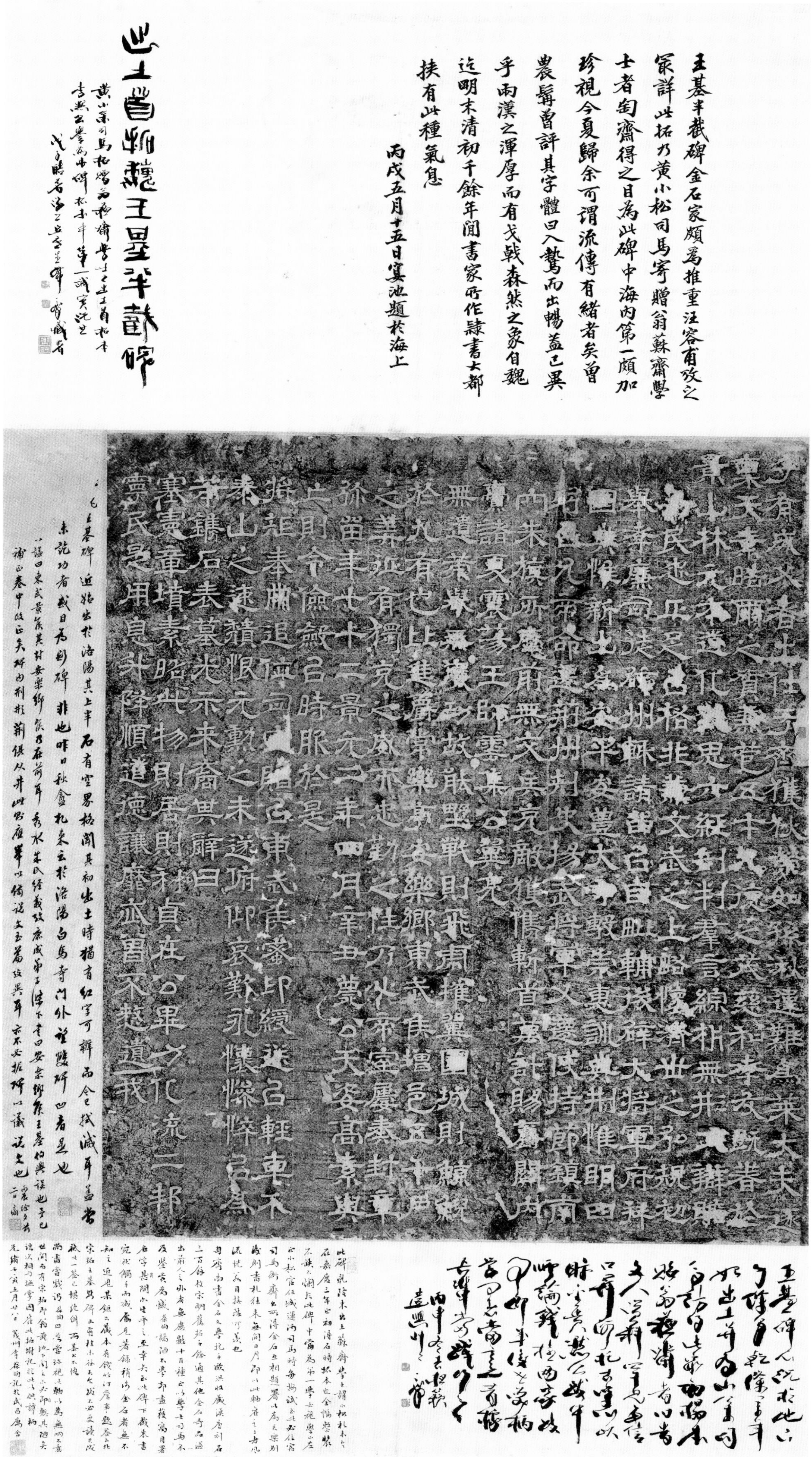

初拓

北魏 王基半截碑拓本

1770年拓

纸本 114×92厘米

清拓

西周 毛公鼎全形拓

纸本 161×67 厘米

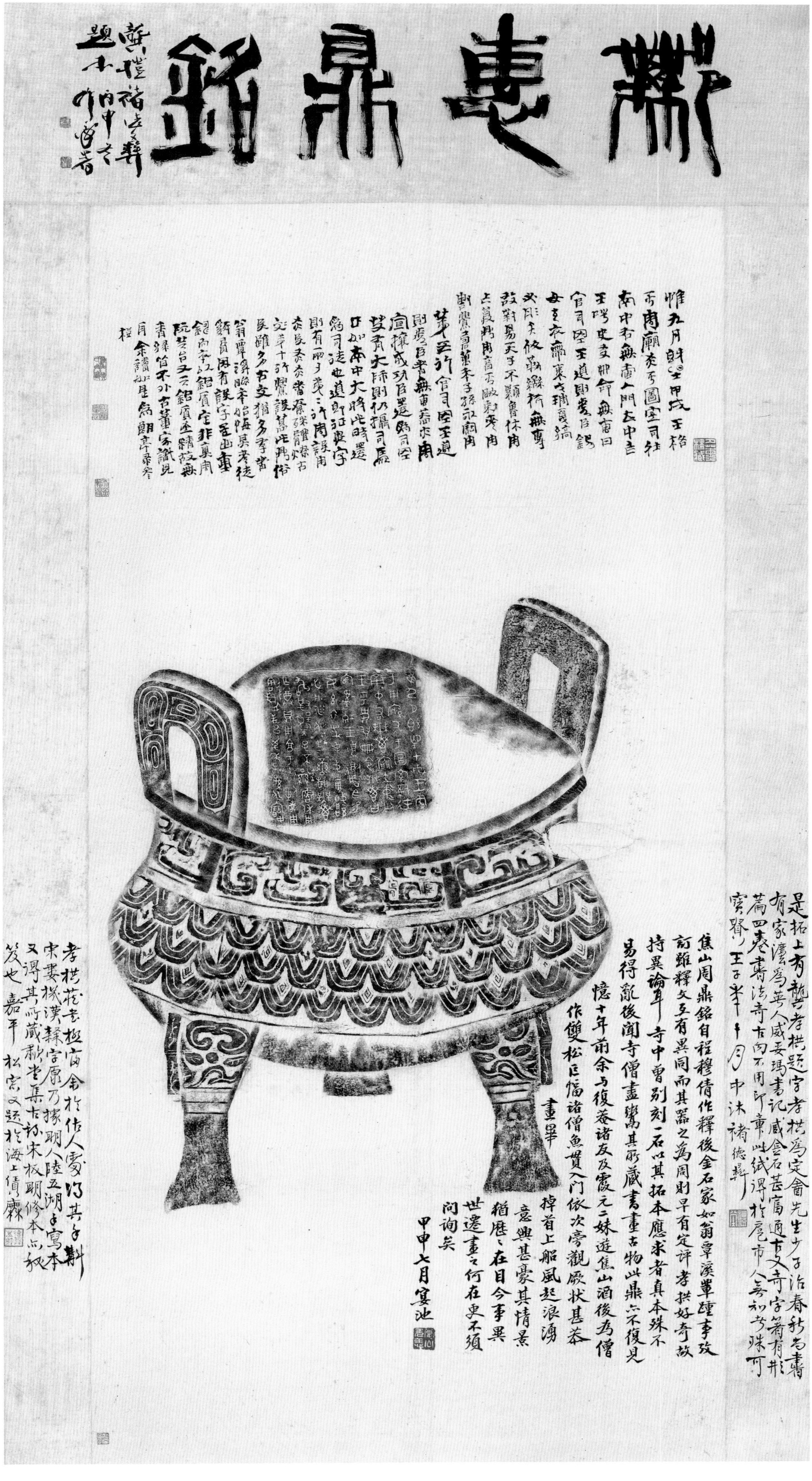

清拓

西周　许惠鼎全形拓

纸本　126×61厘米

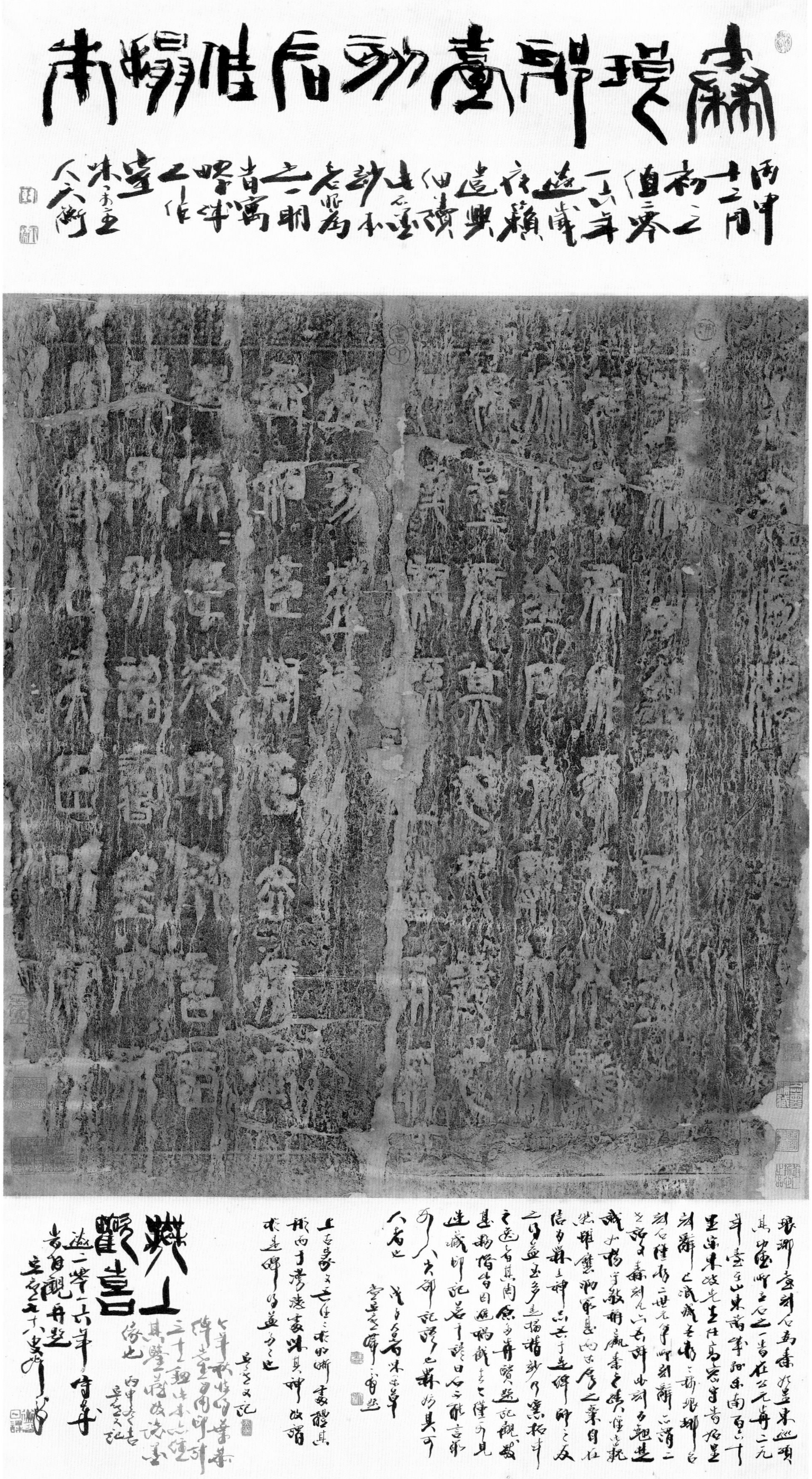

旧拓
秦 琅琊台刻石拓本
纸本 79×67.5厘米

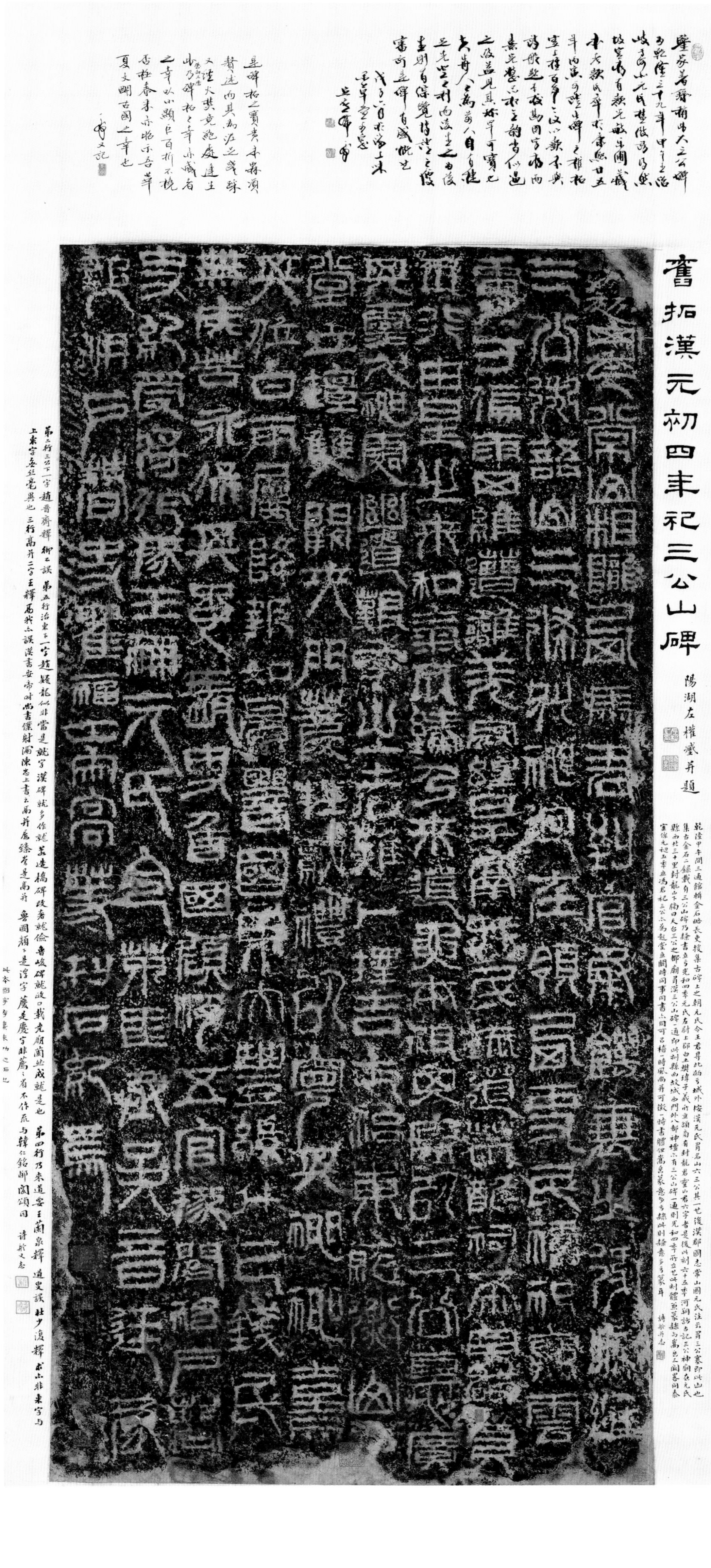

旧拓

汉 祀三公山碑拓本

纸本 146×67厘米

清拓

北魏　曹望憘造像石座拓本

纸本　155×67.5厘米

北魏　曹望憘造像石座拓本（局部）

清拓

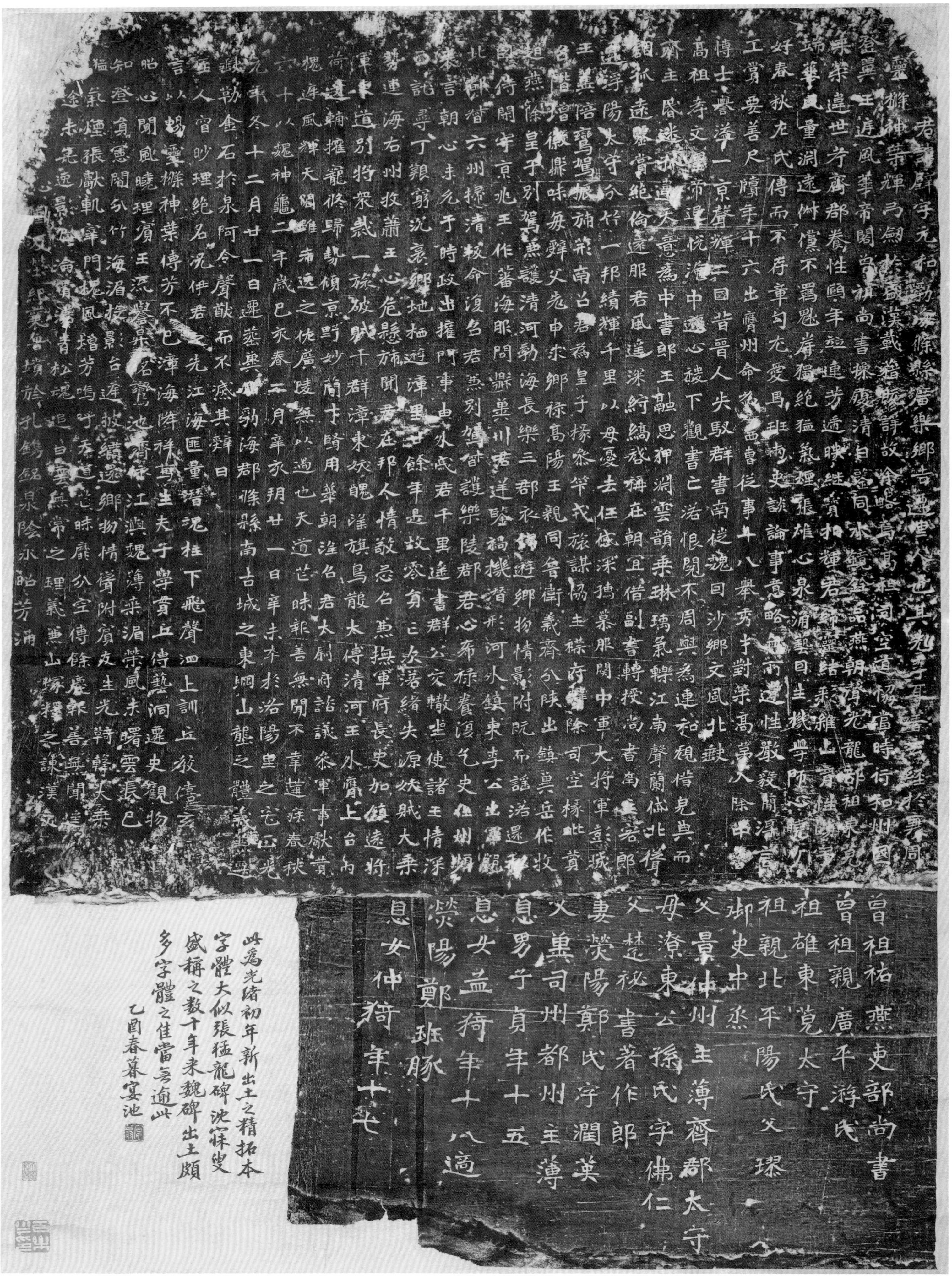
此為光緒初年新出土之精拓本字體大似張猛龍碑沈寐叟盛稱之數十年來魏碑出土頗多字體之佳當無逾此
乙酉春暮宴池

北魏 李璧墓志铭拓本
清拓
纸本 119×86.5厘米

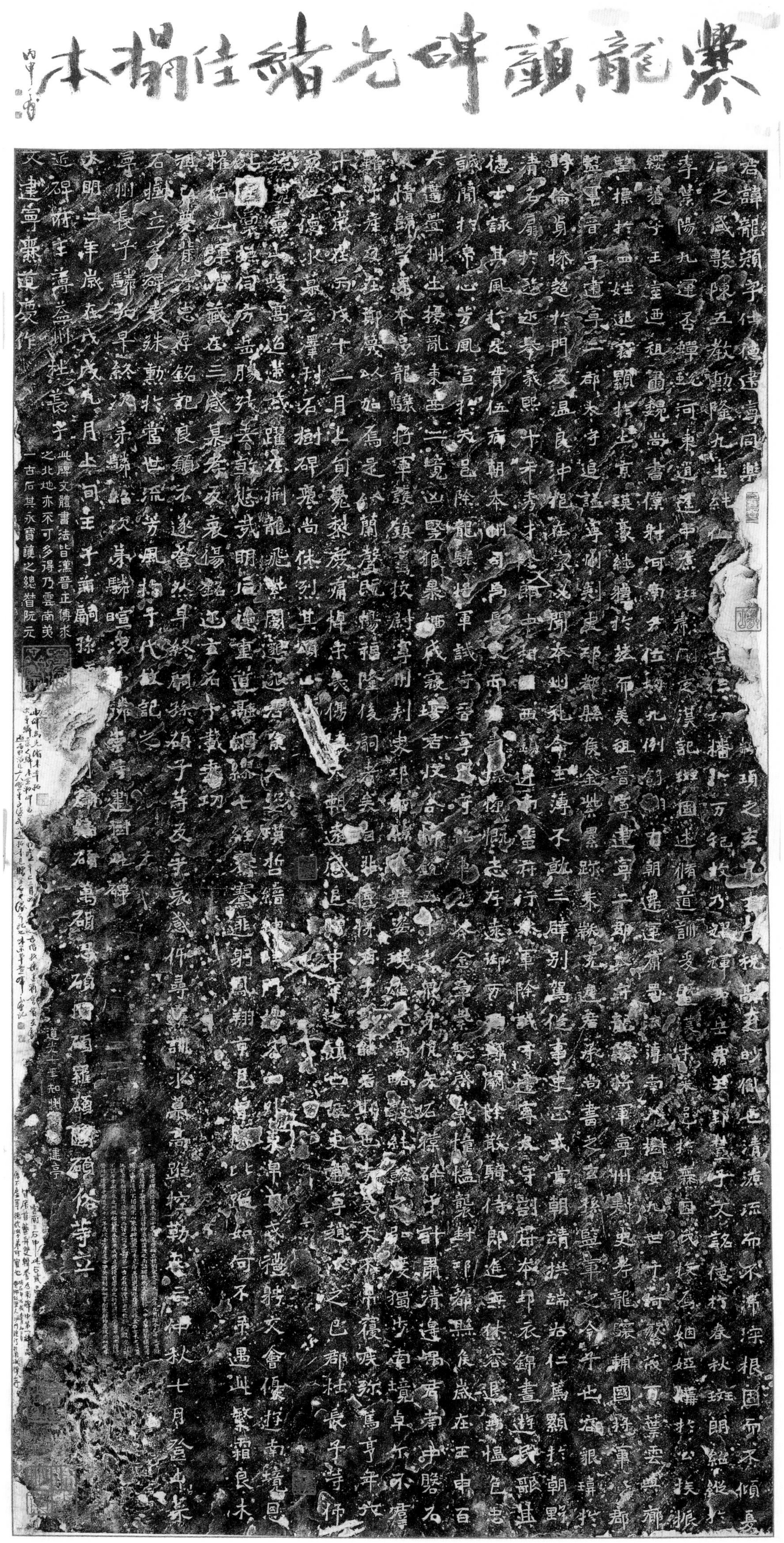

清拓

南朝 爨龙颜碑拓本

纸本 223×121厘米

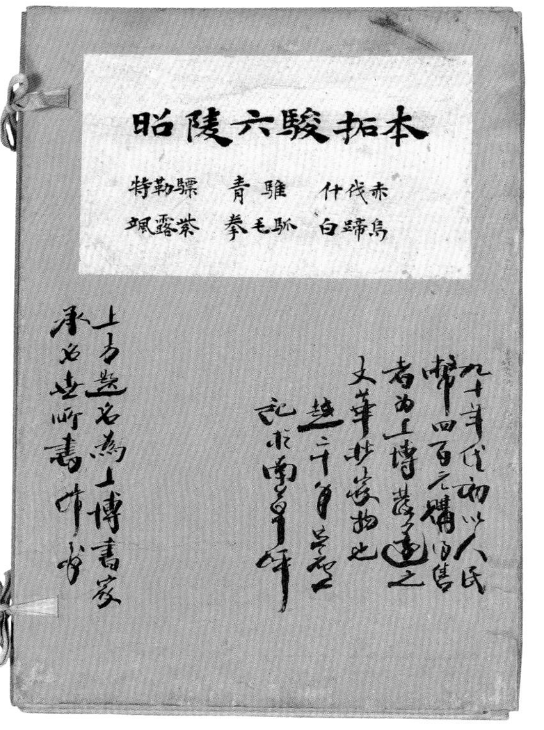

清拓

唐　昭陵六骏全形拓

纸本　136×263厘米　×6

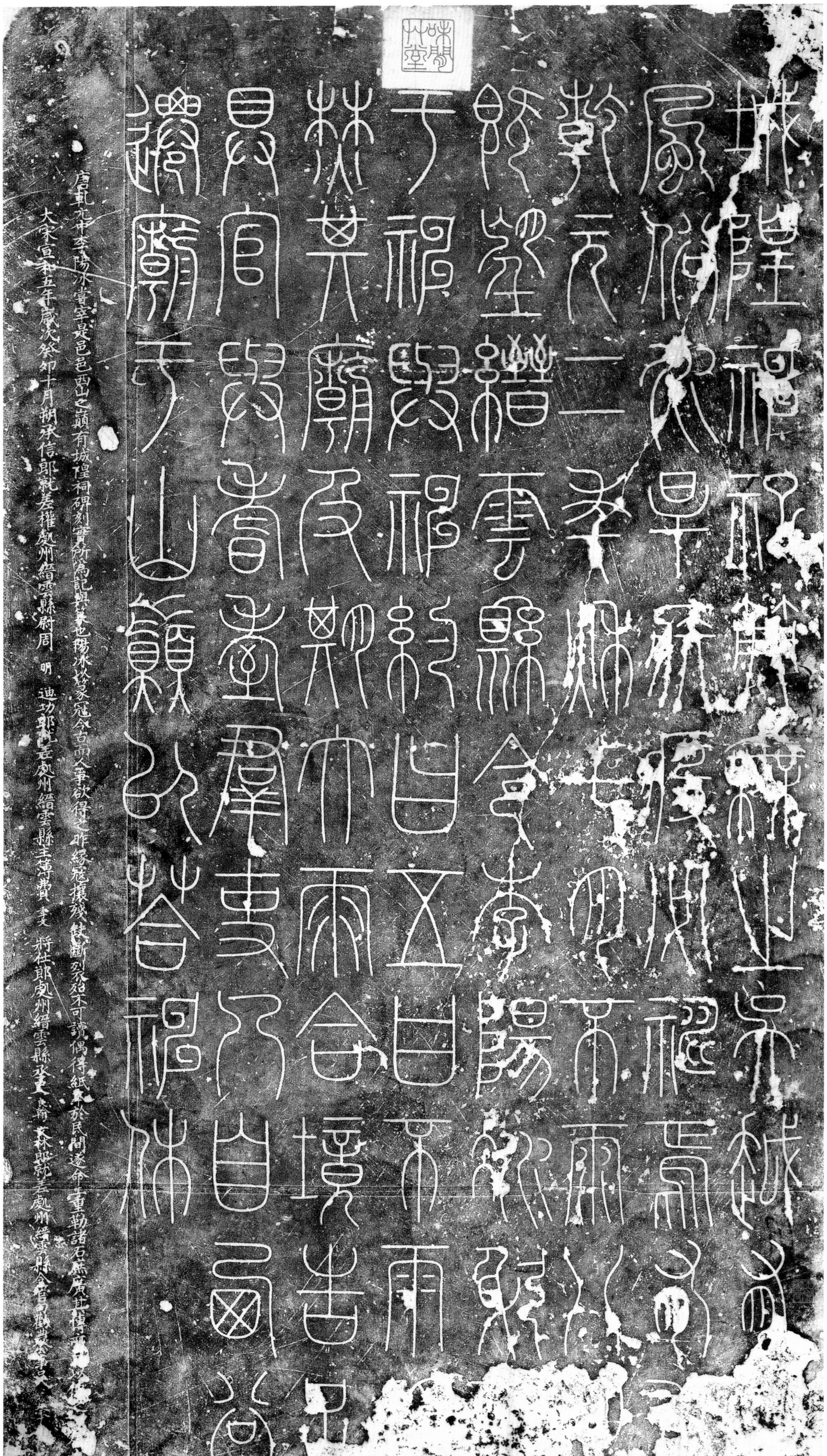

清拓

唐 李阳冰书《城隍庙记》拓本

纸本 137×74.5厘米

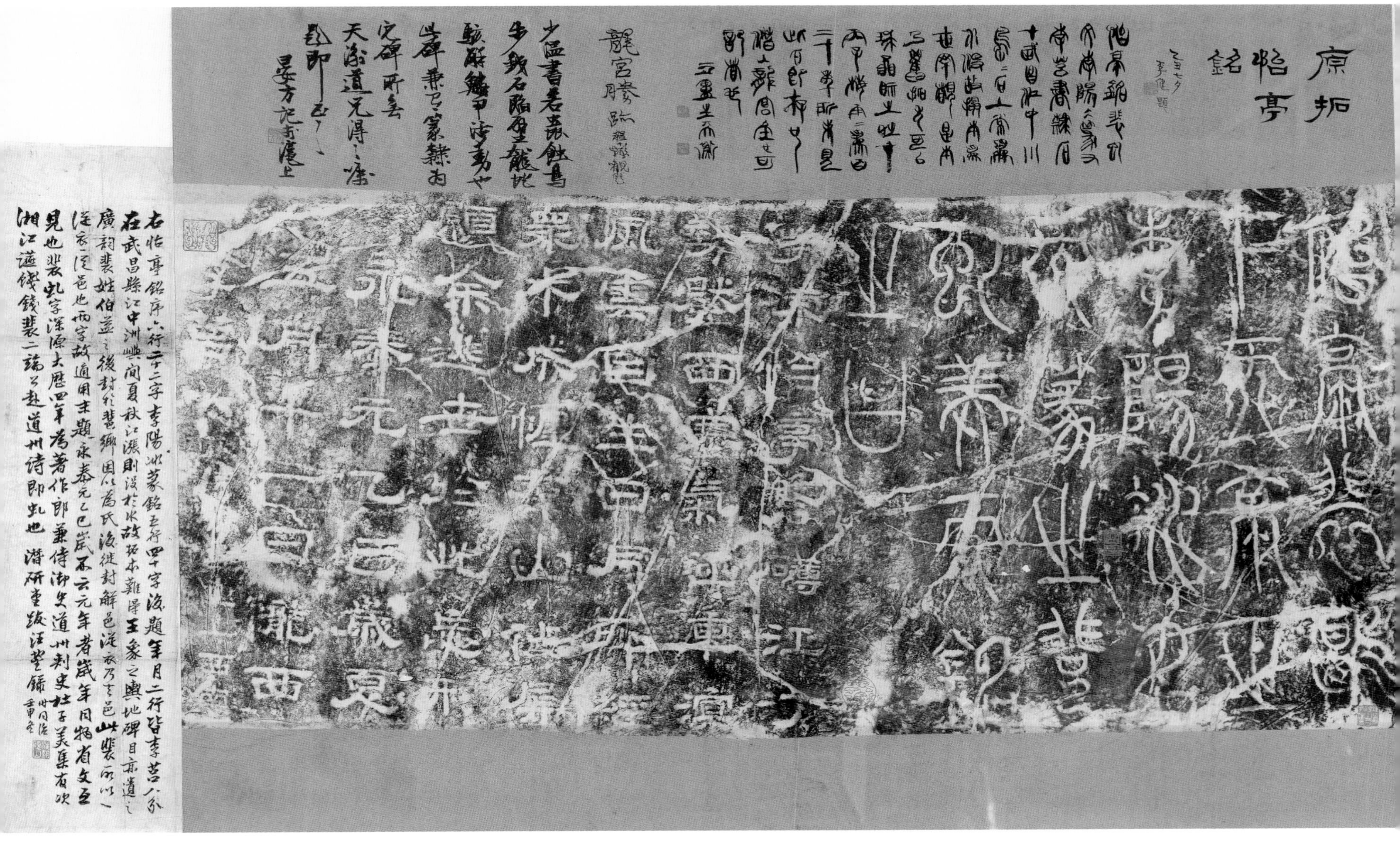

清拓

唐　李阳冰书《怡亭铭》拓本

纸本　53×115厘米

蘭室長物

历代文房艺术

器物

Refined Ancient
Stationary
in Scholar's Study

明
洪武 三年（1370年）
鎏金如来铜像
高6厘米

明
永乐（1403～1424）
鎏金文殊菩萨铜像
高23.5厘米

明
宣德（1426～1435）
鎏金菩萨铜像
高32.5厘米

明

鎏金药师如来铜像

高66厘米

明

独占鳌头魁星铜像

高33厘米

明
鎏金善财童子铜像
高 77.5 厘米

明

铁力木骑象罗汉

高40厘米

明
邓星造
鎏金南极仙翁铜像
高 24.5 厘米

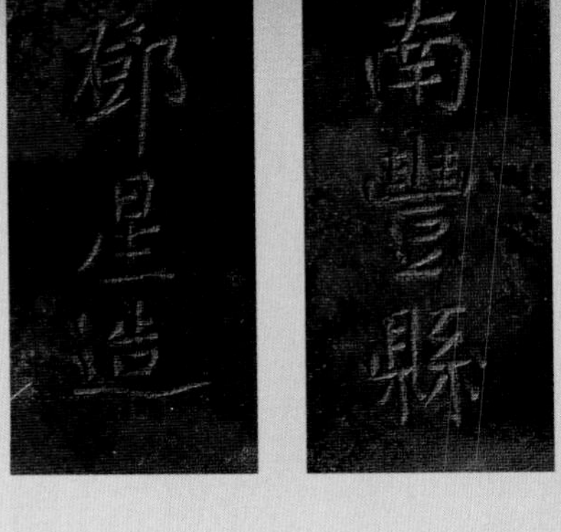

清

造办处作

龙纹铁鋄金经书扣

高6.5厘米

清
造办处作
乾隆四十五年恭供白螺
1780年作
长18厘米

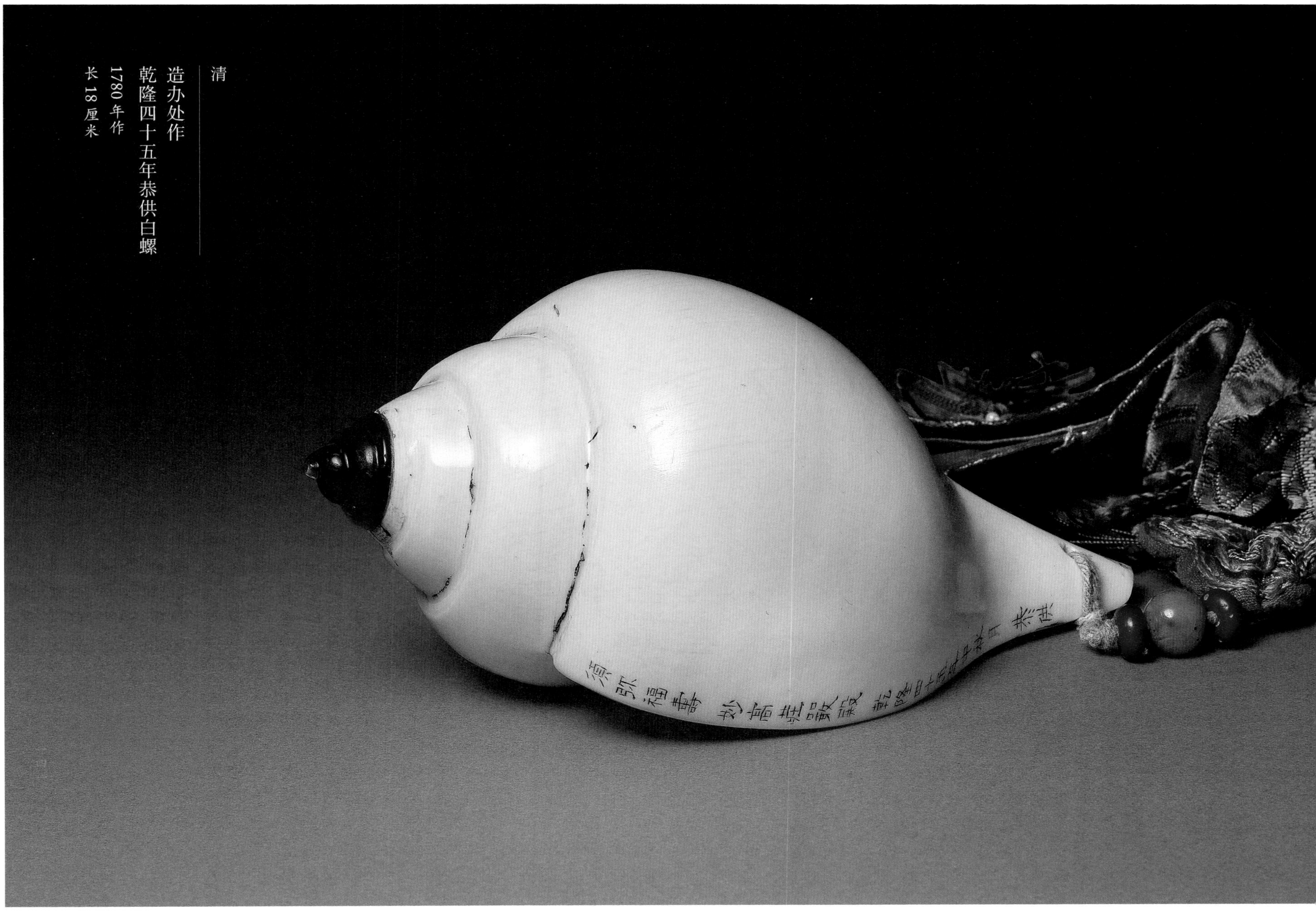

清
田黄冻石
2.4×2.6×5 厘米

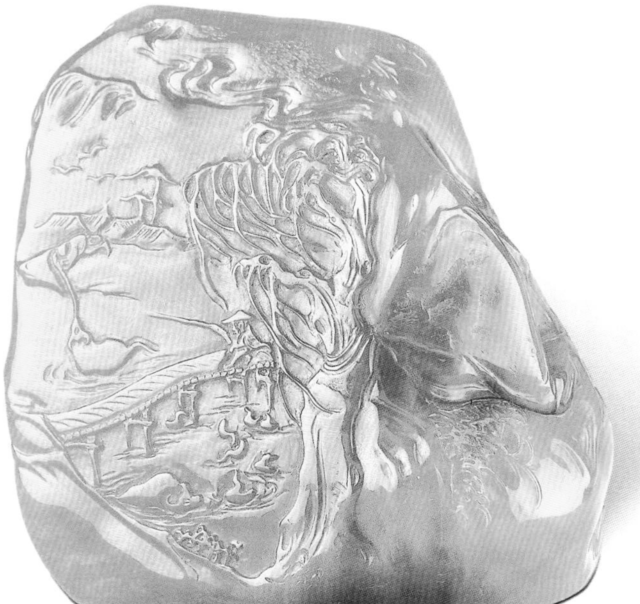

近代
田黄冻石
4.3×3×5.7 厘米

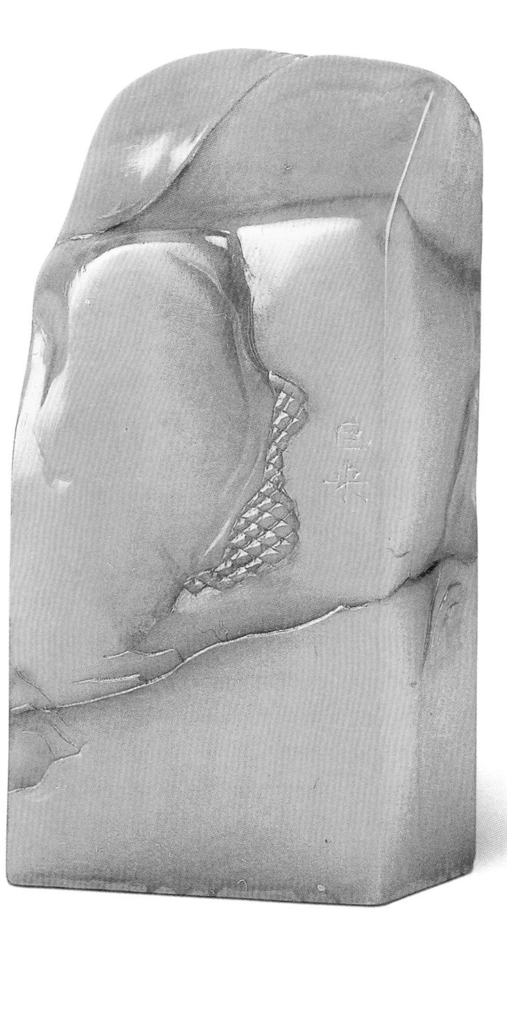

清
田黄冻石
2.1×2.8×6.1 厘米

当代
寿山双色汶洋冻印石
7.1×7.1×11.2厘米

当代
寿山绿善伯冻印石
4.8×4.9×8.5厘米

清
艾叶绿对章
3.7×3.8×10厘米

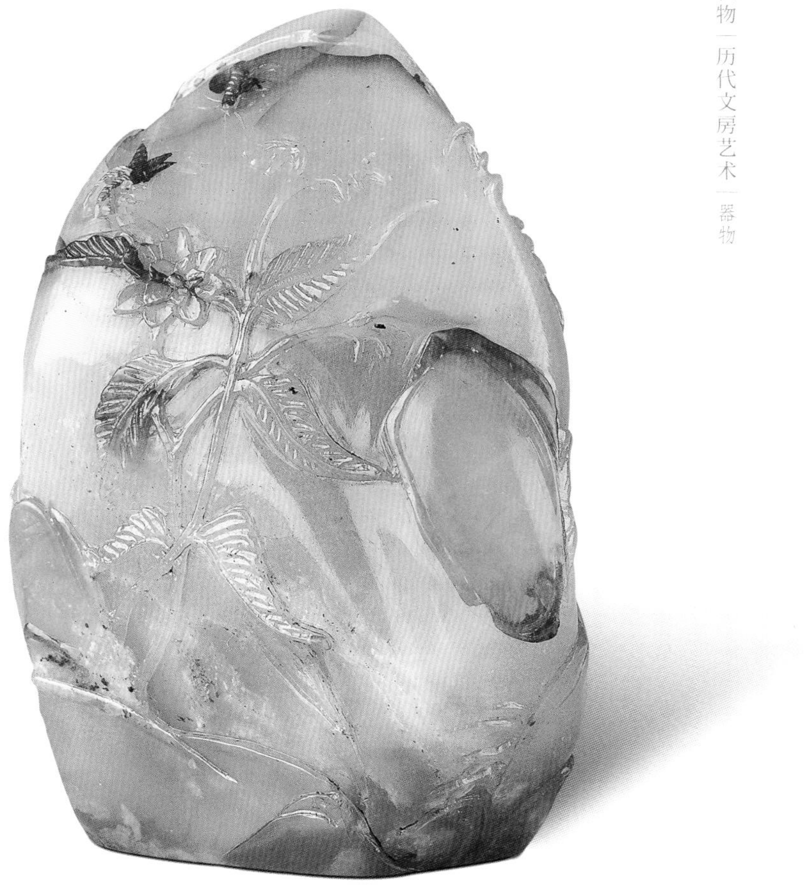

当代
寿山水坑玛瑙冻印石
5.5×3×7.7厘米

当代
寿山黄汶洋冻印石
5.5×5.5×4.9厘米

当代
寿山彩虹旗降印石
3.3×3.3×9.8厘米

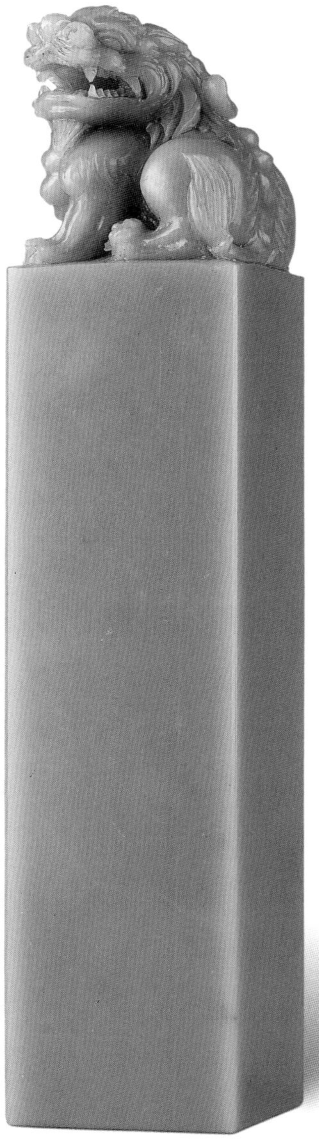

当代
青田竹叶青印石
3.4×3.5×16.5 厘米

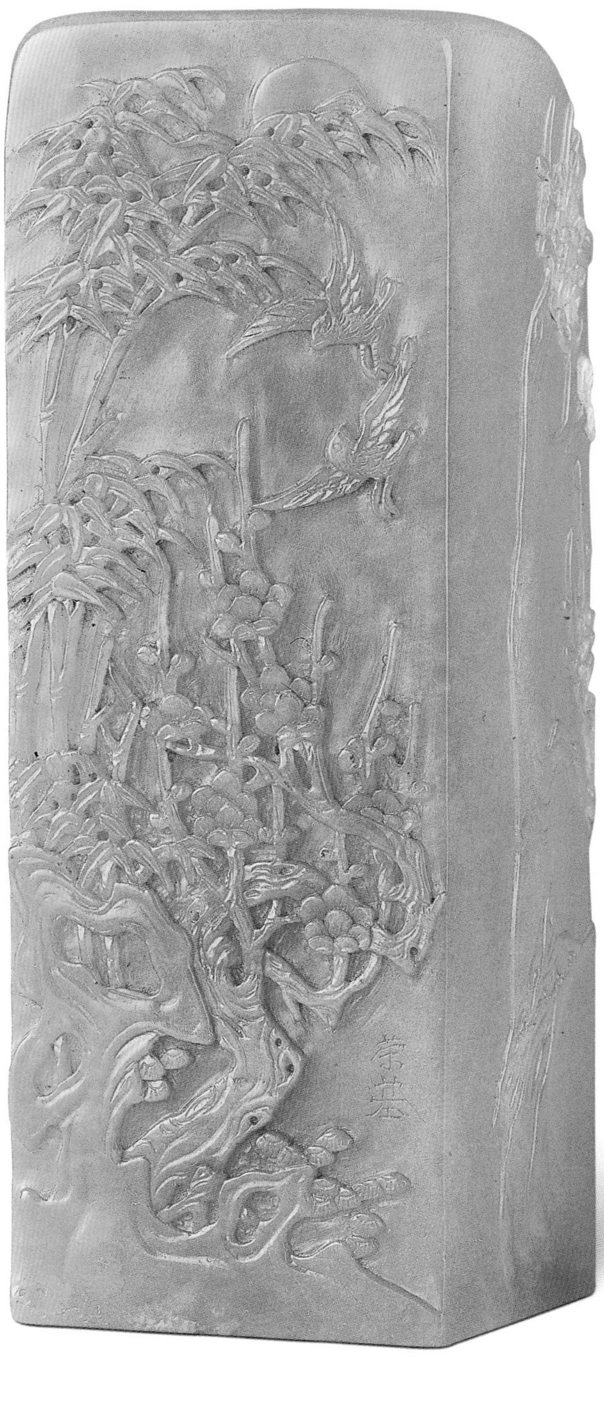

当代
寿山金银双色荔枝冻印石
3.1×3.2×9.3 厘米

当代
寿山三彩芙蓉印石
3.2×6.6×10.6 厘米

战国
长城
象牙 1×1×1.5厘米

战国
郚痟
玉 1.3×1.4×1厘米

汉
嘉
玉 2×2×1.6厘米

战国
史昌
玉 1×1×1厘米

汉
季临私印
木 1.45×1.5×1.45厘米

汉
去疾
玉 2×2×1.6厘米

三国·魏

关中侯印

金 2.4×2.4×2厘米

汉
王奉德印
银 1.45×1.5×1.1厘米

汉
吴良私印
银 1.3×1.3×1.8厘米

宋
监房州清酒务之记
铜 5.3×5.5×4厘米

五代
文房之印
铜 3.5×3.6×1.8厘米

宋
税场
铜 3.3×5.6×2.9厘米

宋

黼轩

铜　3.1×3.2×3.1厘米

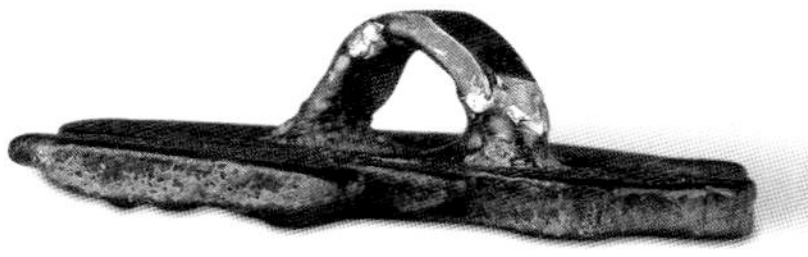

元

景教印

铜　4.2×4×1.2厘米

宋

汶阳翁书

铜　3.6×3.65×2.5厘米

清

杨玉璇雕钮并篆刻

石峭峰迴水流云在

青田梅根石　2.7×2.9×4.4厘米

清

黄楚桥（1762～？）

二十八宿罗心室

若谷山房、干青云而直上、

以天得古、昼夜六时恒吉祥（五面印）

石 1.7×3.7×6厘米

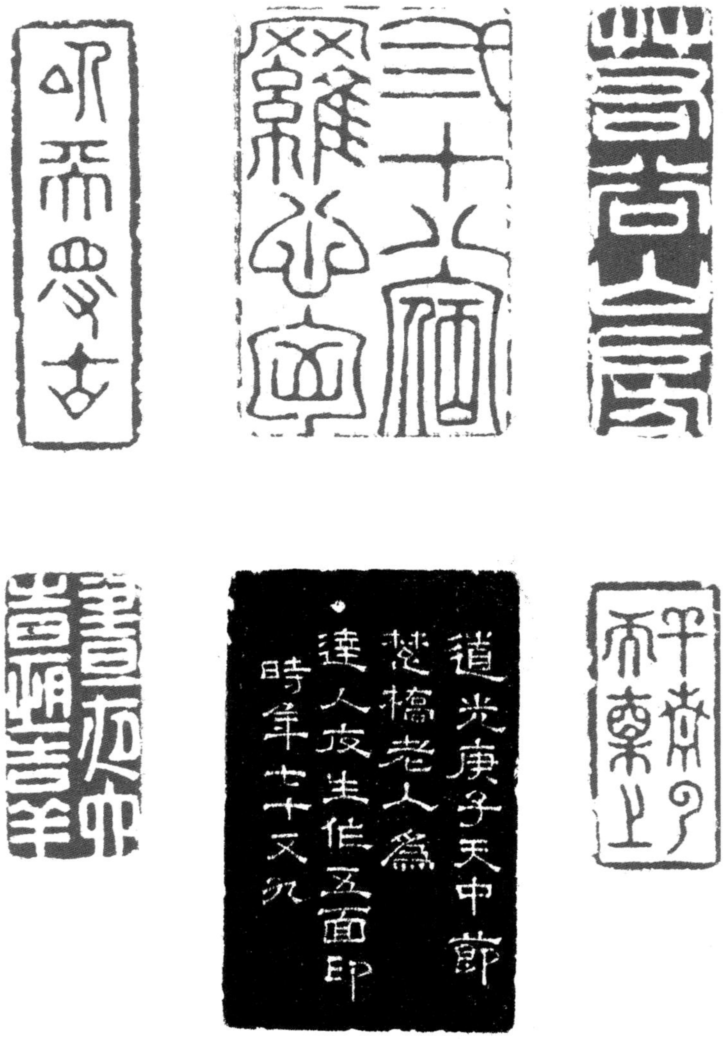

清

吴熙载（1799～1870）

汪鋆字砚山又字汪度

石 2.1×2.1×6厘米

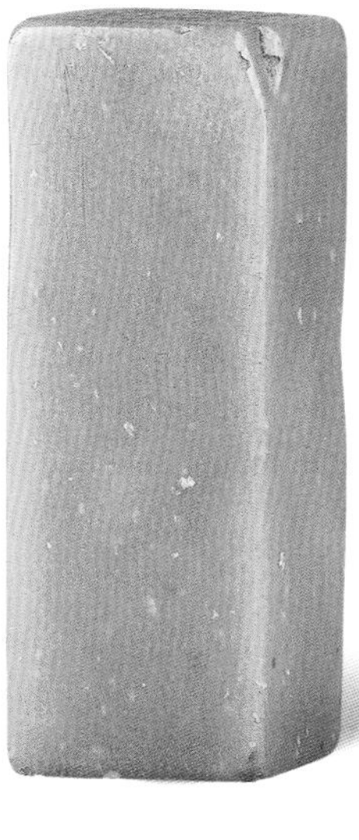

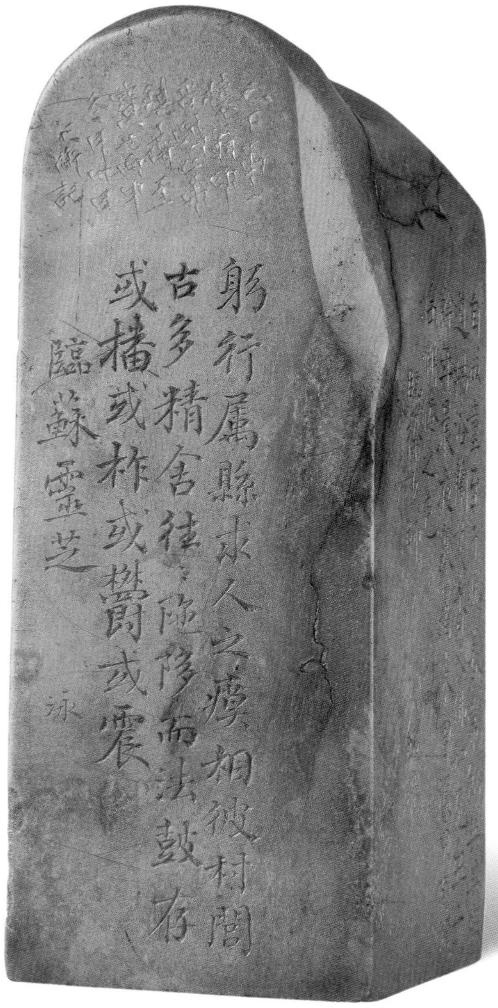

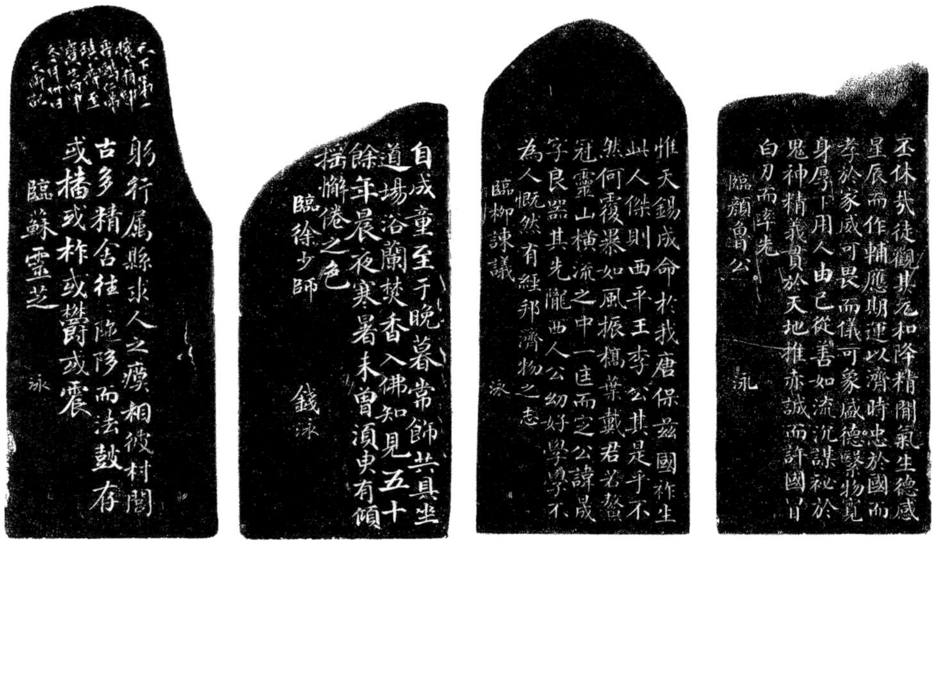

清

吴熙载（1799～1870）

十八登贤书十九成进士

石 7.4×7.6×20 厘米

清

吴式芬印　子苾

铜　3.4×3.45×3.4厘米 ×2

清

徐三庚（1826 ~ 1890）

章印绶衔、紫伯（两面印）

翼诜堂章氏所得之书、

章仔百所得金石文字（两面印）

石　2.4×2.4×6.6厘米

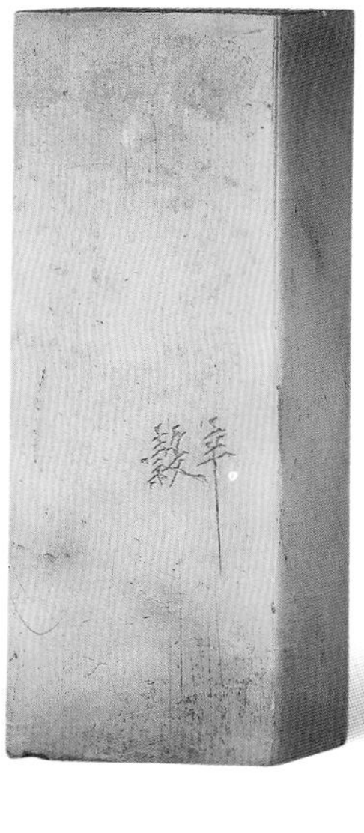

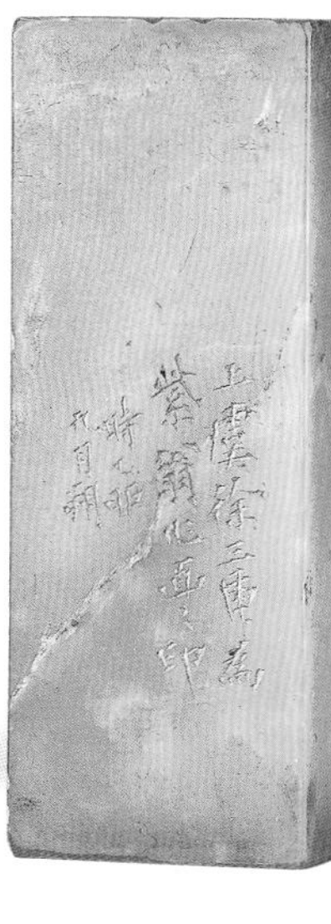

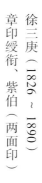

清

赵之谦（1829～1884）

胡澍壬戌年后所得

石 2.4×2.45×2.2厘米

清

胡钁（1840～1910）

长毋相忘之室

石 2.5×3.9×5.5厘米

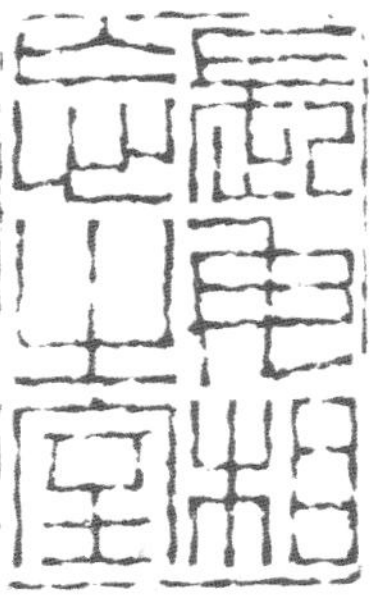

近代
吴昌硕（1844～1927）
张印载阳、暄初父
石 2.6×2.6×5.1 厘米 ×2

近代
吴昌硕（1844～1927）
文澜阁掌书吏、汉阳关棠
石 2.6×2.6×7.8 厘米 ×2

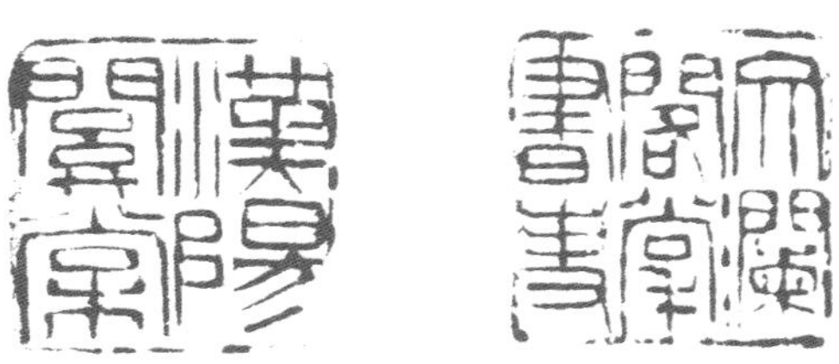

清

黄士陵（1849～1909）

方印文寓

石4.3×4.2×6.8厘米

清
黄士陵（1849 ~ 1909）
新藻印信　勿斋
石 1.7×1.7×4.6 厘米 ×2

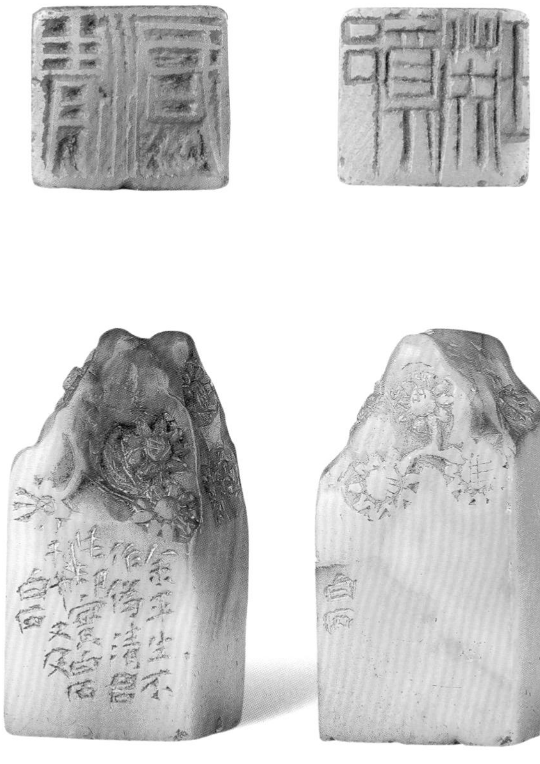

现代
齐白石（1864 ~ 1957）
郑瑛　清君
石 2.1×2.1×4.3 厘米 ×2

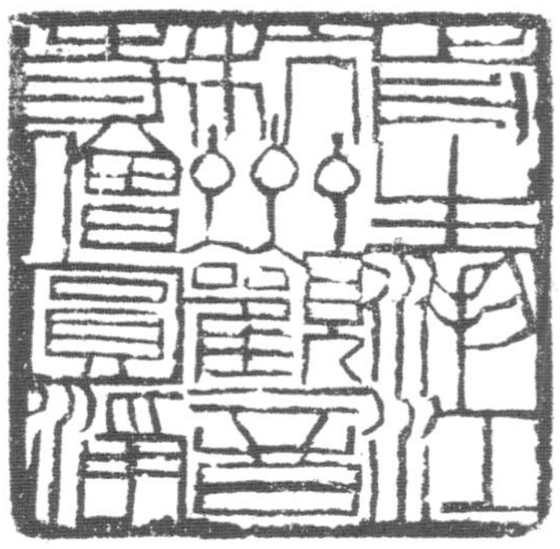

现代
齐白石（1864～1957）
前生浙江杭州观音寺僧圆净
石 4.6×4.5×7厘米

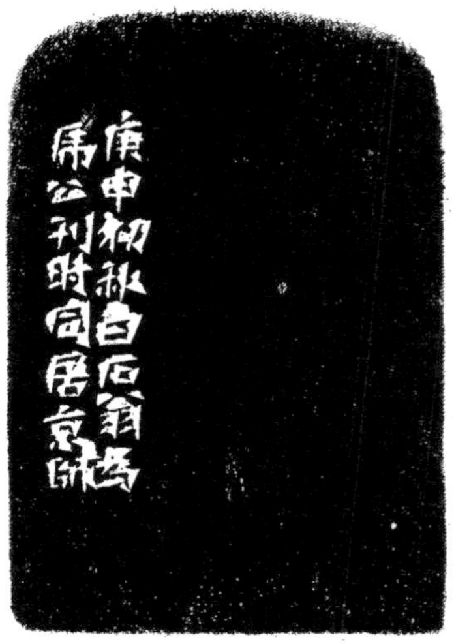

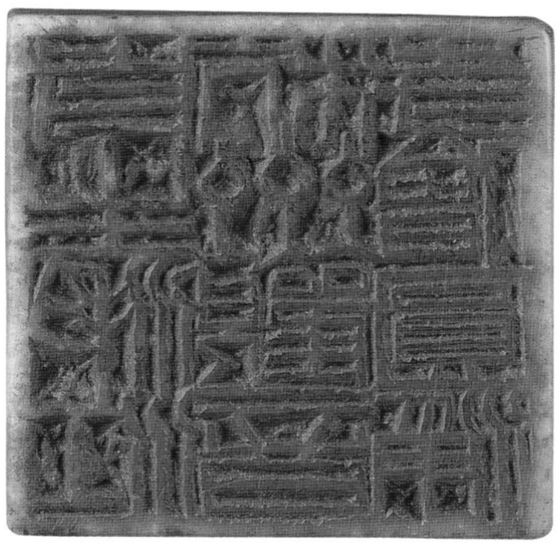

现代
齐白石（1864～1957）
谭印延闿　祖安
石 3.8×3.8×10.7厘米 ×2

现代
陈巨来（1905～1984）
第一希有
石 2.8×2.8×5.2 厘米

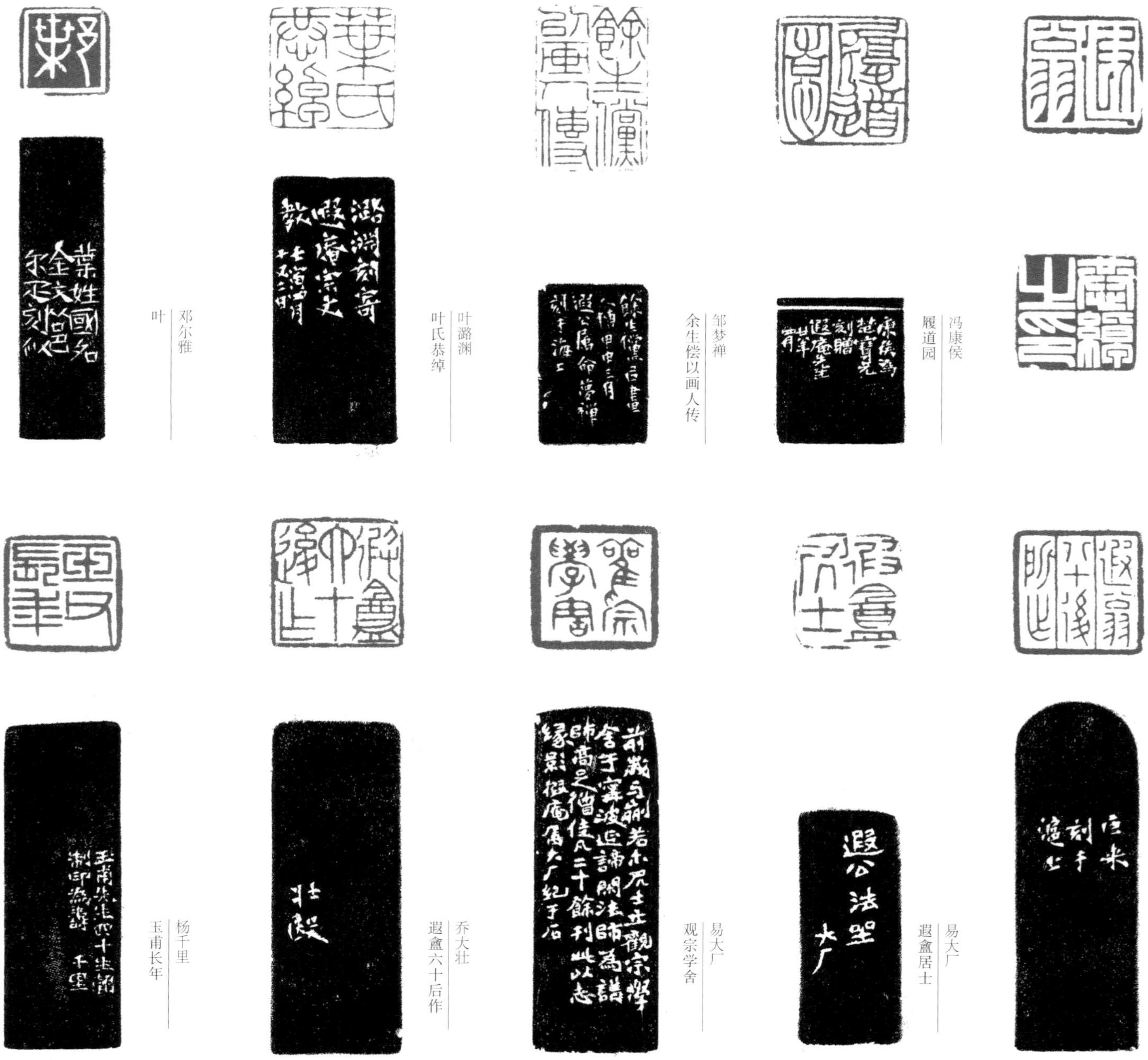

陈巨来　遐翁

陈巨来　恭绰之印

冯康侯　履道园

邹梦禅　余生偿以画人传

叶潞渊　叶氏恭绰

邓尔雅　叶

陈巨来　遐翁八十后所作

易大厂　遐盦居士

易大厂　观宗学舍

乔大壮　遐盦六十后作

杨千里　玉甫长年

现代

叶恭绰（1881～1968）

自用印三十一方

印材、尺寸不一

明

张灏（生卒不详）

《承清馆印谱》母本四册

万历四十五年（1617）

29.6×18.3厘米

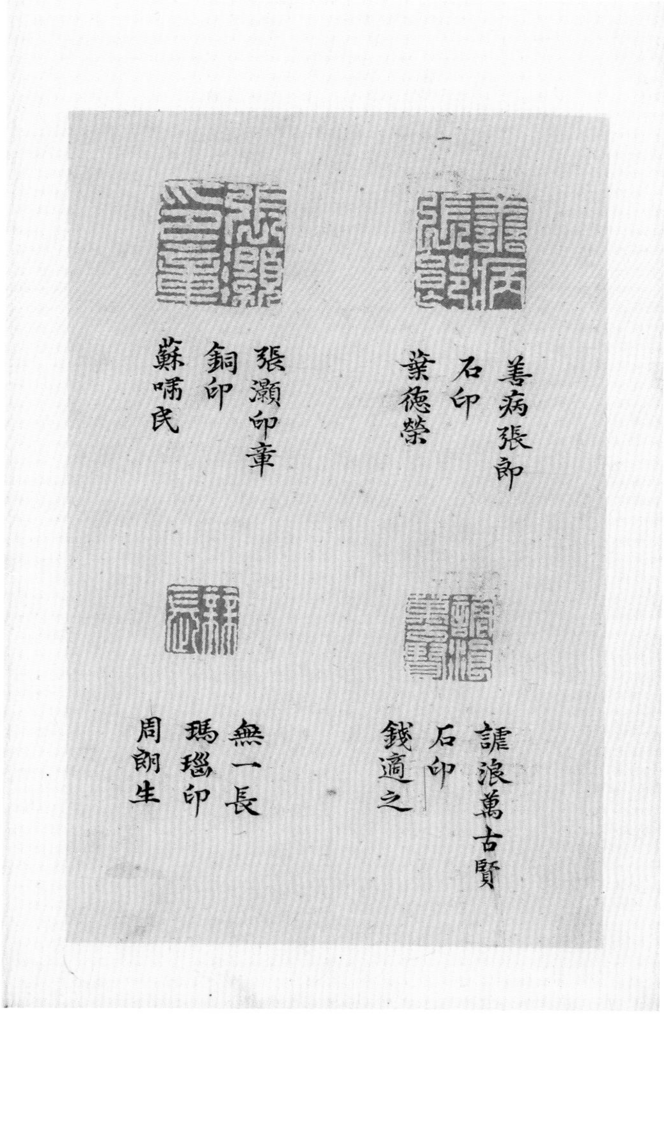

明
张灏（生卒不详）
《承清馆印谱》二册
万历四十五年（1617）
27.4×16.7 厘米

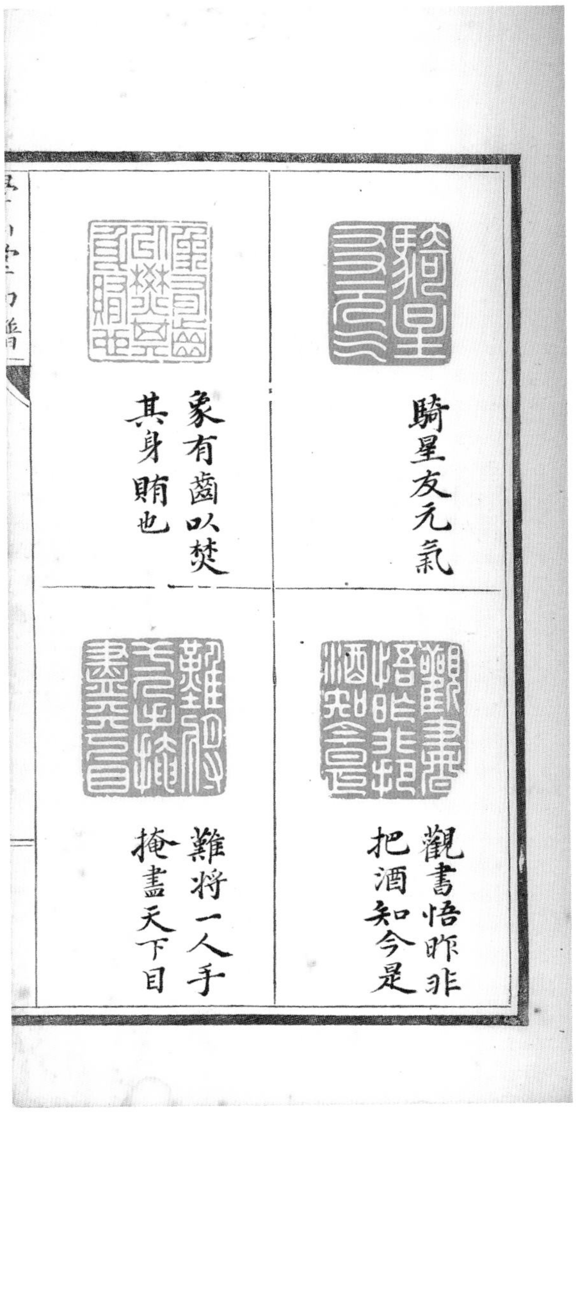

明
张灏（生卒不详）
《学山堂印谱》六册
崇祯四年（1631）
29.7×17.3 厘米

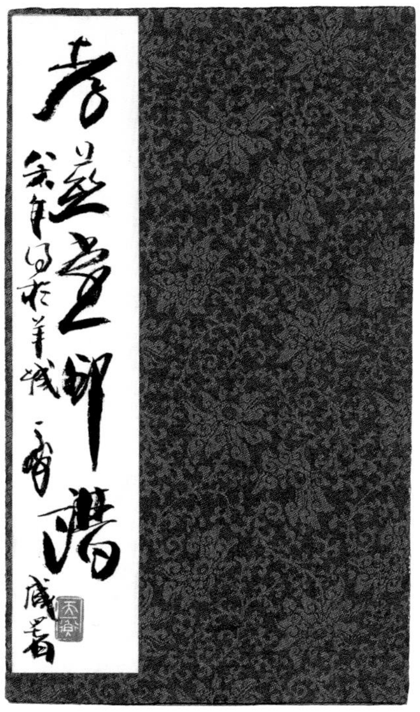

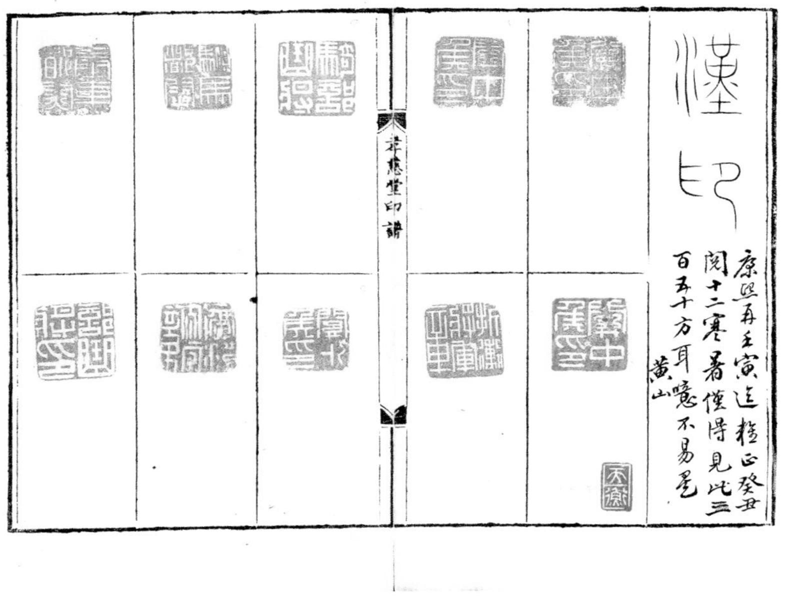

清

黄山（生卒不详）

《孝慈堂印谱》一册

雍正十一年（1733）

23.7×13.6 厘米

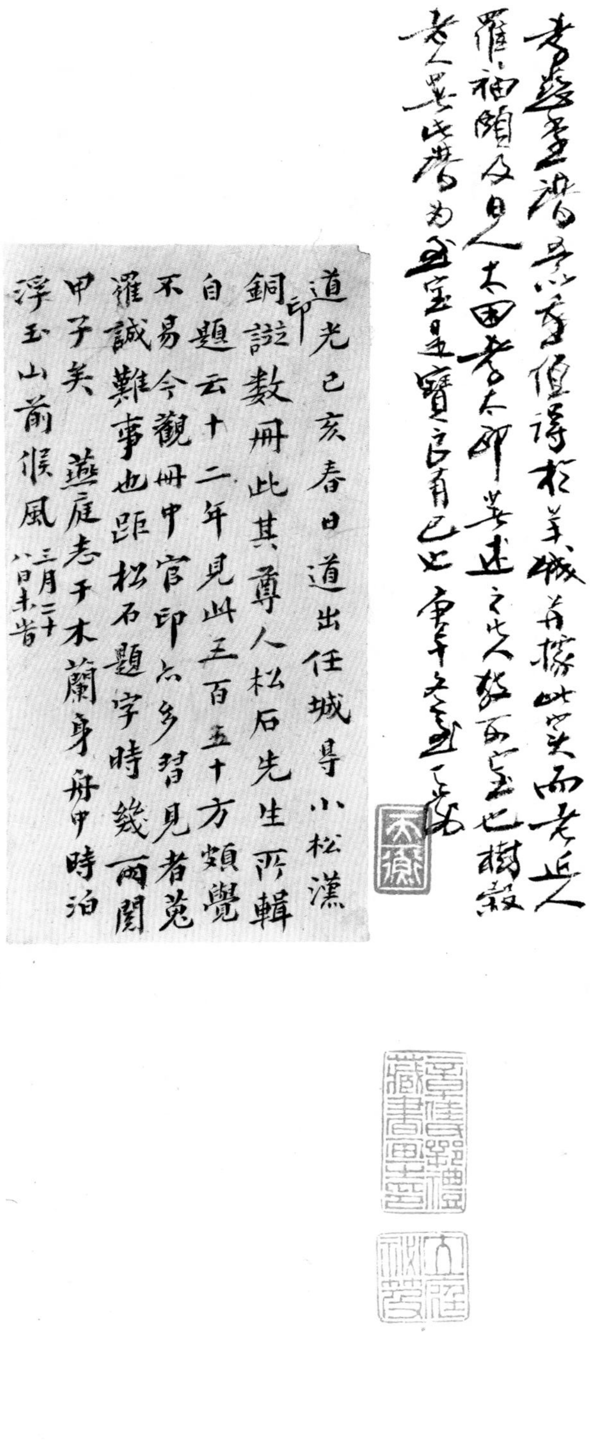

道光己亥春日道出任城尋小松漢銅印譜數冊此其尊人松石先生所輯自題云十二年見此三百五十方頗覺不易今觀冊中官印亦多習見者蒐羅誠難事也距松石題字時幾兩閱甲子矣 燕庭志于木蘭身舟中時泊浮玉山前候風 三月二十八日未旹

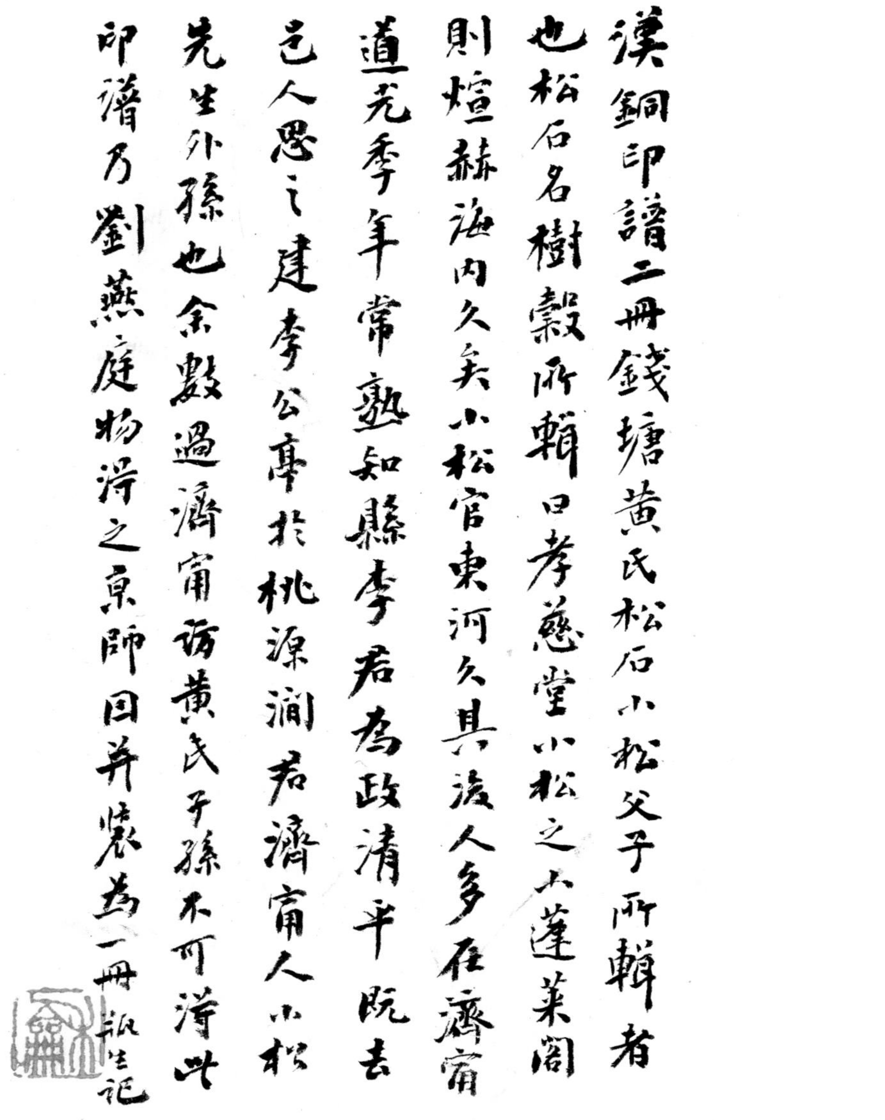

漢銅印譜二冊錢塘黃氏松石小松父子所輯者也松石名樹穀所輯曰孝慈堂小松之小蓬萊閣則烜赫海內久矣小松官東河久其後人多在濟甯道光季年常熟知縣李君為政清平既去邑人思之建李公亭於桃源澗君濟甯人小松先生外孫也余數過濟甯訪黃氏子孫不可得此印譜乃劉燕庭物得之京師因并裝為一冊 振生記

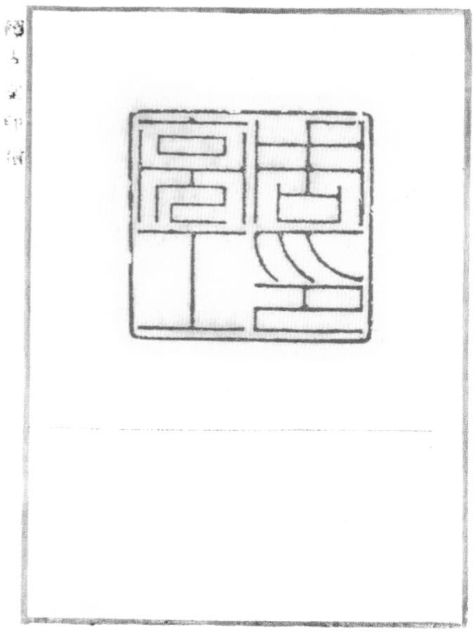

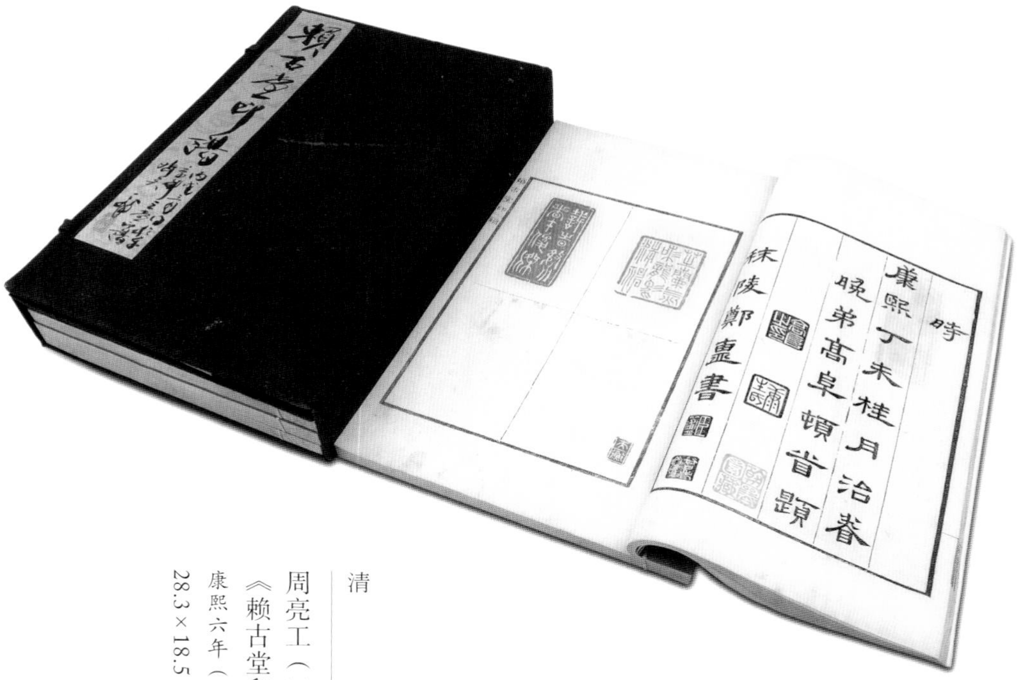

清

周亮工（1612～1672）

《赖古堂印谱》四册

康熙六年（1667）

28.3×18.5厘米

清

汪启淑（1728～1799）

《飞鸿堂印谱》十册

乾隆四十一年（1776）

30.5×18.4厘米

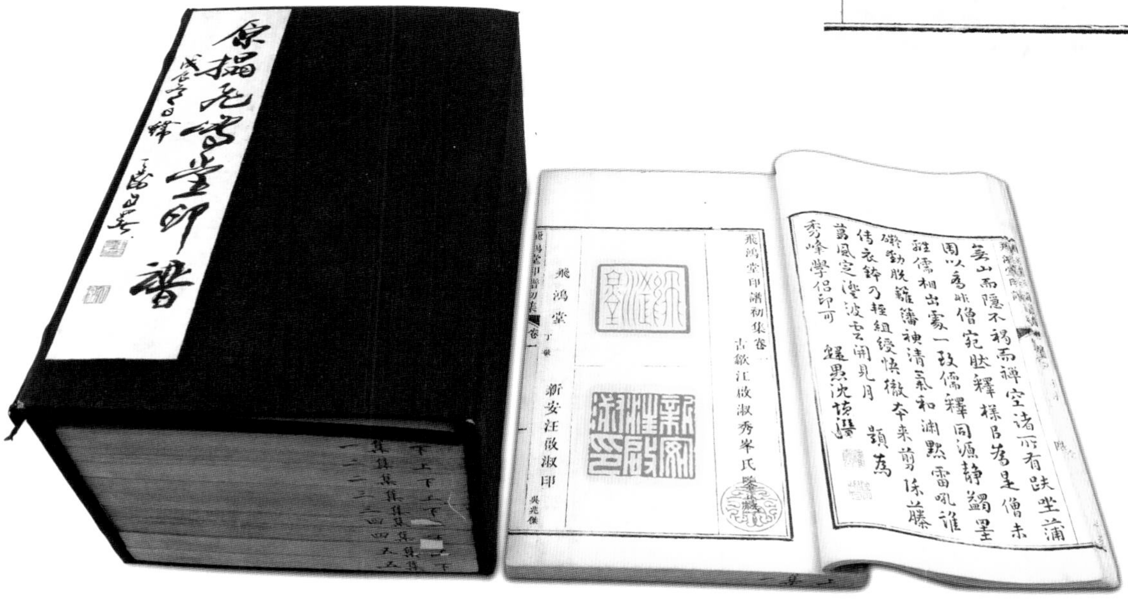

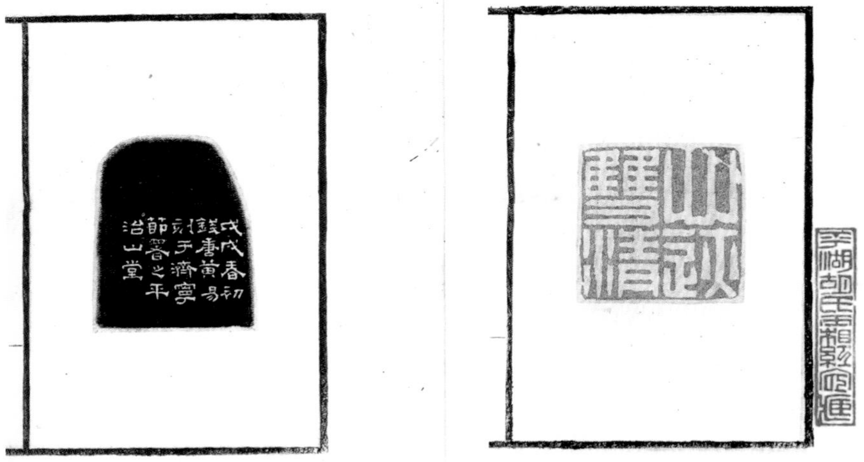

清
黄易（1744 ~ 1802）
《黄秋盦印谱》一册
26×14.7厘米

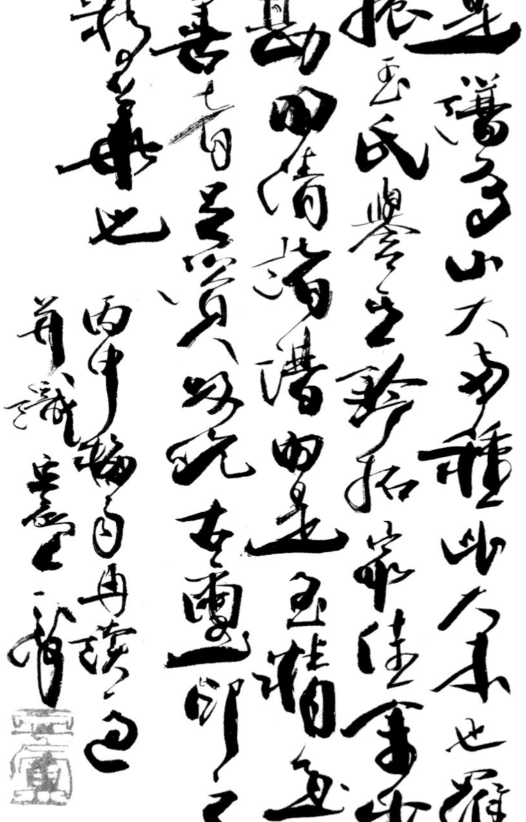

清
吴式芬（1796 ~ 1856）
《双虞壶斋印谱》八册
29.8×17.8厘米

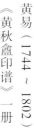

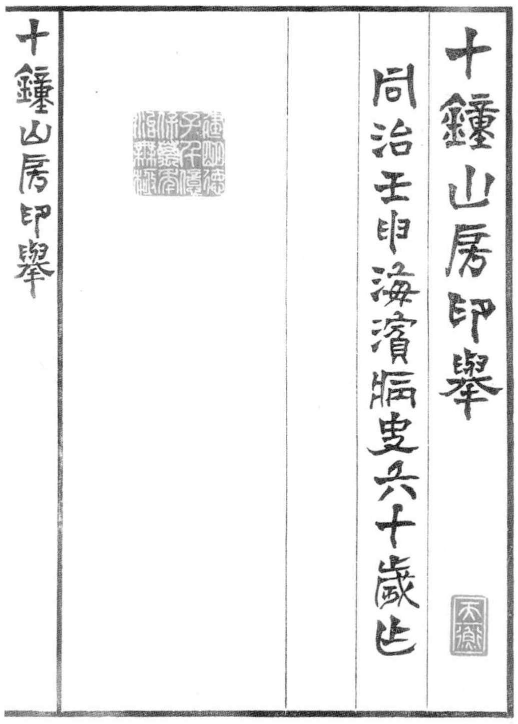

清

陈介祺（1813～1884）

《十钟山房印举》二十八册

26.5×17.3厘米

商

鲽砚庐

玉鳖砚

沈秉成（1823～1895）旧藏

长9厘米

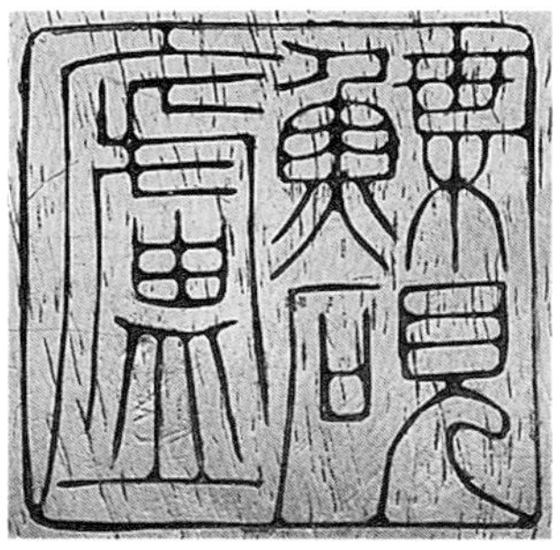

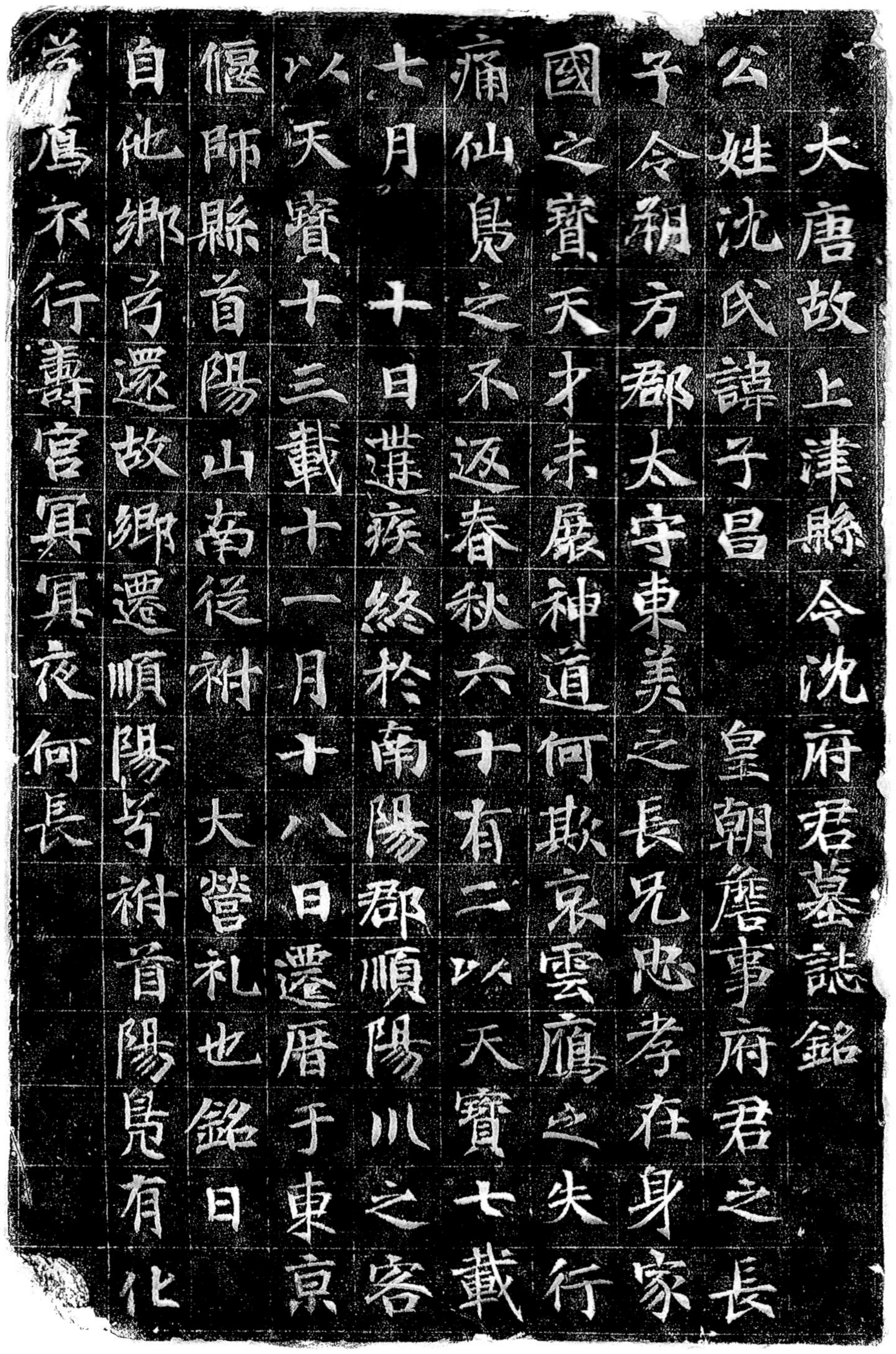
大唐故上津縣令沈府君墓誌銘
公姓沈氏諱子昌 皇朝詹事府君之長
子令朔方郡太守東美之兄忠孝在身家
國之寶天才未展神道何欺哀雲鴈之失行
痛仙鳧之不返春秋六十有二以天寶七載
七月十日遘疾終於南陽郡順陽川之客
以天寶十三載十一月十八日還厝于東京
偃師縣首陽山南從祔 大營礼也銘曰
自他鄉兮還故鄉還順陽兮祔首陽鳧有化
兮鴈不行壽宮冥冥夜何長

唐

沈子昌墓志铭

长 27 厘米

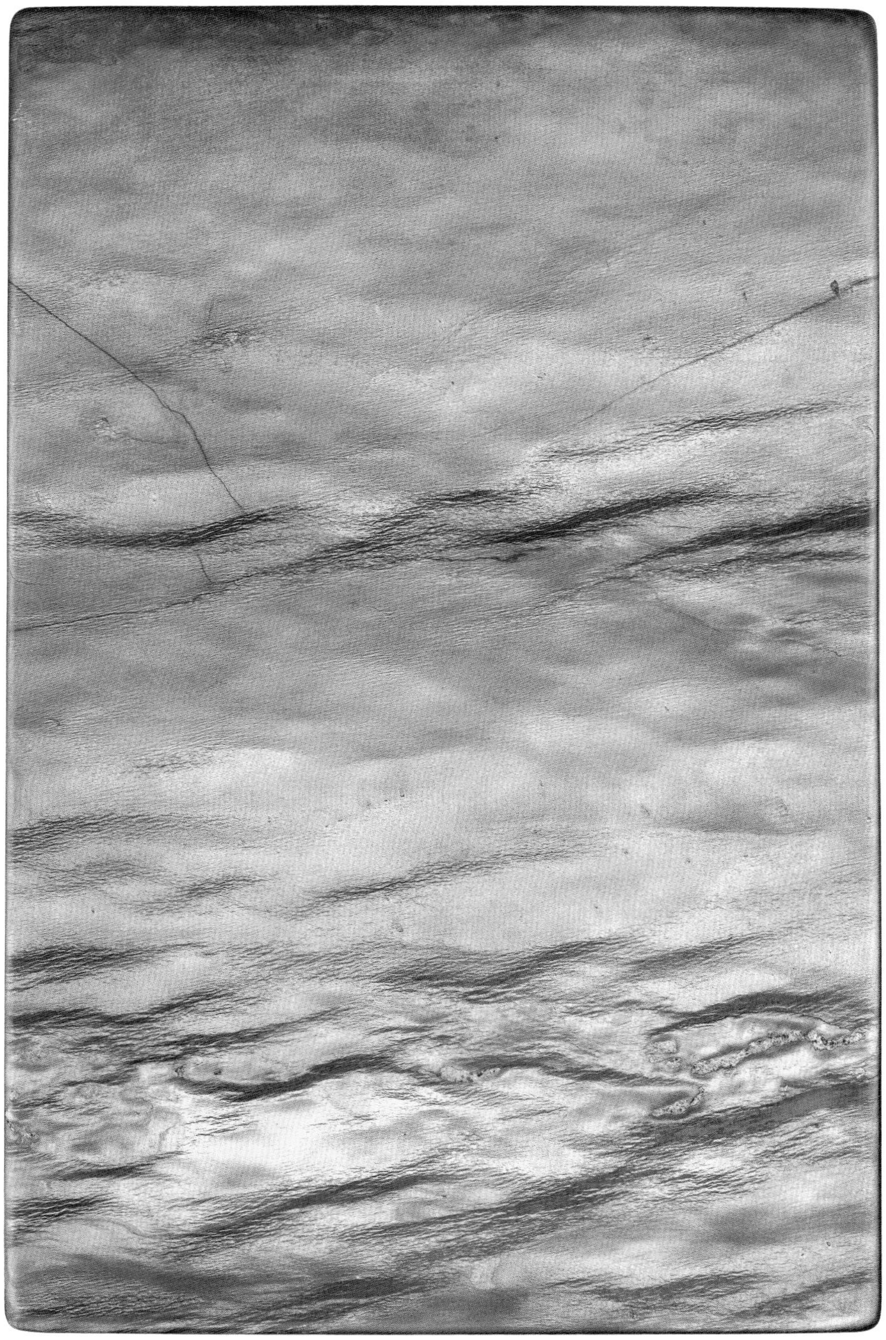

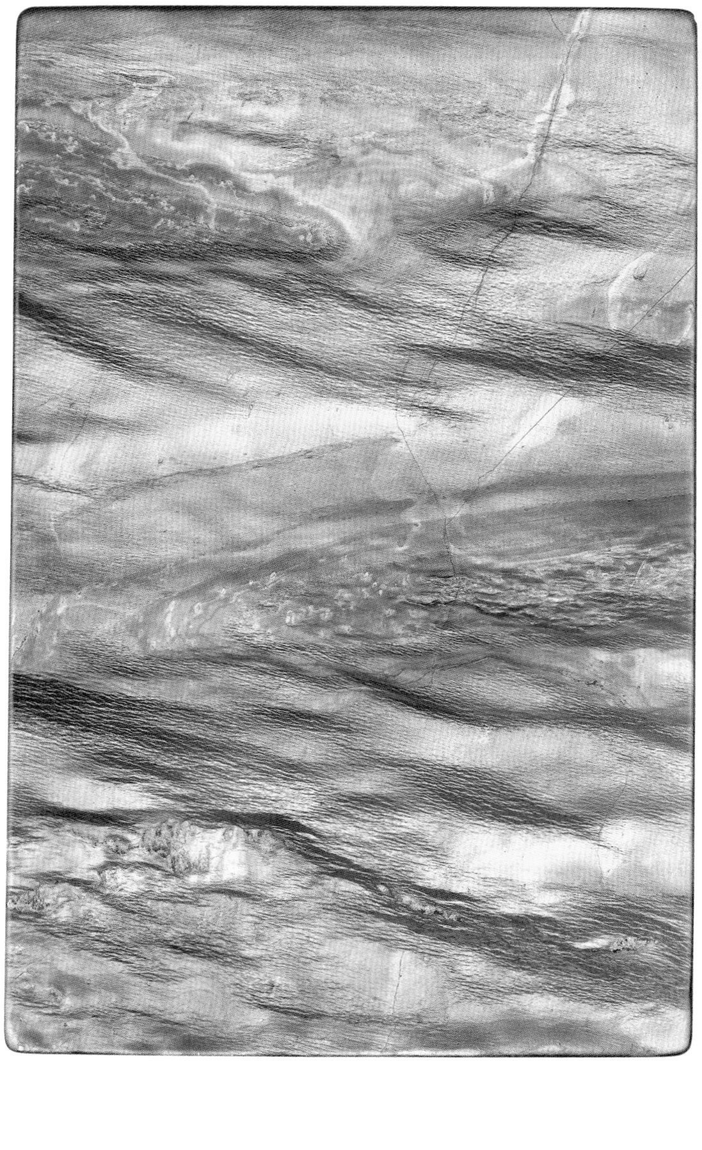

元

金晕虎皮水浪纹歙砚

长28厘米

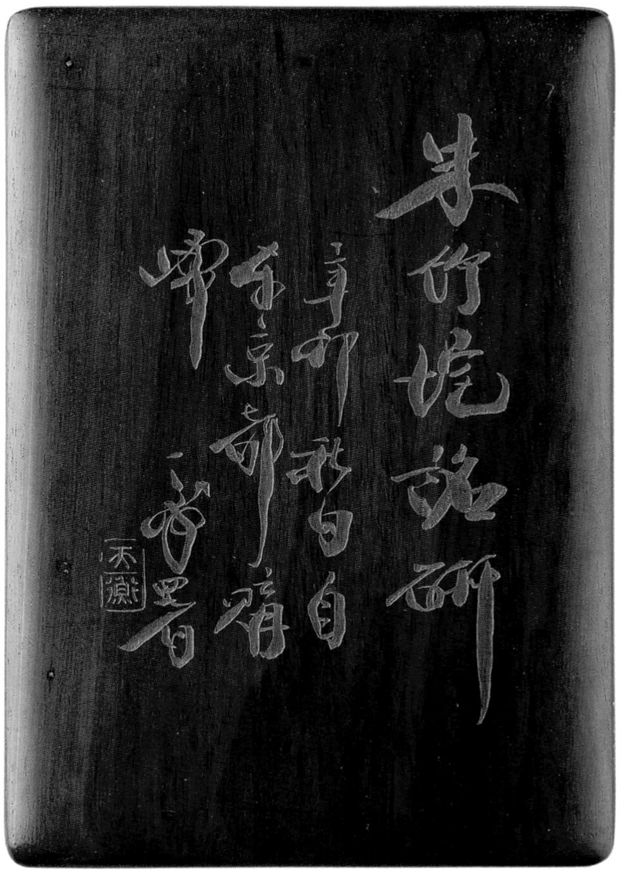

清
朱彝尊（1629～1709）铭
抄手端砚
长17厘米

清
朱彝尊（1629～1709）铭
羽觞洮河砚
长11厘米

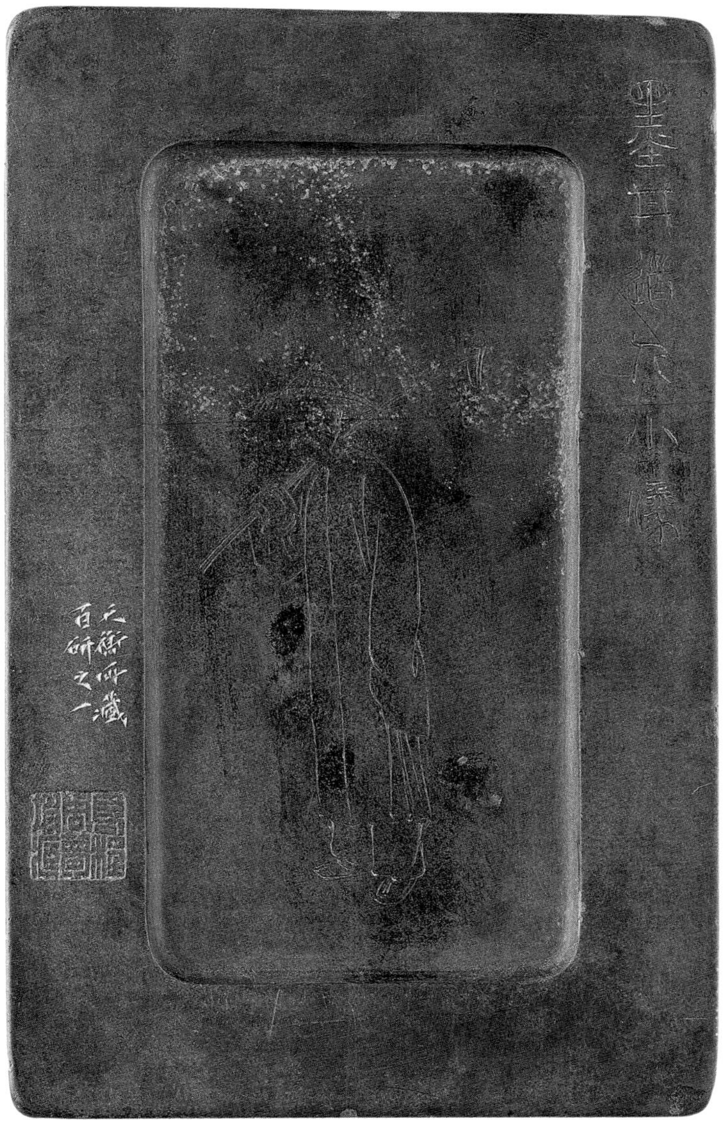

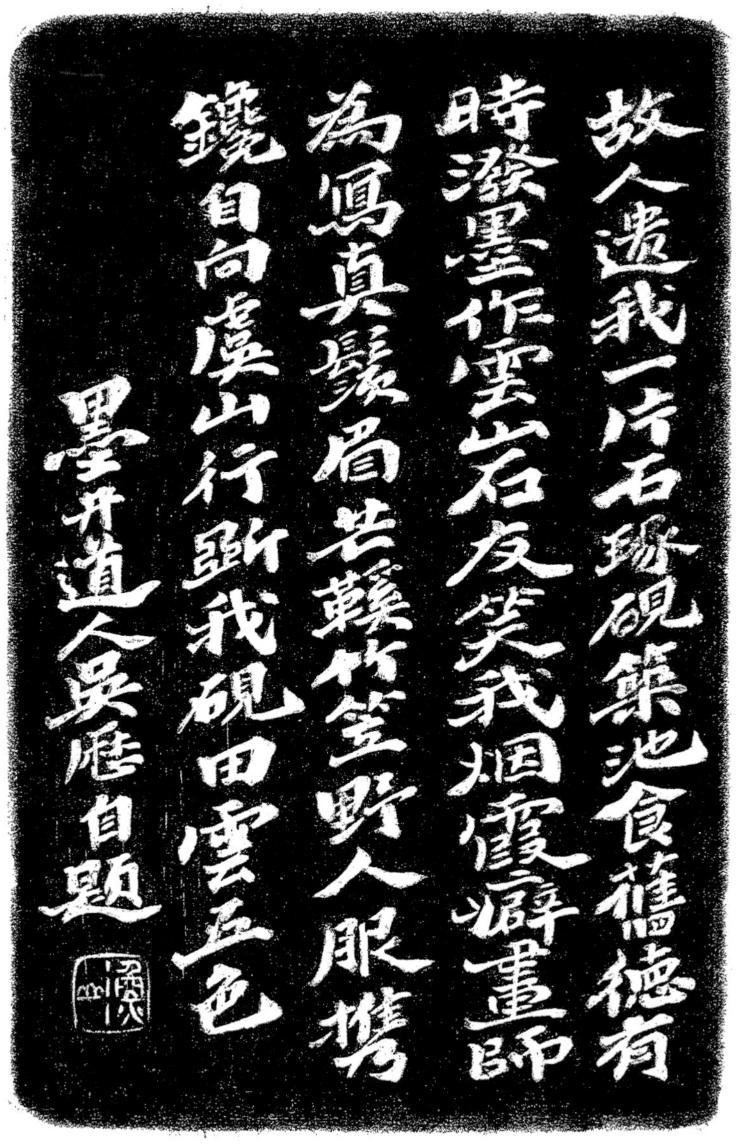

清
吴历（1632～1718）自题
墨井道人小像澄泥砚
长19厘米

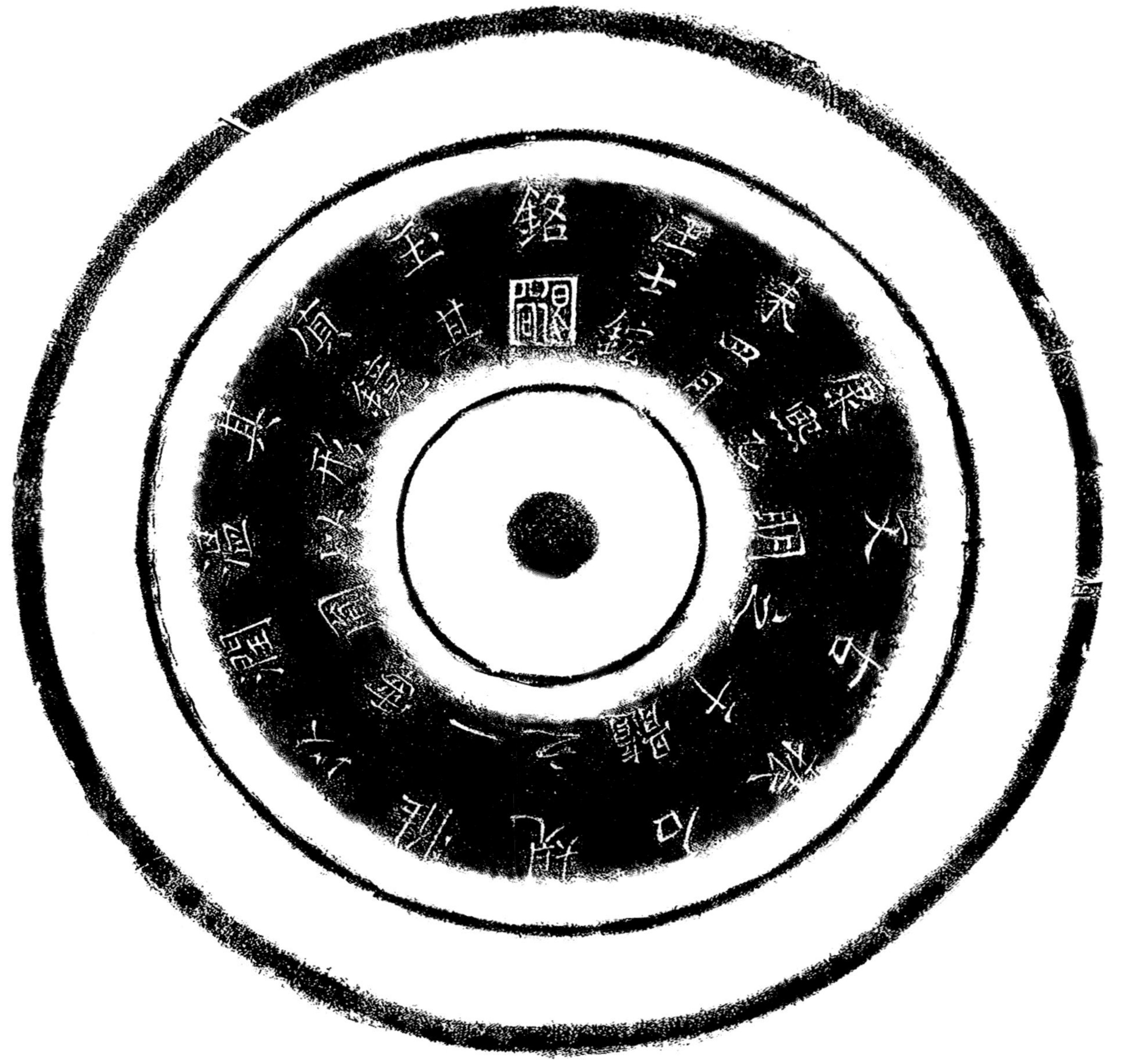

清

汪士鋐（1658～1723）铭

铜镜端砚

直径13厘米

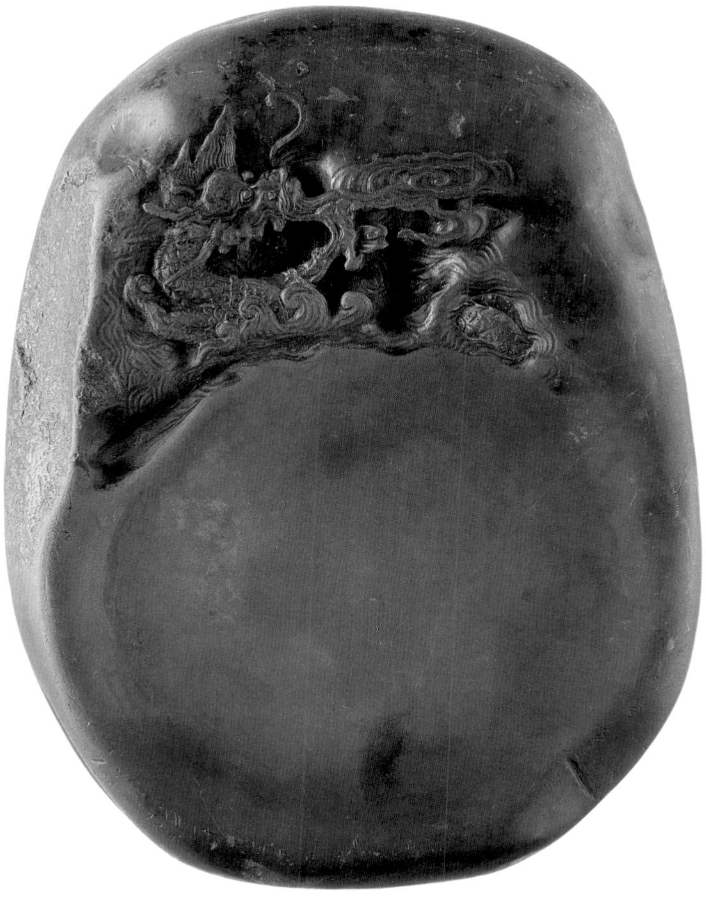

清

造办处作

余甸（1655 ~ 1726）铭　林佶（1660 ~ 1720）铭

海水龙纹端砚

长 22 厘米

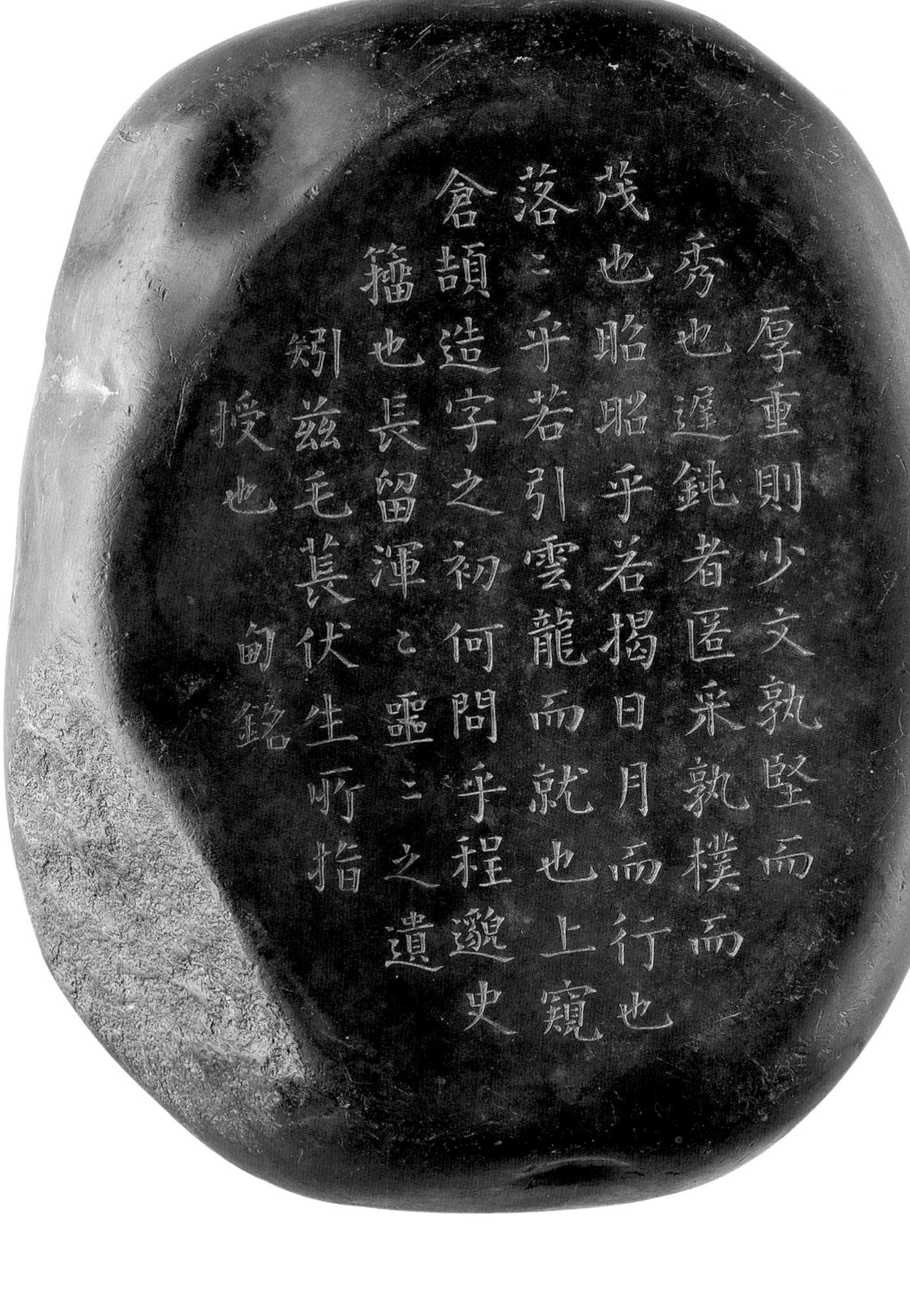

清

丁敬（1695 ~ 1765）铭

端砚

长 11.3 厘米

清

袁枚（1716～1798）铭

端砚

长12厘米

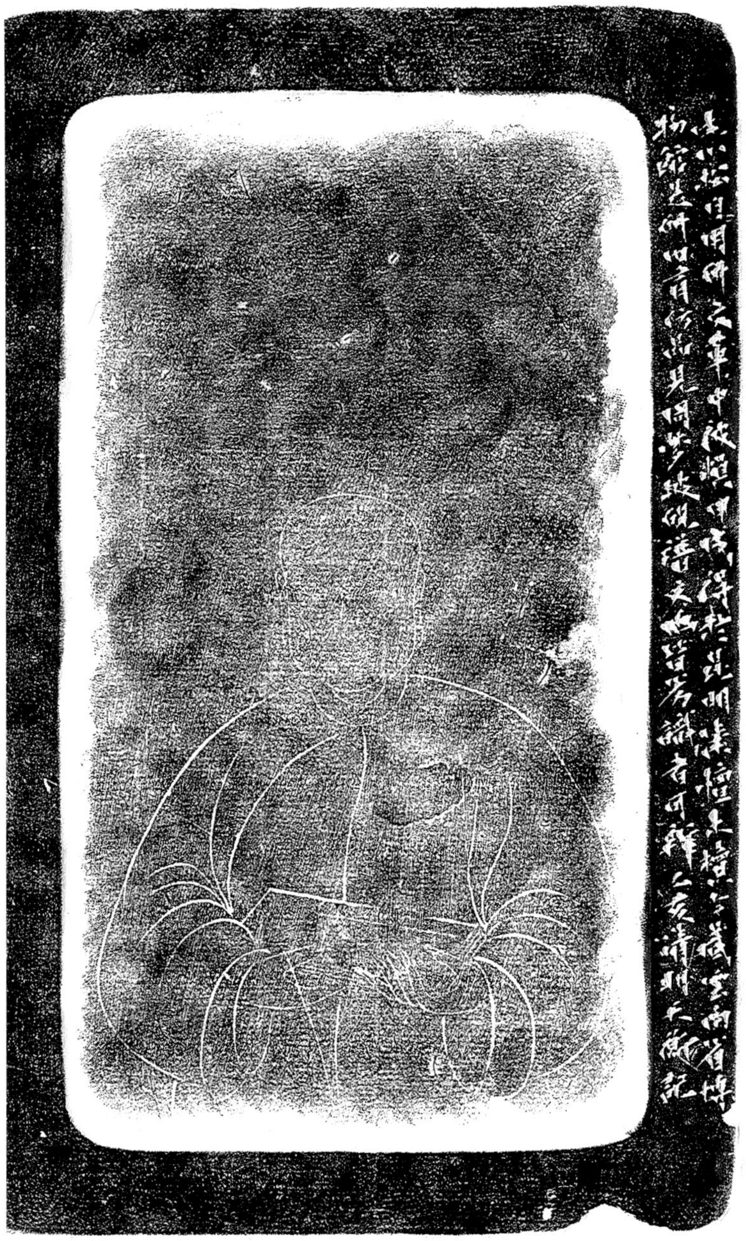

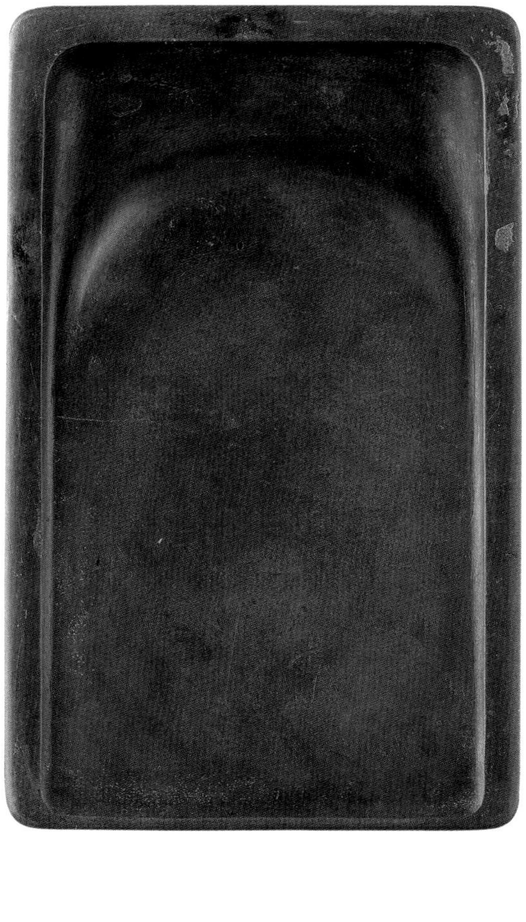

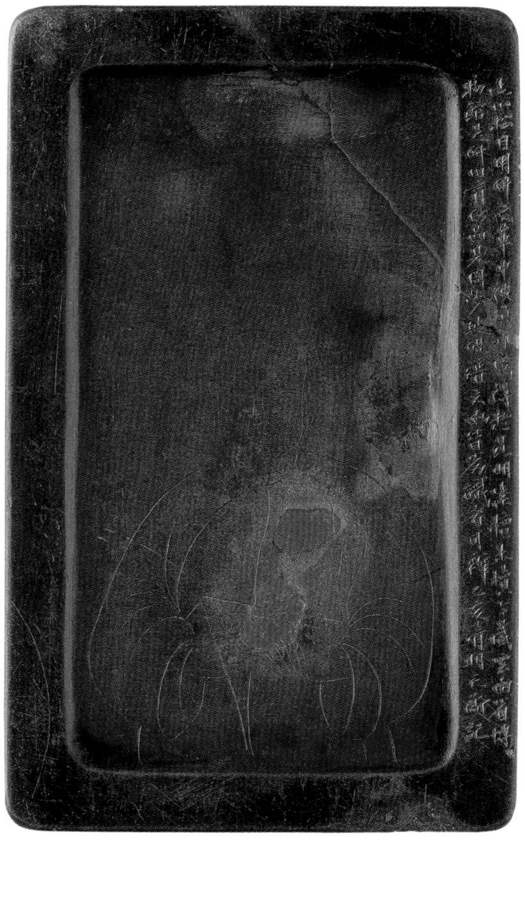

清

钱坫（1741～1806）题

黄易绣像澄泥砚

长19.5厘米

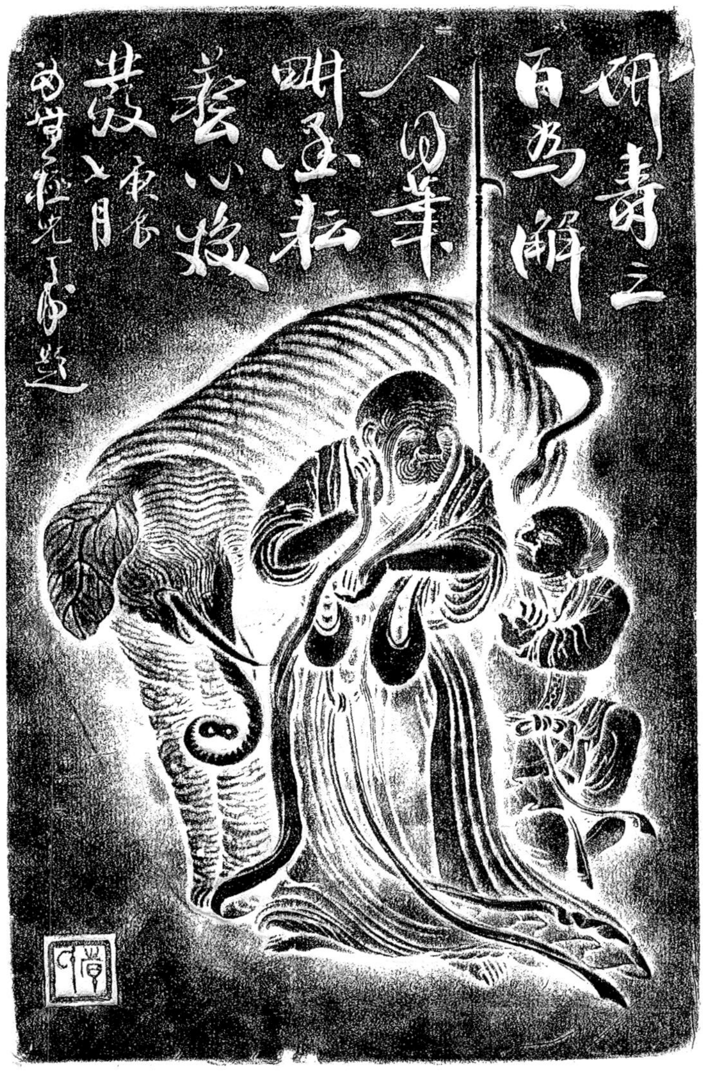

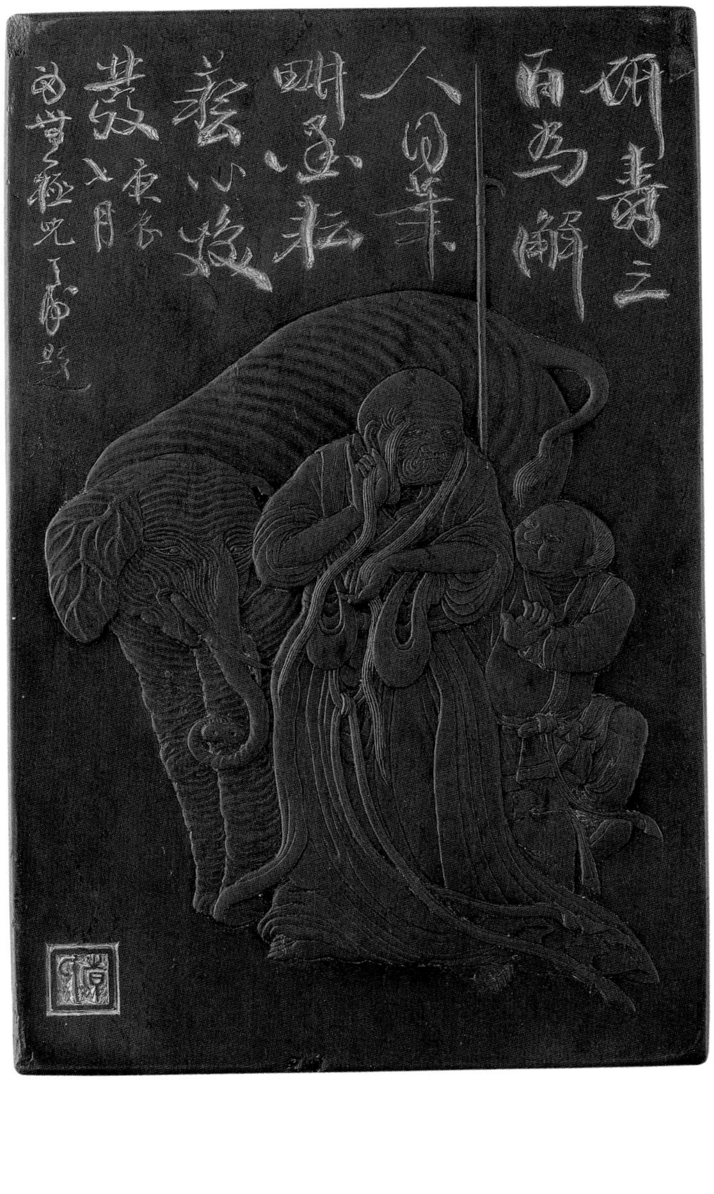

清

程十发（1921～2007）铭

韩天衡（1940～）铭

罗汉洗象端砚

长22厘米

清
乾隆（1736～1795）
百宝嵌漆砂砚
长 13 厘米

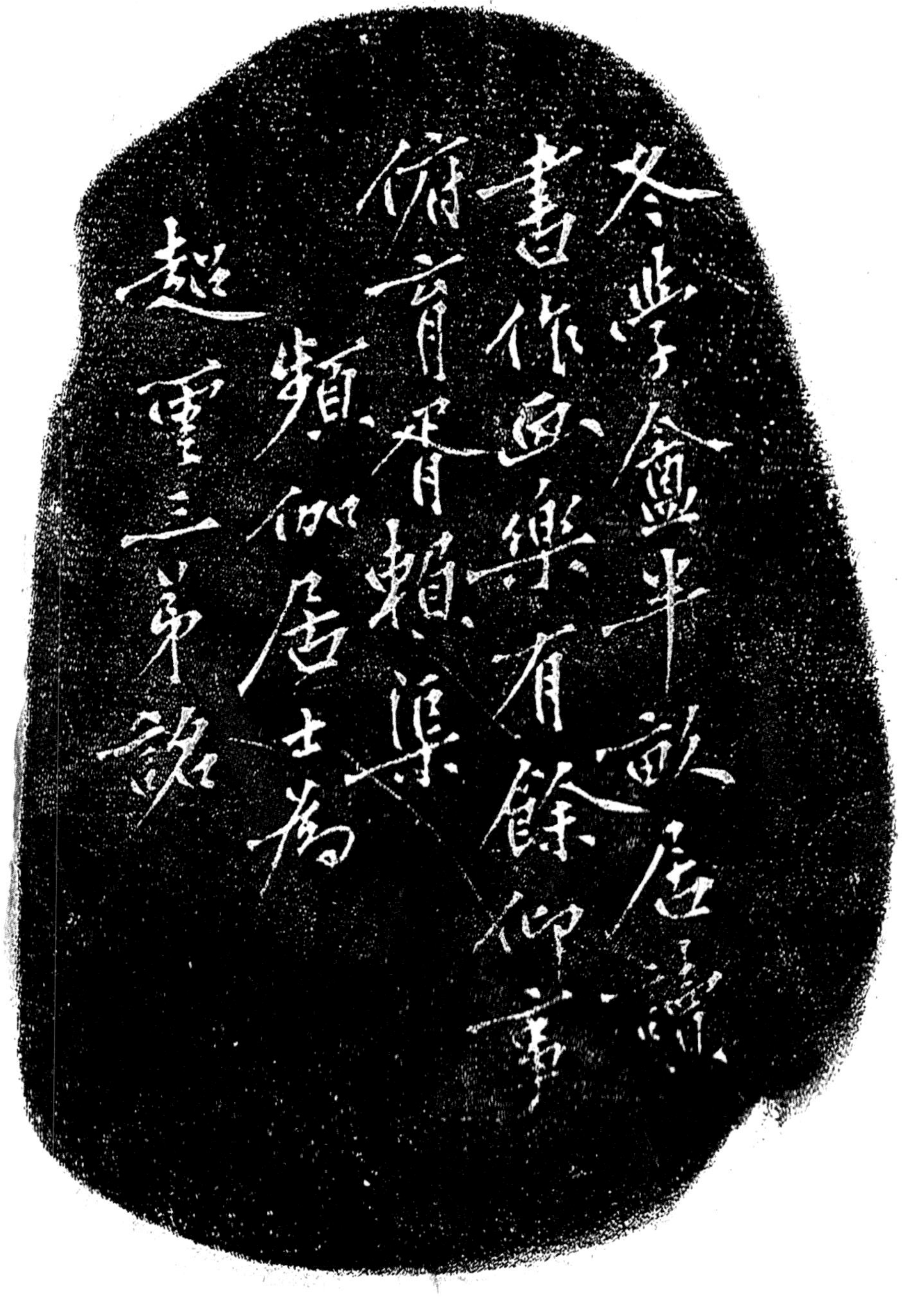

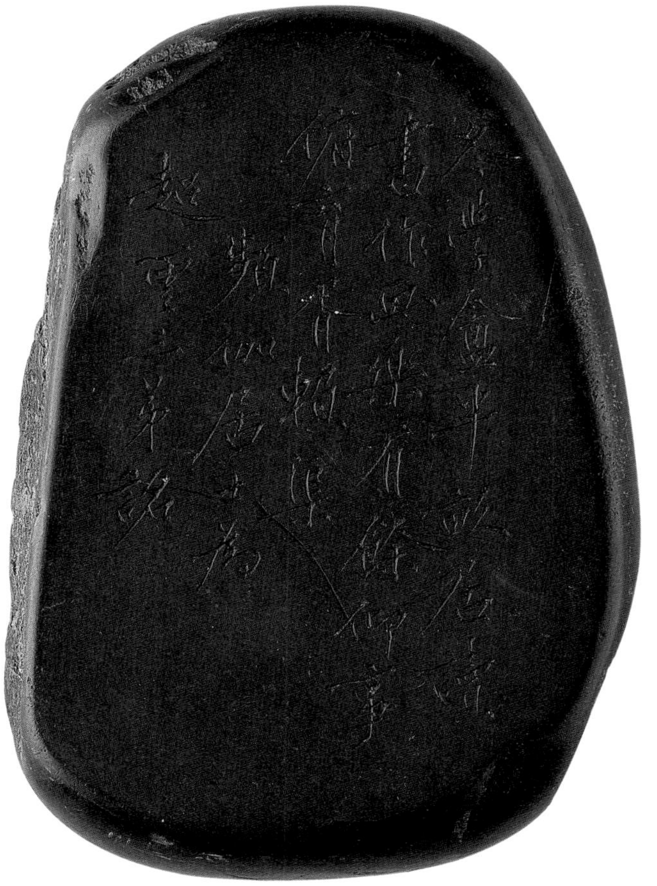

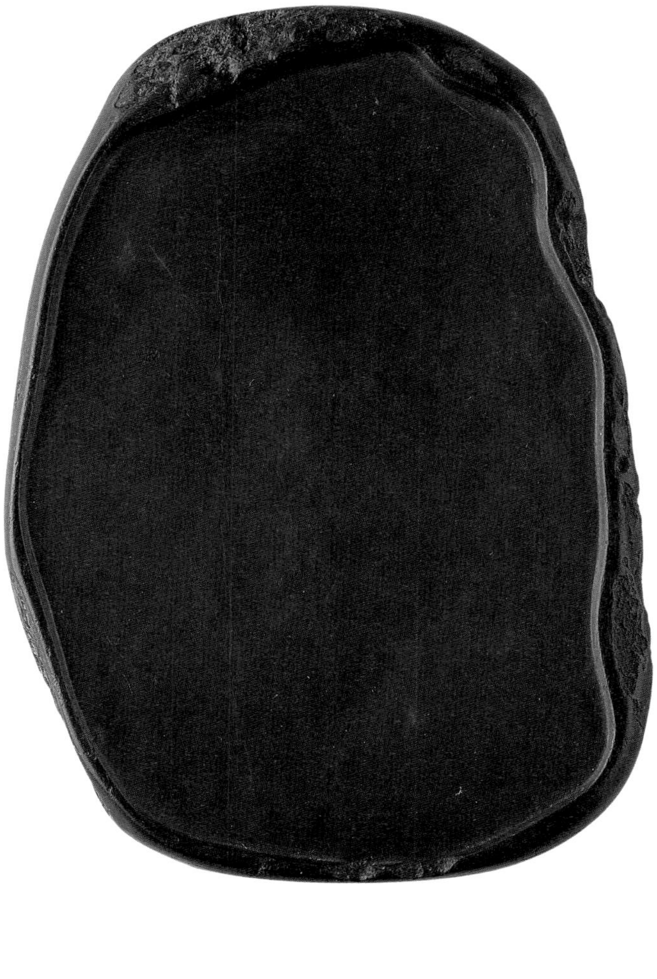

清
郭麐（1767～1831）铭
端砚
长13厘米

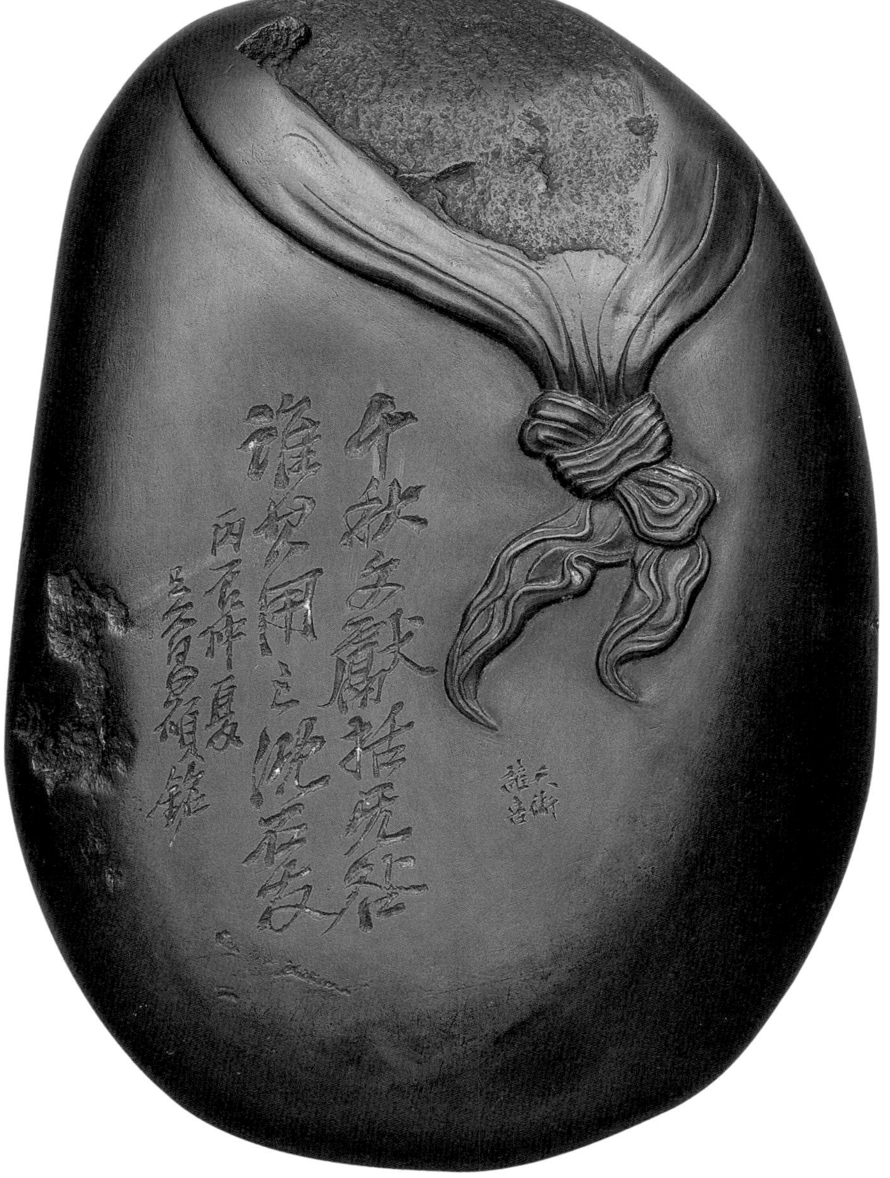

清
吴昌硕（1844～1927）铭
大西洞包袱端砚
长19厘米

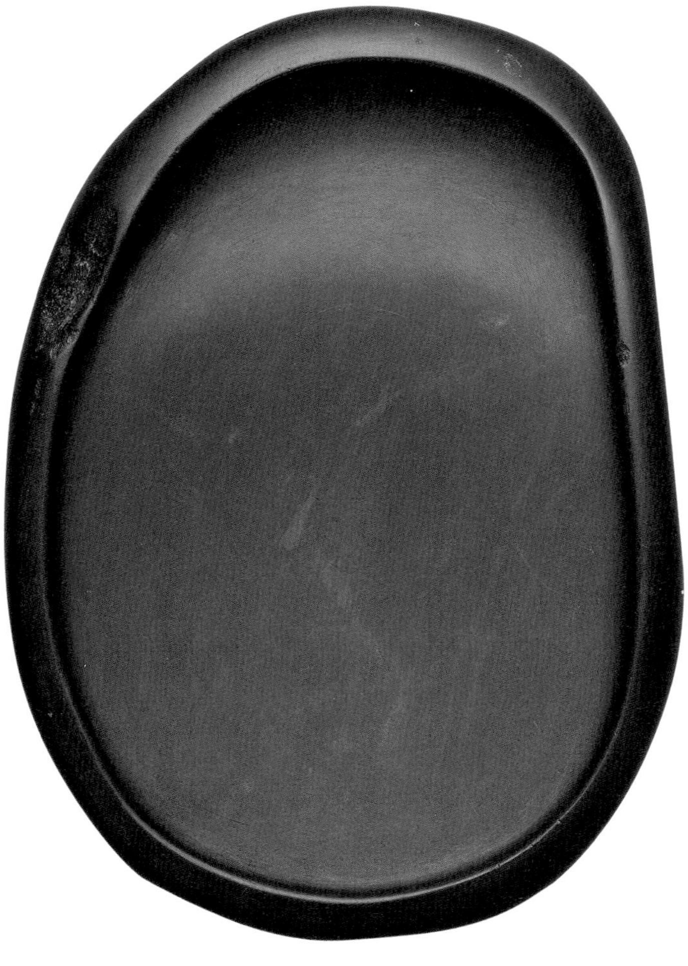

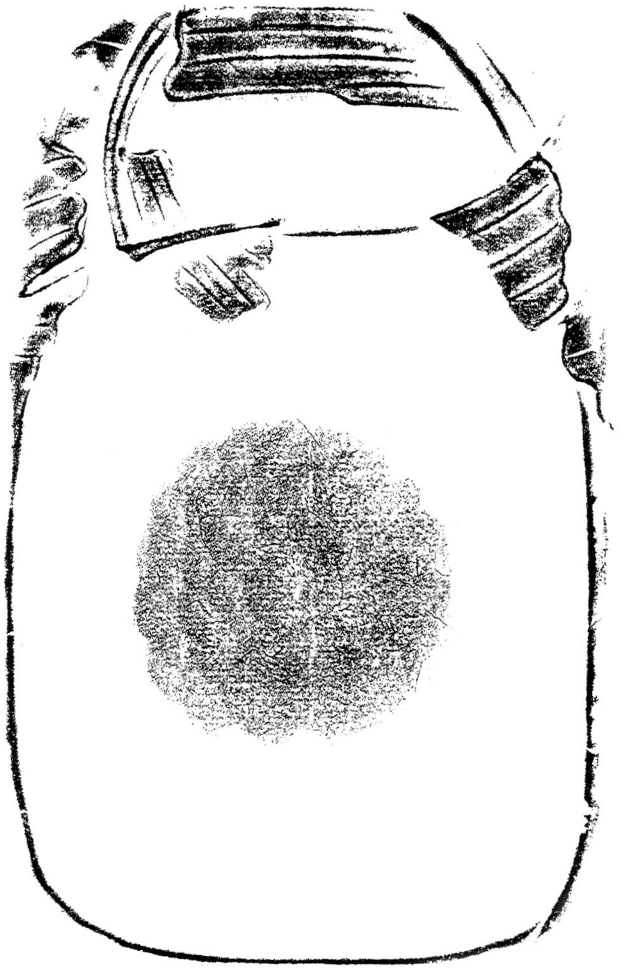

近代
溥侗（18711～1959）铭
冒广生（1873～1959）铭
周炼霞（1908～2000）绘
徐孝穆（1916～1998）刻
双清馆度曲端砚
1939年制
长14厘米

清

菊花石大砚

长31厘米

近代

富冈铁斋（1837～1924）铭

大西洞日涤砚

长14.5厘米

当代
韩天衡（1940～）铭
赤壁天成砚
高34厘米

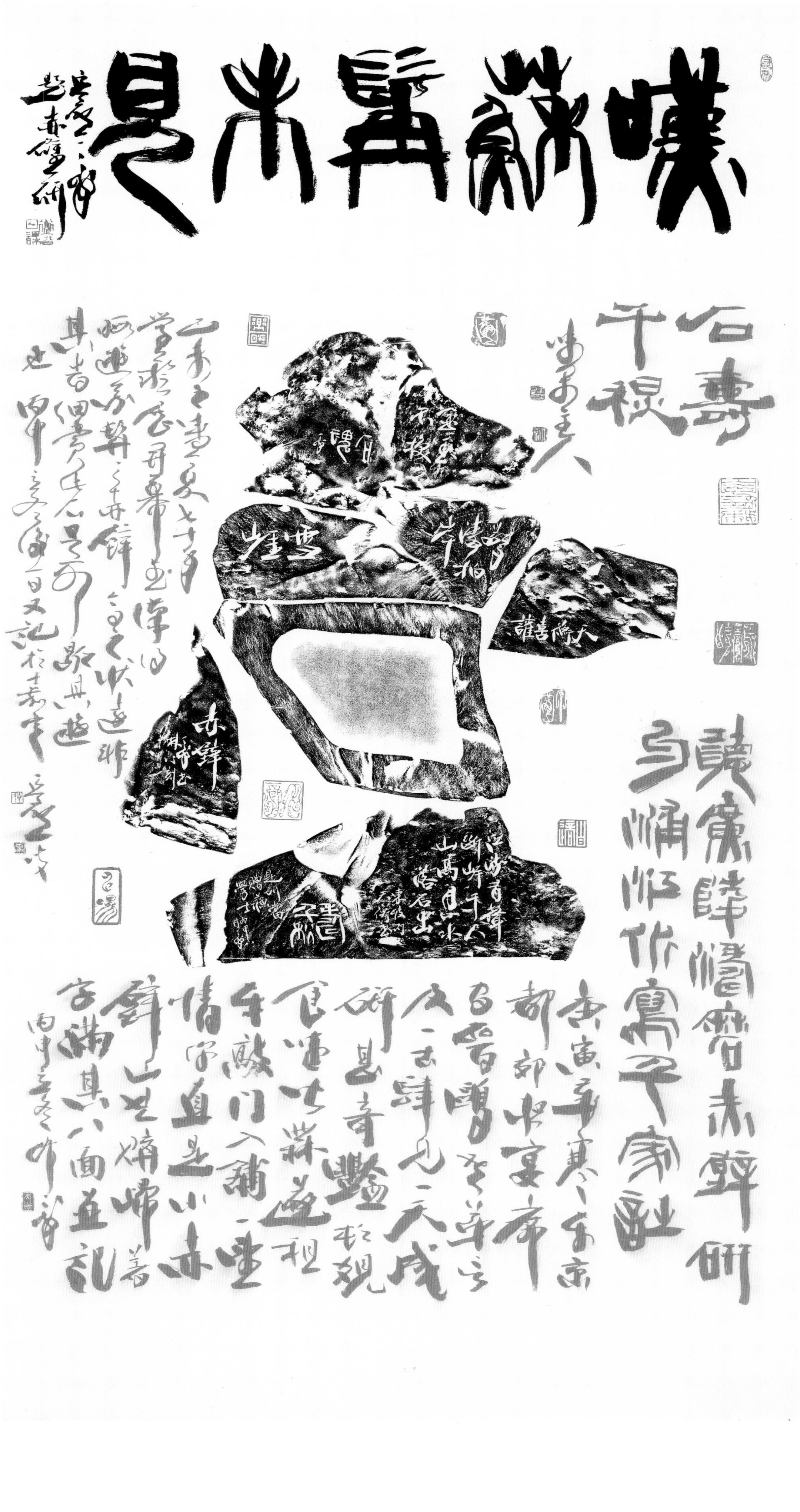

当代
韩天衡（1940～）铭
赤壁天成砚墨拓
2016年作
纸本 110×60厘米

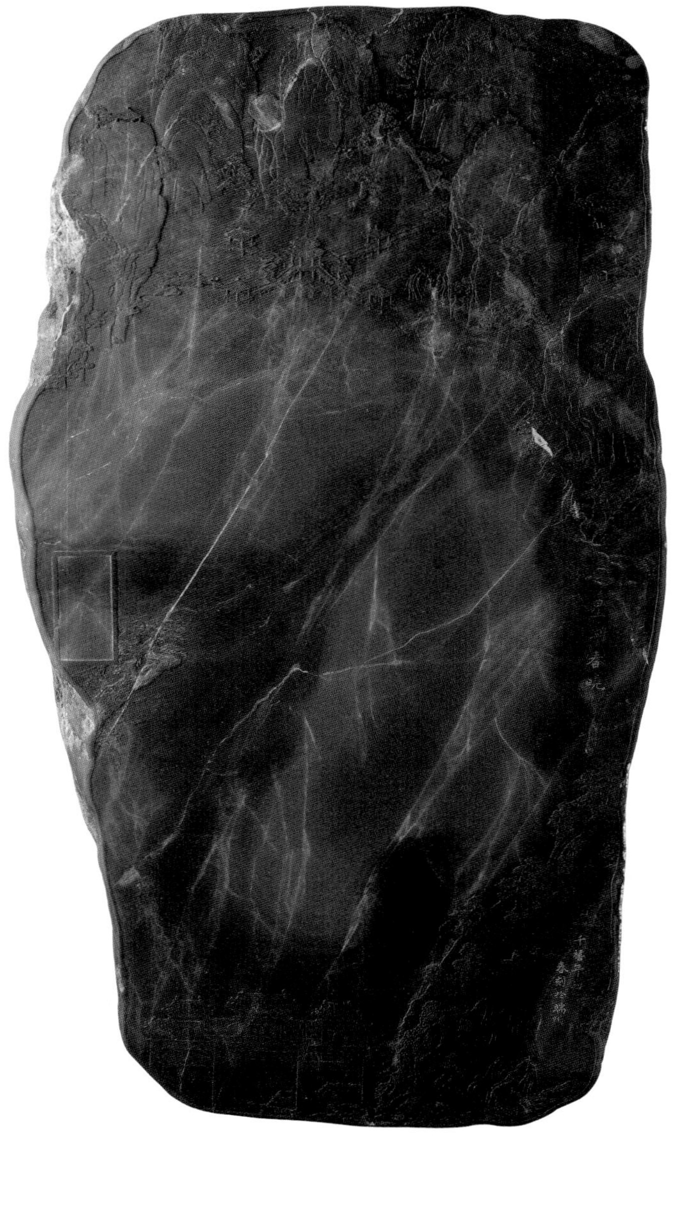

现代
端州大西洞瀑布冰纹对砚
长66厘米×2

明
程筱野（生卒不详）
程君房早年字号
同心莲墨
1568年作
直径6.3厘米

明

程君房（生卒不详）

百子墨

1606 年作

直径 12.3 厘米

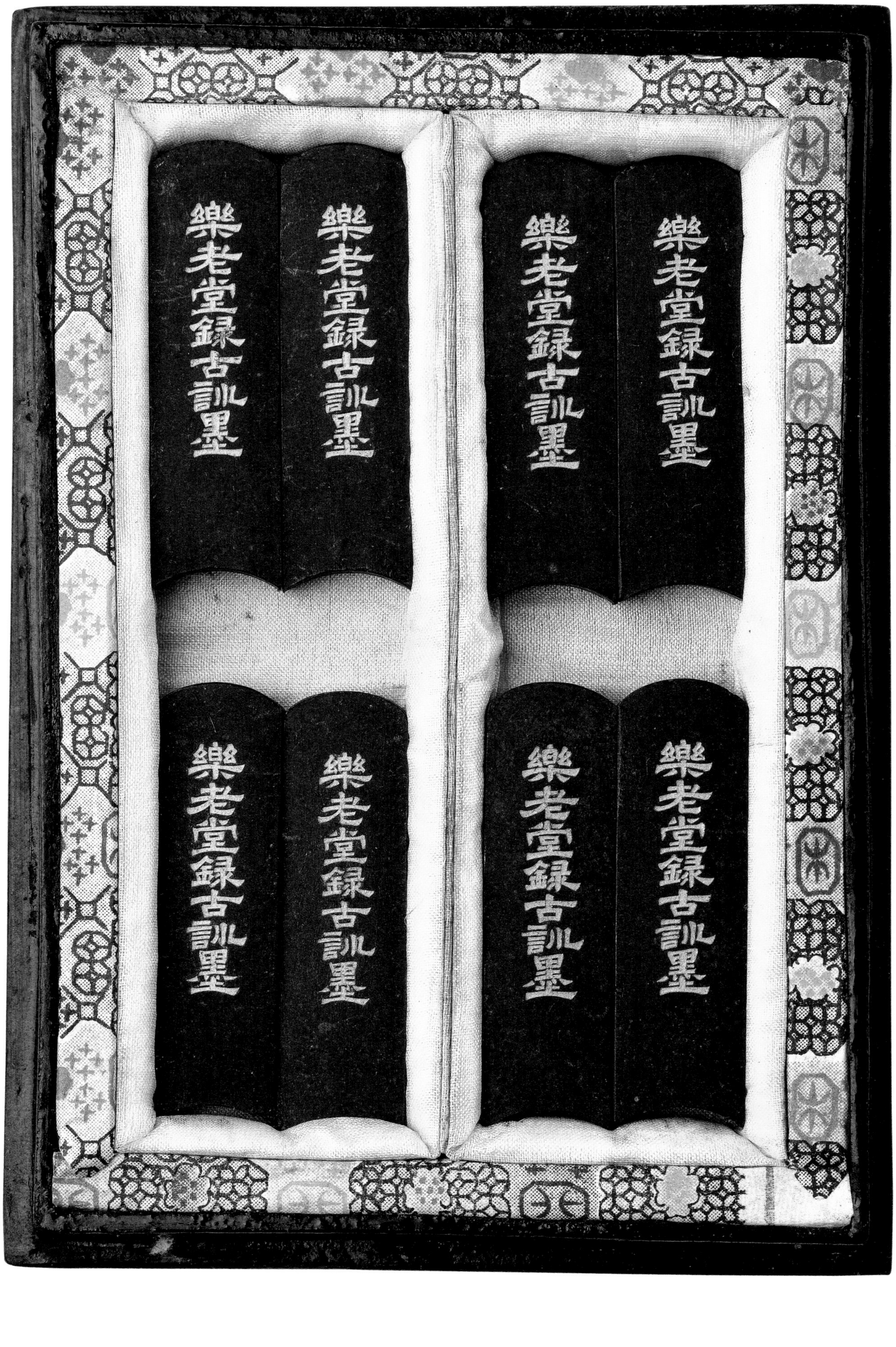

清

乾隆已亥年

乐老堂録古训墨一盒

1755年作

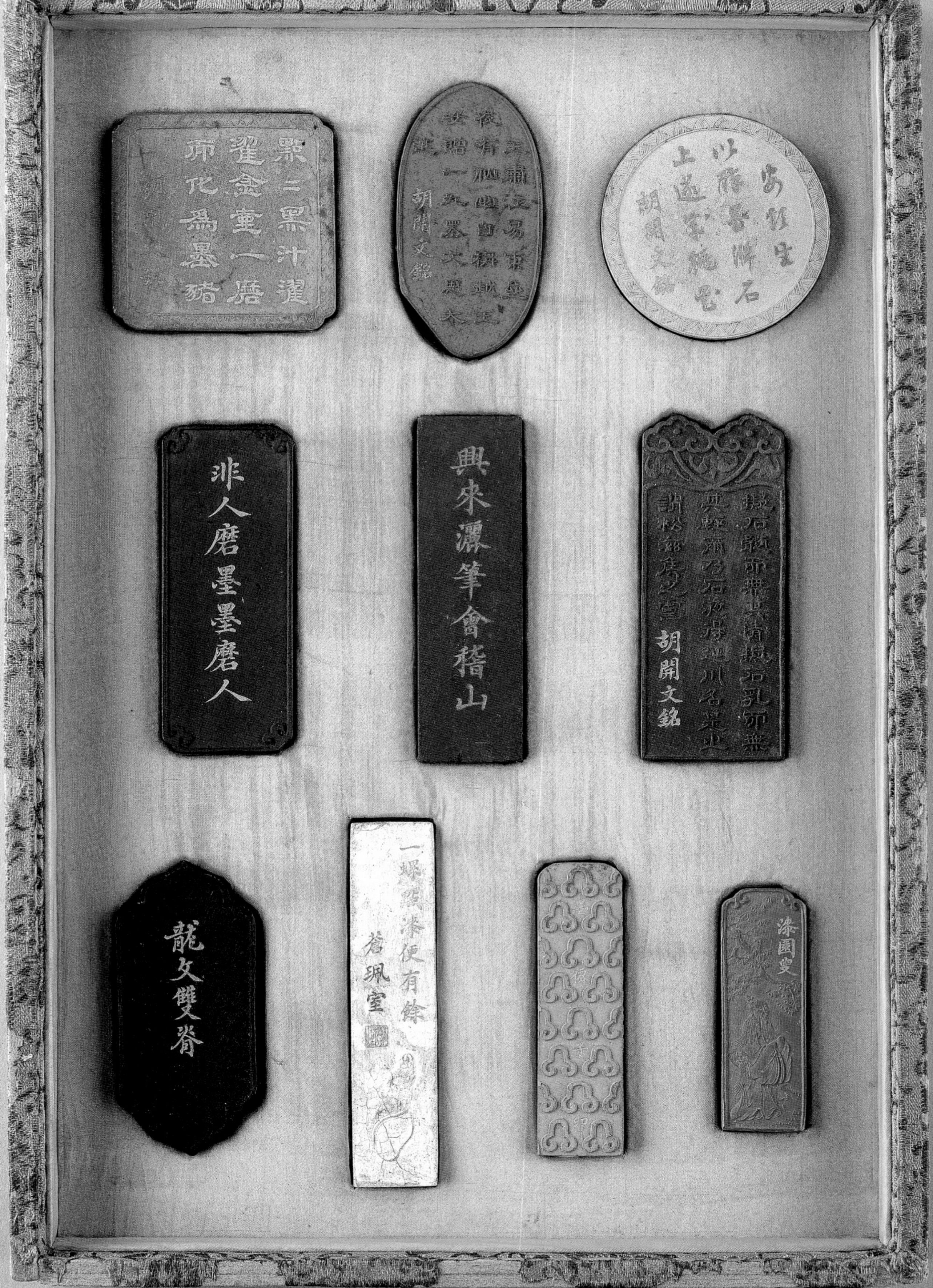

清
乾隆（1736~1795）
十色彩墨

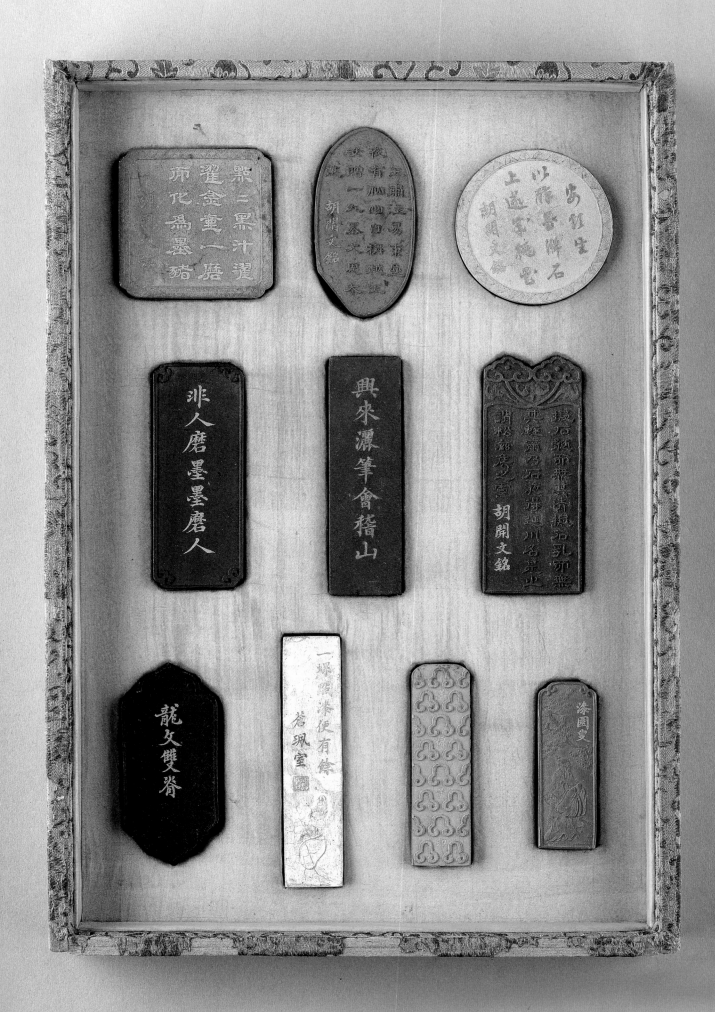

御製黃山松煙之墨
乾隆辛酉年秋九月上浣
仿南唐李氏按易水法造

清
乾隆辛酉年
御制黄山松烟墨
1741年作
长9.6厘米

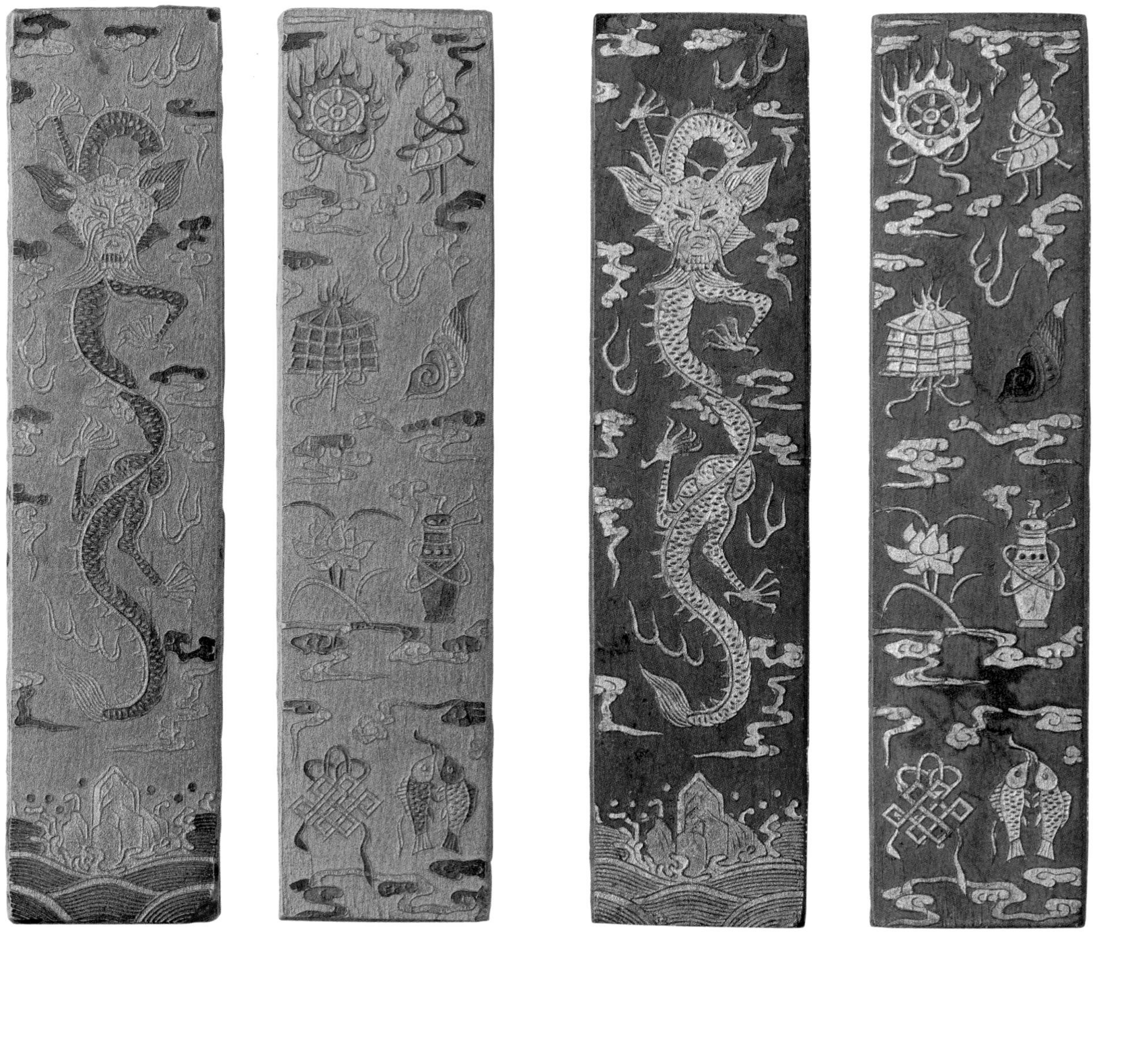

清
乾隆（1736～1795）
龙纹八宝彩墨一对
长9厘米

清
乾隆甲子年
澹吟堂御墨
1744年作
长8.6厘米

清
乾隆（1736～1795）
盘凤墨
长8.1厘米

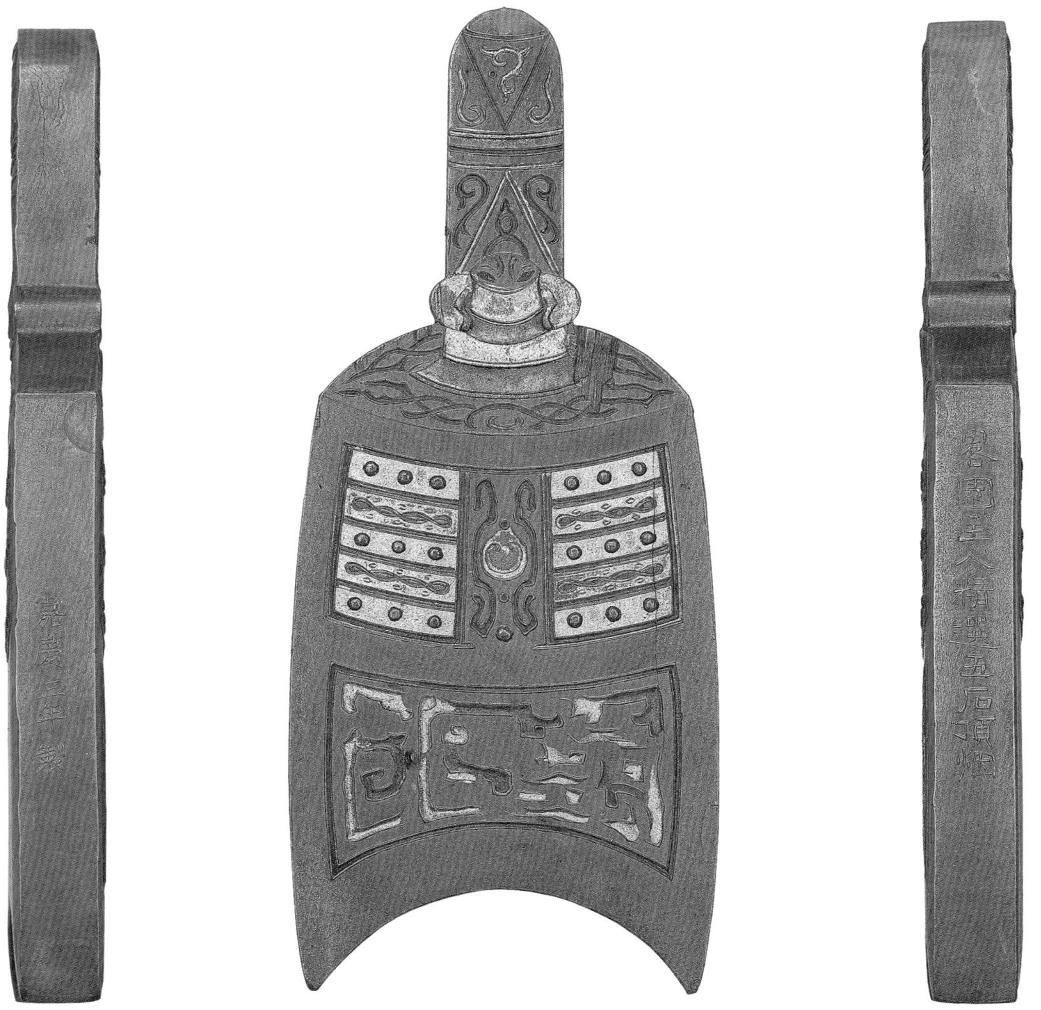

清

嘉庆三年

署园主人作彩墨一对

长 10.4厘米 ×2

清
吴大徵（1835～1902）
龙节墨四锭
长19.8厘米

清
康熙（1661～1722）
造办处作
硃砂地金银绘博古图绢
长233厘米

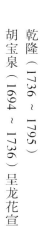

清
乾隆（1736～1795）
仿金粟山藏经纸
长50厘米

清
乾隆（1736～1795）
胡宝泉（1694～1736）呈龙花宣
长165厘米

清
康熙（1661～1772）
老子出关　商山四皓嵌螺钿砚屏一对
高 34.5 厘米 ×2

清

卧虎玉砚滴

高7.5厘米

清

鸳鸯玉砚滴

高12厘米

清
汪士慎（1686～1759）
虎骨笔筒
高 11.5 厘米

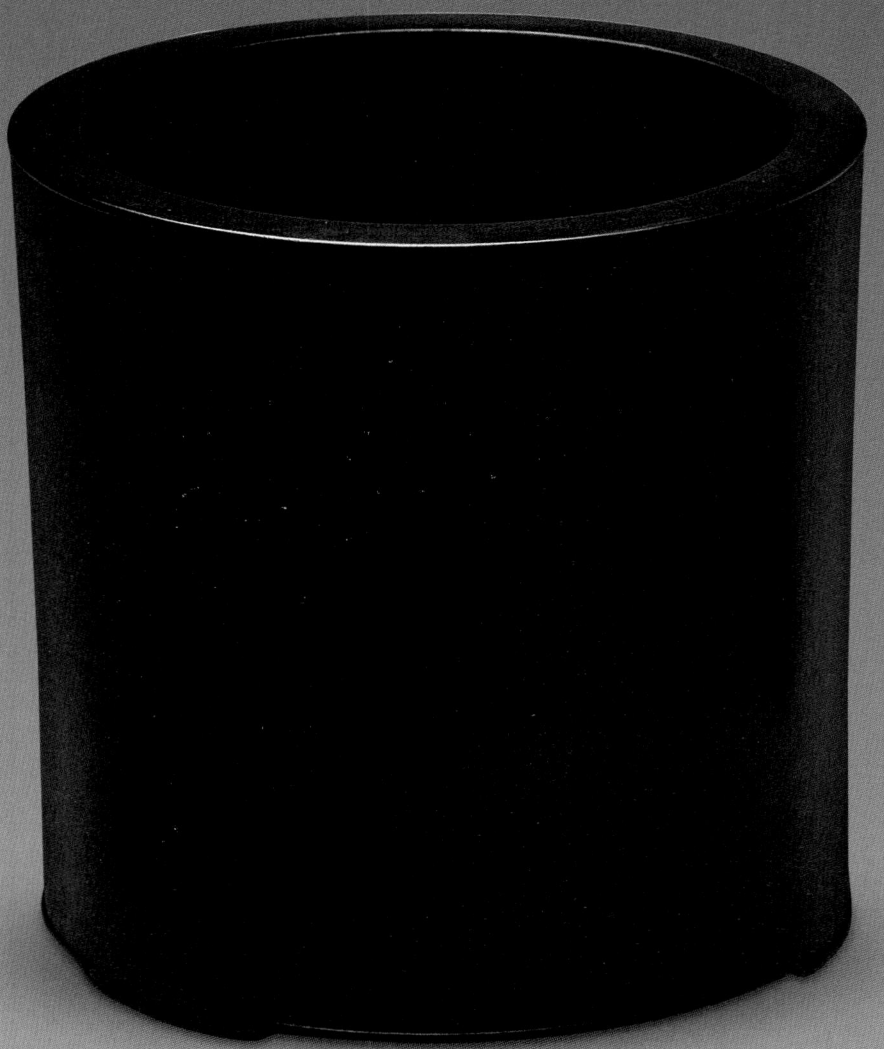

清
吴大澂（1835～1902）铭
吴湖帆（1894～1968）铭
文具一套
尺寸不一

清

于硕（1873～）

嵌象牙微雕夜游赤壁黄花梨砚屏

1920年作

高18厘米

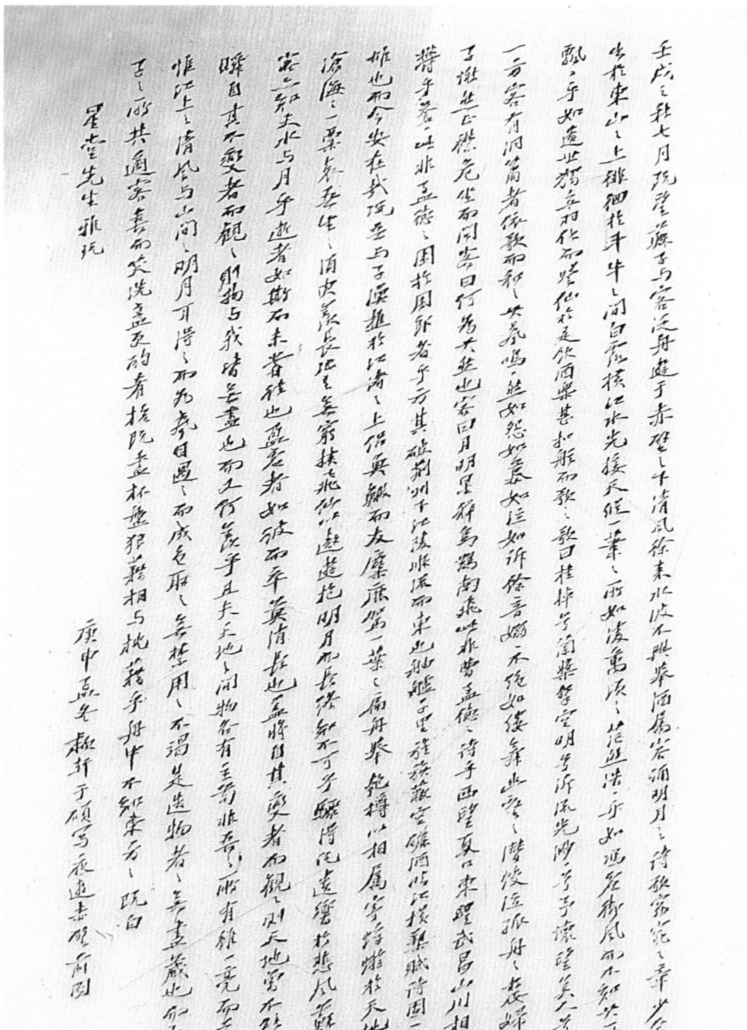

壬戌之秋七月既望苏子与客泛舟游于赤壁之下清风徐来水波不兴举酒属客诵明月之诗歌窈窕之章少焉月出于东山之上徘徊于斗牛之间白露横江水光接天纵一苇之所如凌万顷之茫然浩浩乎如冯虚御风而不知其所止飘飘乎如遗世独立羽化而登仙于是饮酒乐甚扣舷而歌之歌曰桂棹兮兰桨击空明兮溯流光渺渺兮予怀望美人兮天一方客有吹洞箫者倚歌而和之其声呜呜然如怨如慕如泣如诉余音袅袅不绝如缕舞幽壑之潜蛟泣孤舟之嫠妇苏子愀然正襟危坐而问客曰何为其然也客曰月明星稀乌鹊南飞此非曹孟德之诗乎西望夏口东望武昌山川相缪郁乎苍苍此非孟德之困于周郎者乎方其破荆州下江陵顺流而东也舳舻千里旌旗蔽空酾酒临江横槊赋诗固一世之雄也而今安在哉况吾与子渔樵于江渚之上侣鱼虾而友麋鹿驾一叶之扁舟举匏樽以相属寄蜉蝣于天地渺沧海之一粟哀吾生之须臾羡长江之无穷挟飞仙以遨游抱明月而长终知不可乎骤得托遗响于悲风苏子曰客亦知夫水与月乎逝者如斯而未尝往也盈虚者如彼而卒莫消长也盖将自其变者而观之则天地曾不能以一瞬自其不变者而观之则物与我皆无尽也而又何羡乎且夫天地之间物各有主苟非吾之所有虽一毫而莫取惟江上之清风与山间之明月耳得之而为声目遇之而成色取之无禁用之不竭是造物者之无尽藏也而吾与子之所共适客喜而笑洗盏更酌肴核既尽杯盘狼籍相与枕藉乎舟中不知东方之既白

庚申立冬 椒轩于硕写夜游赤壁前图

星堂先生雅玩

清
于硕（1873～）
嵌象牙微雕严子陵钓鱼台乌木砚屏
1937年作
高26厘米

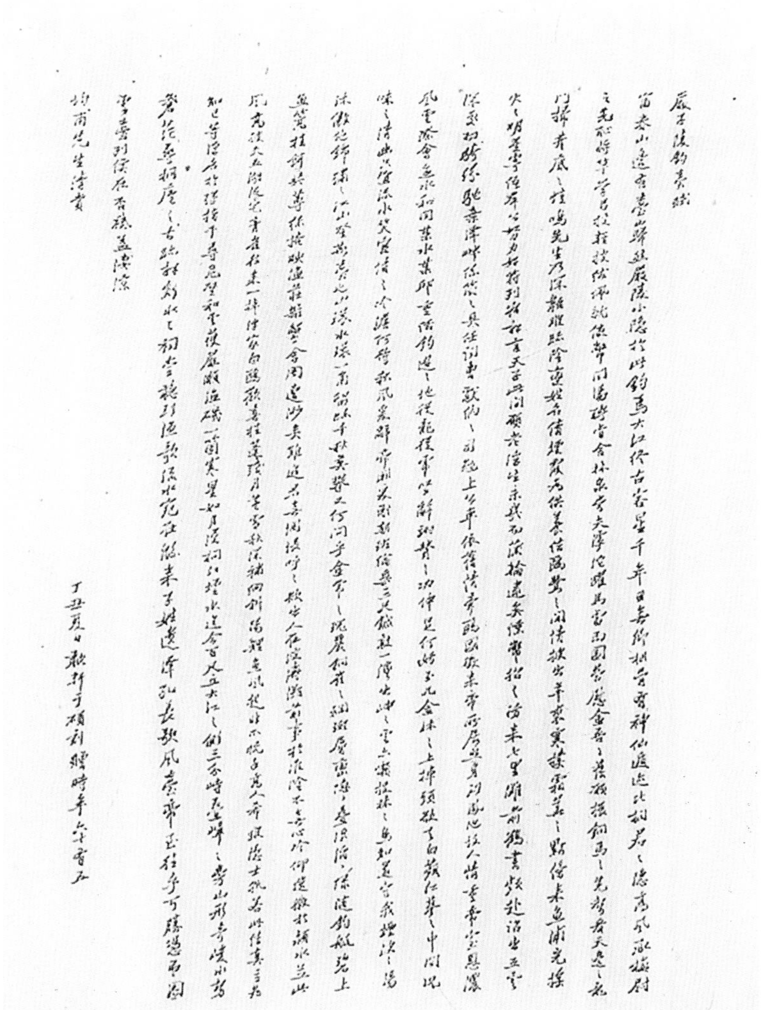

清

于硕（1873～）

嵌象牙微雕八仙乌木砚屏

1938年作

高24.5厘米

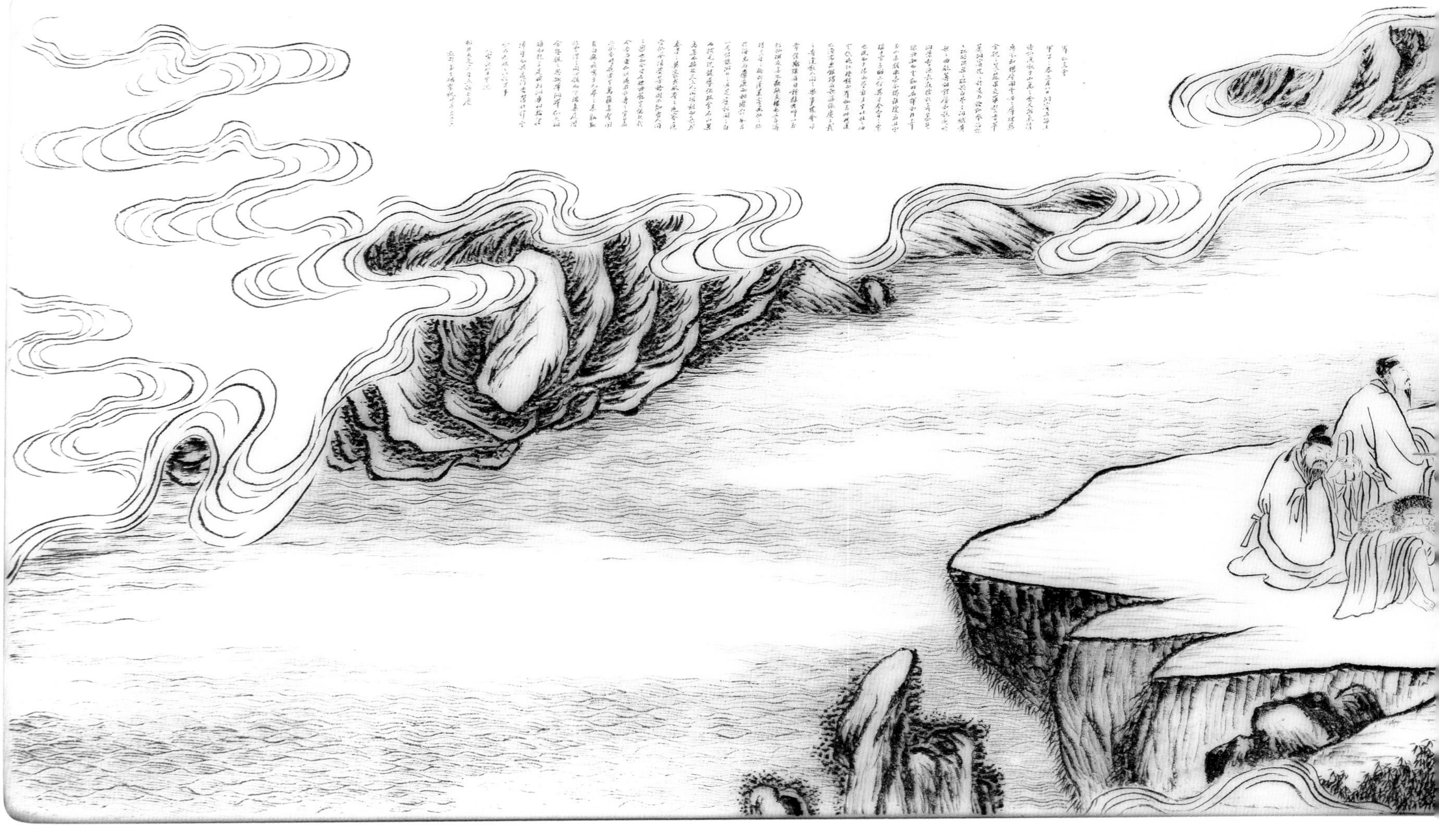

群仙高會

甲子之春三月八日洞賓與李上
諸仙及衆于山島之會天朗氣清
惠風和暢座開雲母之屏爐熱
金猊之香篆縈累交羅磬音舉
蕭洞賓琵之於是與諸仙舉海螺
之杯酌無窮之醉歌白雪之詞賦黃
鶴之曲飄籌相錯履和龍笛吹
洞簫響漁鼓敲檀板舞蓬萊
綵袖翻而雲鶴對舞華而月舞
玉山未頹冰壺不竭錦瓊於丹宮
瑤臺玉闕亦何異乎今宵之宴
也既而夕陽西墜新月半吐桂之曲
堂俯瞰江煙鎖而群仙至此瓊
不說高乘銀燭再歌再詠慶哉
之奇遇叙人間之樂事蔡金泥
常任斷雜再自鳴雞大師以至
列仙班及吾不歡欣交暢也且吾儕
得長生之術於蓬萊等處仙之踪
於海島與麋鹿而相遊對風月
以爲侶採洞口之丹芝採松間之白
石披毛說髓尊飲服食名山異
島無不編及天上人間須剎而至哉
春滿之漢宮袞風塵之廣容道
骨仙風清姿芳格固不知有人間
之樂也而今皆名標丹籍岂偶然哉
今吾與諸仙相遇於仁壽之宴蓋
亦屬今時夜方半萬籟無聲閑
有白鶴飛鳴于九霄之表翱翔
於雲漢之間回顧而下棲集庭階
余繼觀之恐欲歸洞群仙亦相
推而起于是騎列洞乘羽輪作
歸遊而共遊浙杳靄於祥雲
余为為賦之以記其事
戊寅秋八月守從
相臣老先生正誤正處
淑軒弟子胡聲親 時年六十有六

清

造办处作

嵌象牙喜上眉梢紫檀落地屏一对

高 214 厘米

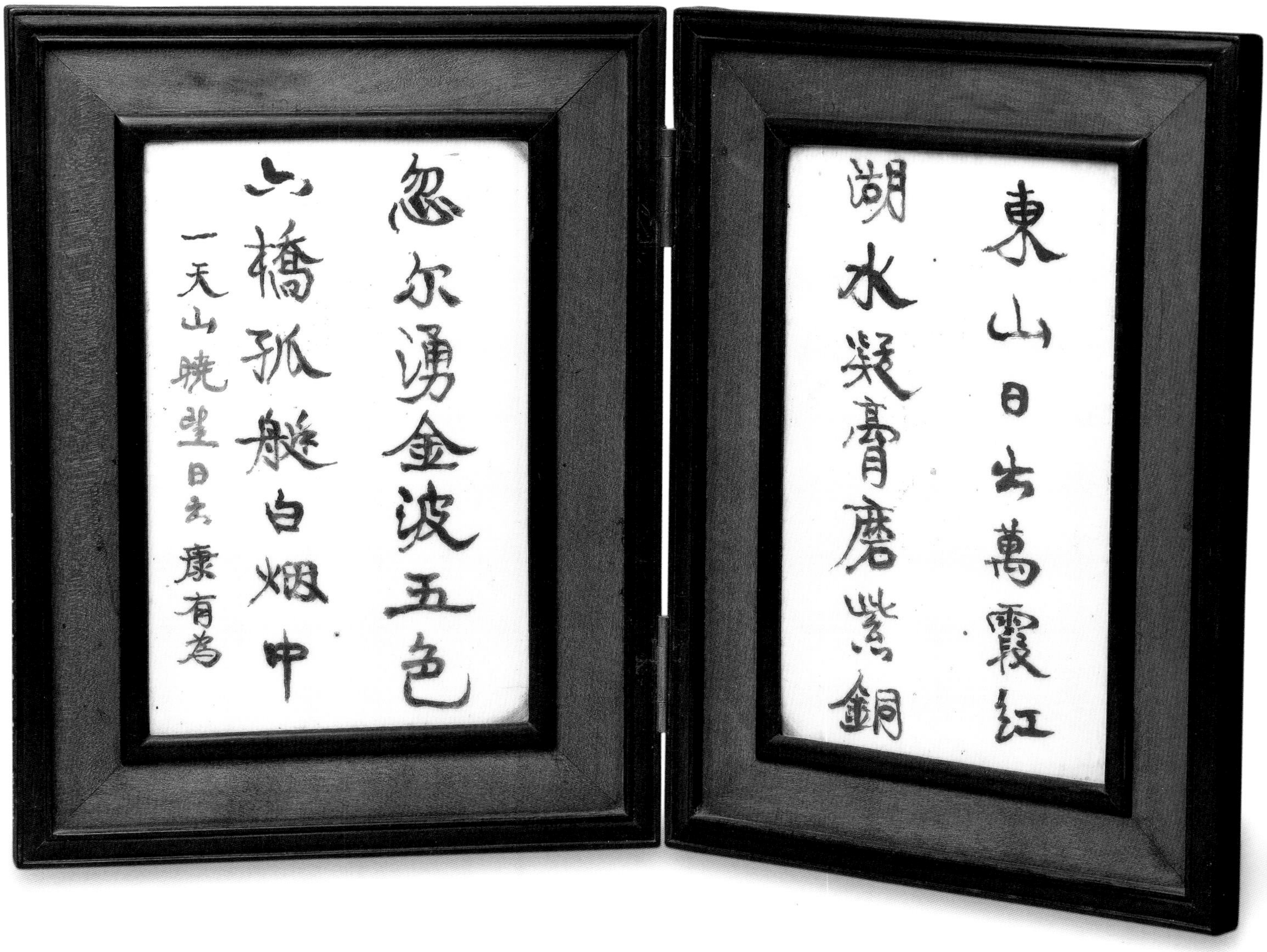
東山日出萬霞紅
湖水凝膏磨紫銅
忽尔湧金波五色
六橋孤艇白烟中
一天山曉望日出 康有為

近代
康有为（1858～1927）
楷书白瓷砚屏
高25.5厘米

宋

芝鹿玉镇

高7.5厘米

宋
海水龙纹双耳玉瓶
高14厘米

元
绶带凌霄玉带銙
直径6厘米

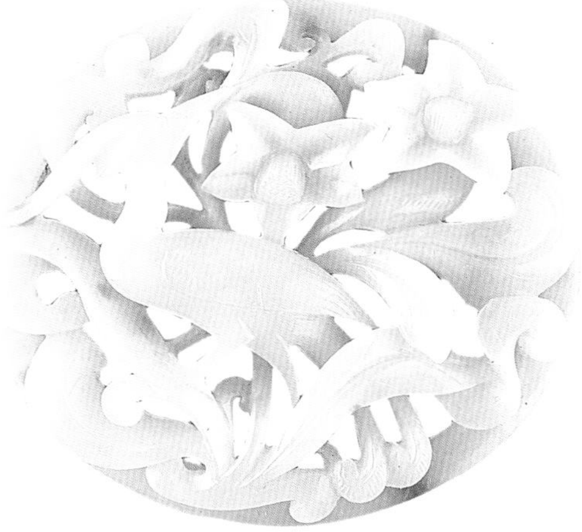

元
龙纹桃心带銙
长9厘米

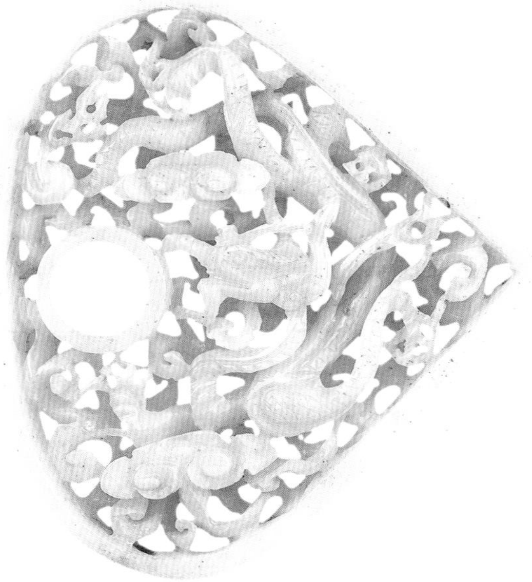

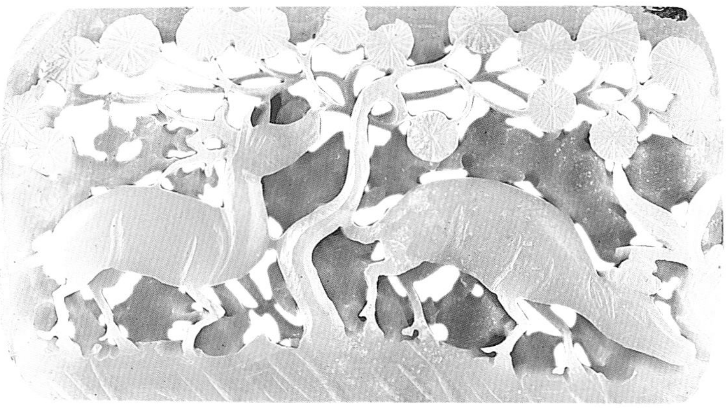

元
秋山玉带銙
长7厘米

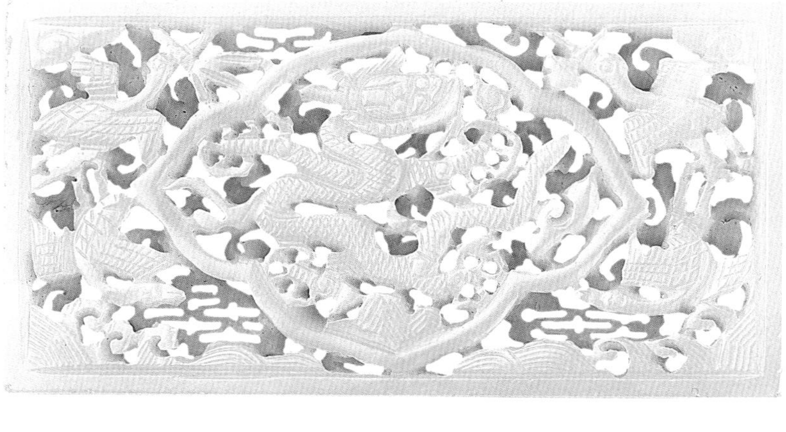

明
五爪龙纹玉带銙
长7.3厘米

明
摩羯鱼玉带銙
长11.5厘米

明
竹节鹦鹉玉佩
直径6厘米

清
刘海戏蟾玉佩
直径5.5厘米

清
造办处作
芝亭 山水诗文玉佩
长6厘米

清
龙凤玉佩
直径5.5厘米

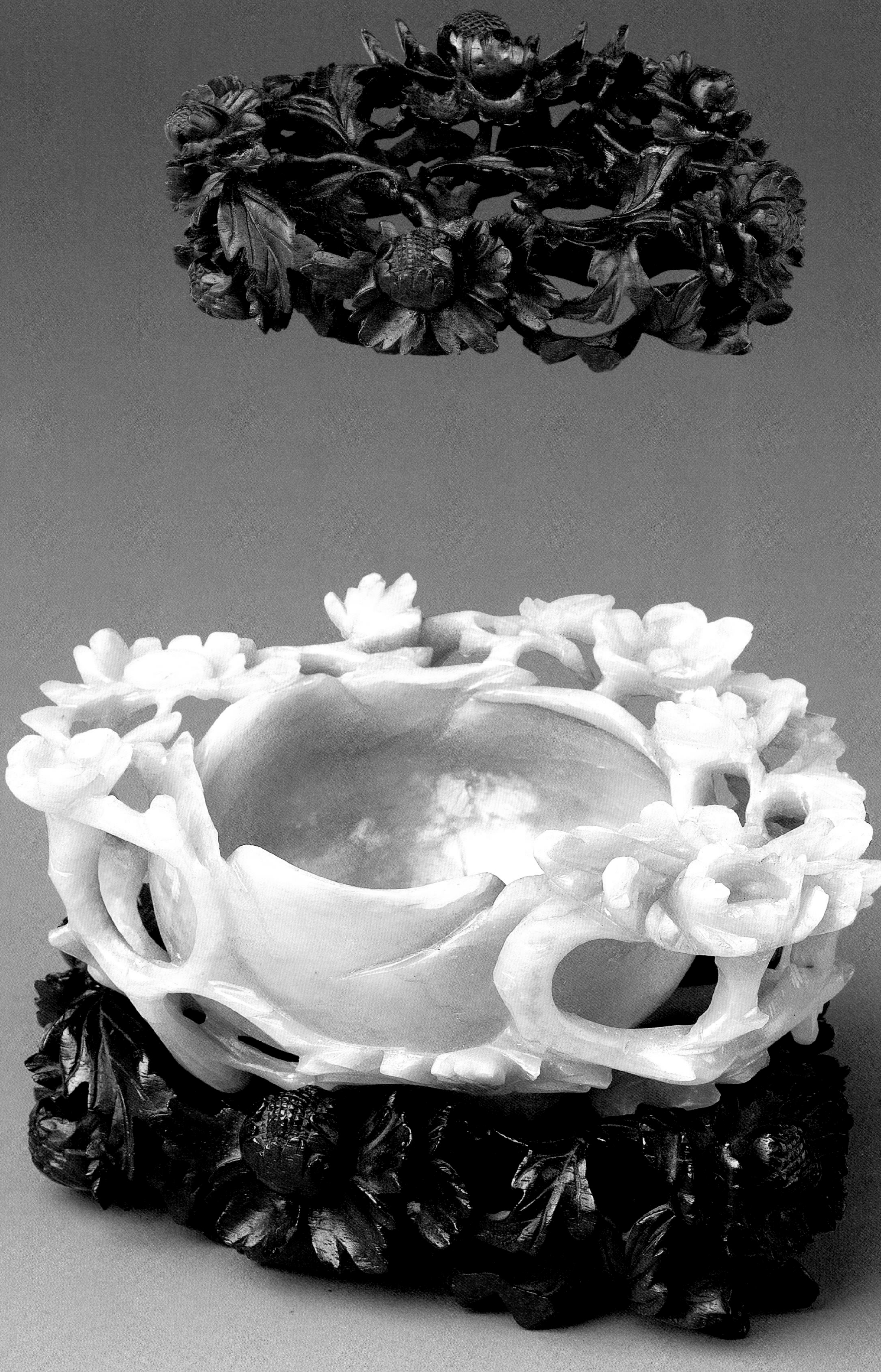

明

百花玉洗

高9厘米

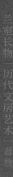

明
螭龙白石镇
高13厘米

明
甪端玉砚滴
高10厘米

明
葵口蟠龙古兽玉花插
高13.5厘米

明

螭蝮玉砚滴

长6.5厘米

明

凌霄灵芝南红花插

高11厘米

明

桃型玉杯

高5厘米

明

鹦鹉寿桃玉杯

高5厘米

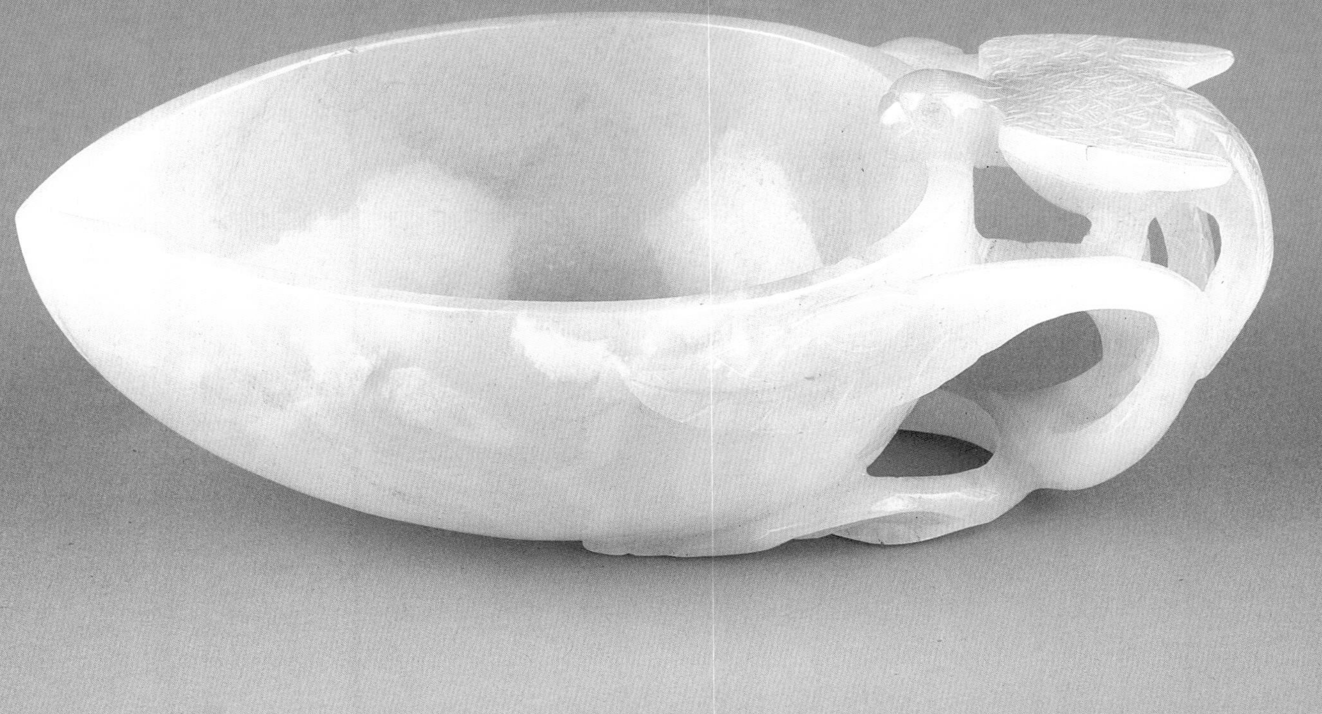

明
吴彬（生卒不详）铭
林有麟（生卒不详）铭
瑞兽灵璧供石
1962年作
高72厘米

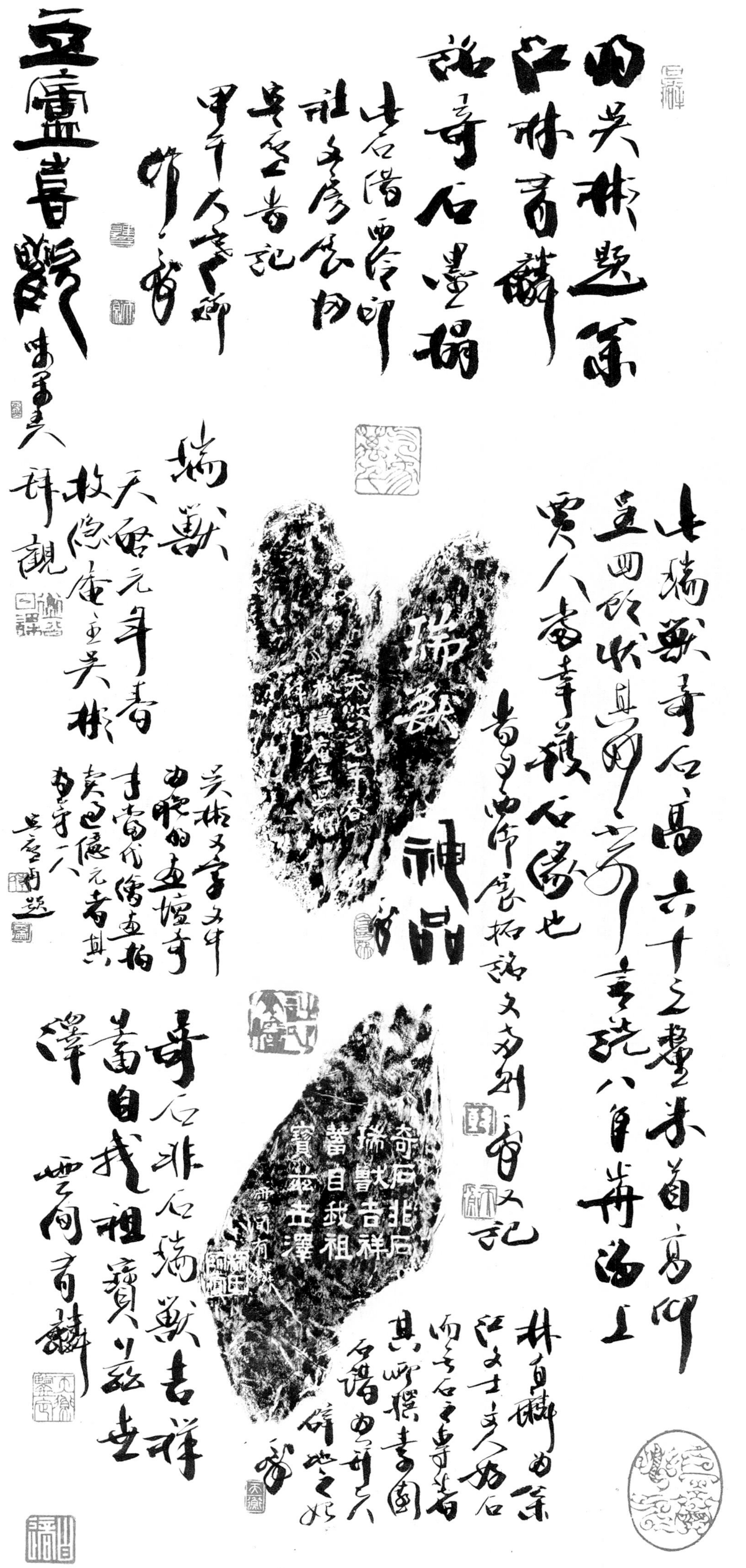

明代
吴彬铭　林有麟铭
韩天衡跋
瑞兽灵璧供石墨拓

明

孙克弘（1532～1611）铭

灵璧供石

高67厘米

清
五彩灵璧供石
高 49 厘米

清
造办处作
盘龙玉毛笔
14厘米

清
造办处作
盘龙玉毛笔
高17.5厘米

清
造办处作
石榴玉盒
长7厘米

清
乾隆造办处作
螭龙纹玉墨床
长7厘米

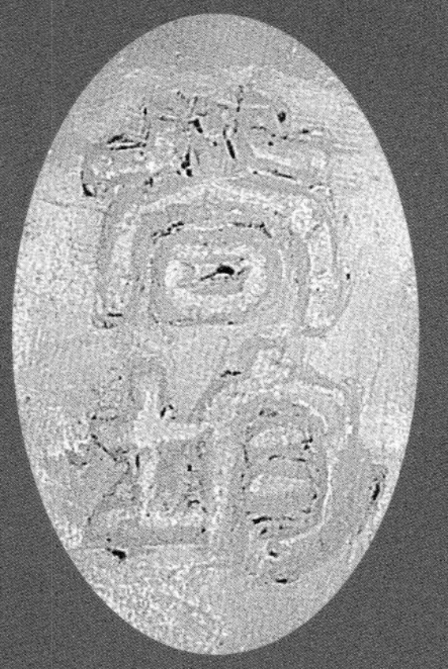

清
尚均（生卒不详）
寿山芙蓉石嵌宝太平喜象
高 10 厘米

清
杨玉璇款
寿山芙蓉石雕东方朔偷桃
高14厘米

清
寿山芙蓉石雕嵌宝罗汉
高 10 厘米

清
寿山高山石雕伏虎罗汉
高10厘米

清

魏汝奋（生卒不详）

寿山芙蓉石雕观音

高13.5厘米

清
魏汝奋（生卒不详）
寿山石雕伏虎罗汉
高10厘米

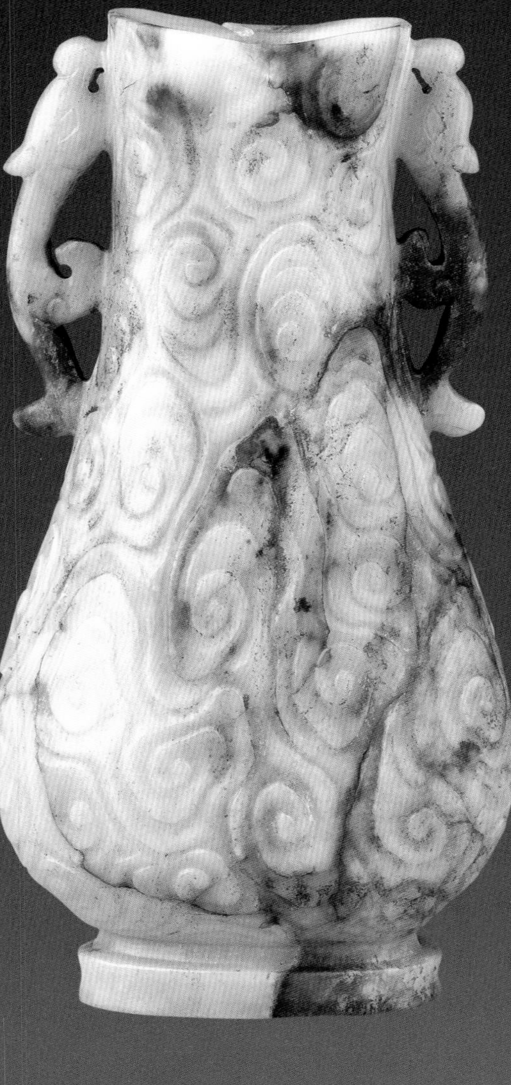

明

双龙耳云纹玉瓶

长 14.5 厘米

清
乾隆（一七三六～1795）
造办处作 螭龙玉马鞭扦
长13厘米

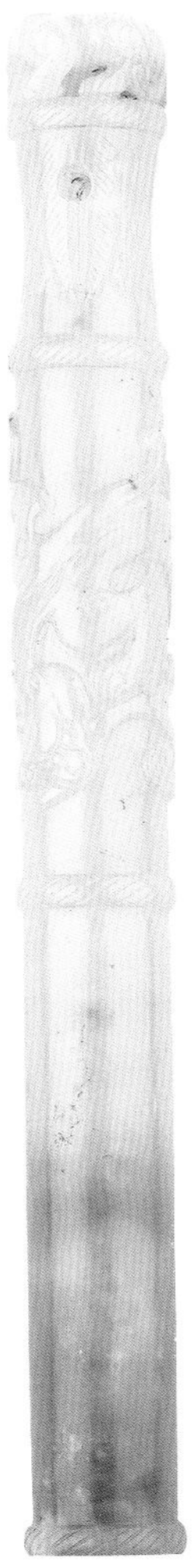

清
乾隆（1736～1795）
造办处作 蟠龙玉马鞭杆
长18厘米

清
乾隆（1736～1795）
造办处作 檀香鞘玉把刀
长32厘米

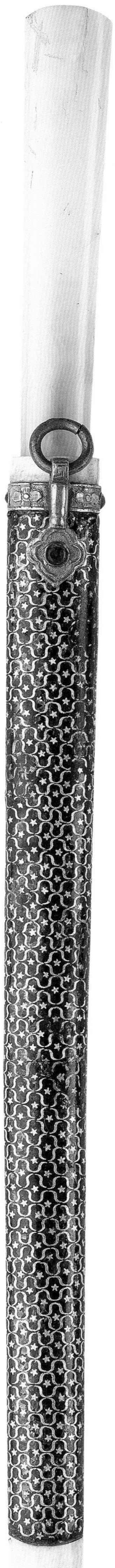

清
乾隆（1736～1795）
造办处作 珐琅鞘玉把刀
长32厘米

清
造办处作
双耳活环白玉炉
高15厘米

清
乾隆（1736 ~ 1795）
仿青铜玉壶
高 12.5 厘米

清
象耳活环翡翠瓶
高29厘米

清
红珊瑚树大摆件
高67厘米

清

仿青铜器玉瓶

高18厘米

清
造办处作
鳌鱼花插
高13厘米

清

碧玉佛手花插

高 15.4 厘米

清
琥珀佛手
高 11 厘米

清

九如绿松石水盂

高10厘米

清
福禄寿南红三仙
高9厘米

清
蟠龙天鸡玉瓶
高13厘米

清

灵芝南红水盂

高5厘米

清
仙桃硕硕南红洗
高 10 厘米

清
太师少师玉镇
高8厘米

明
天禄玉笔架
高2.5厘米

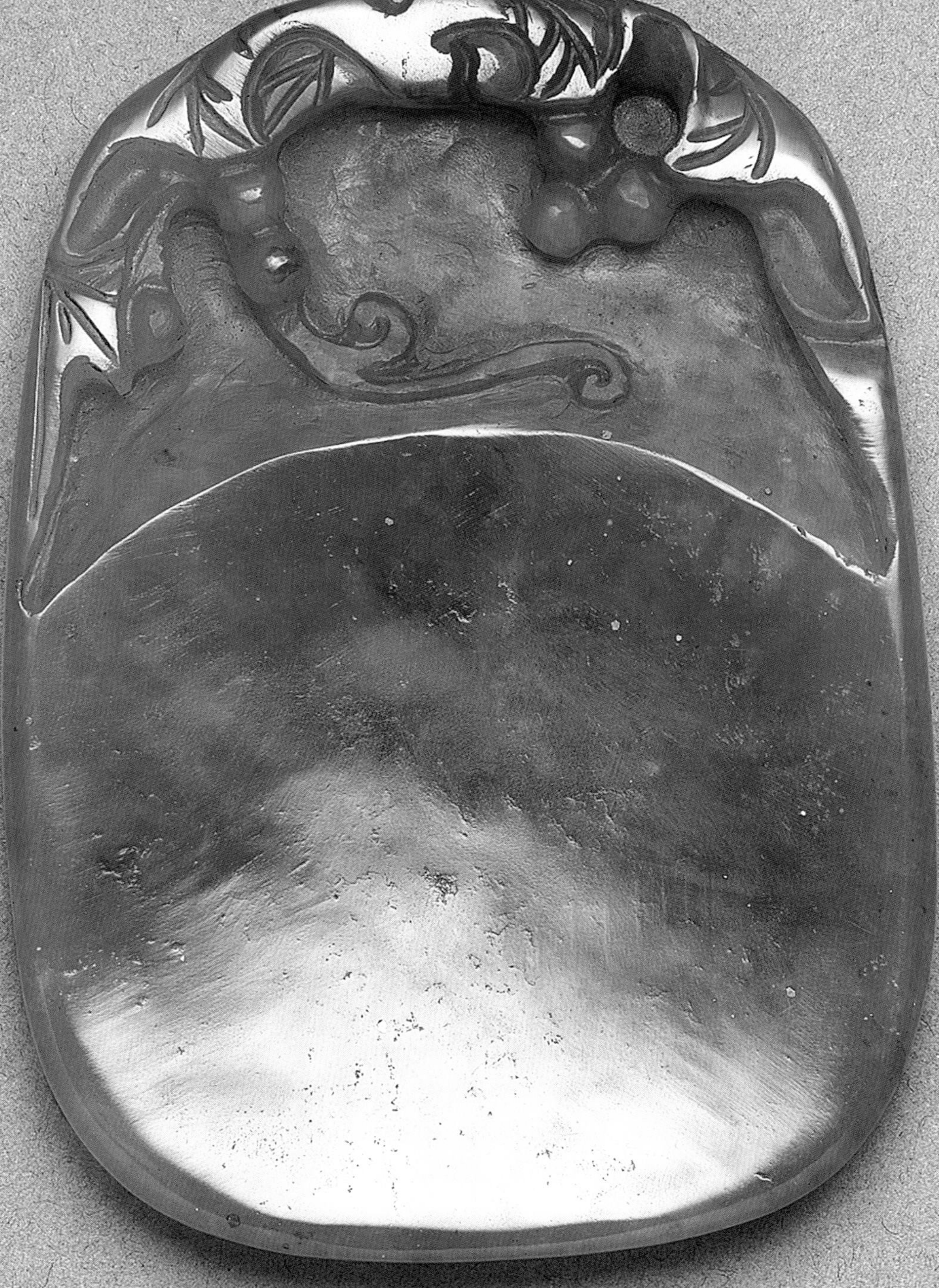

清
翡翠小砚
长10.2厘米

清

三足活环翡翠炉

高13厘米

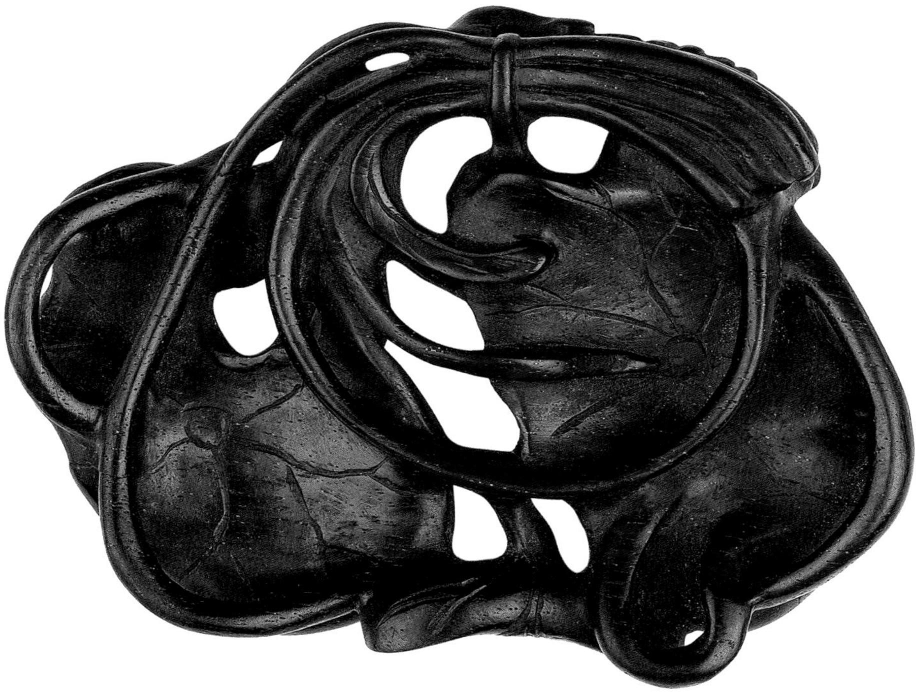

清
一甲传胪玉笔架
高3.8厘米

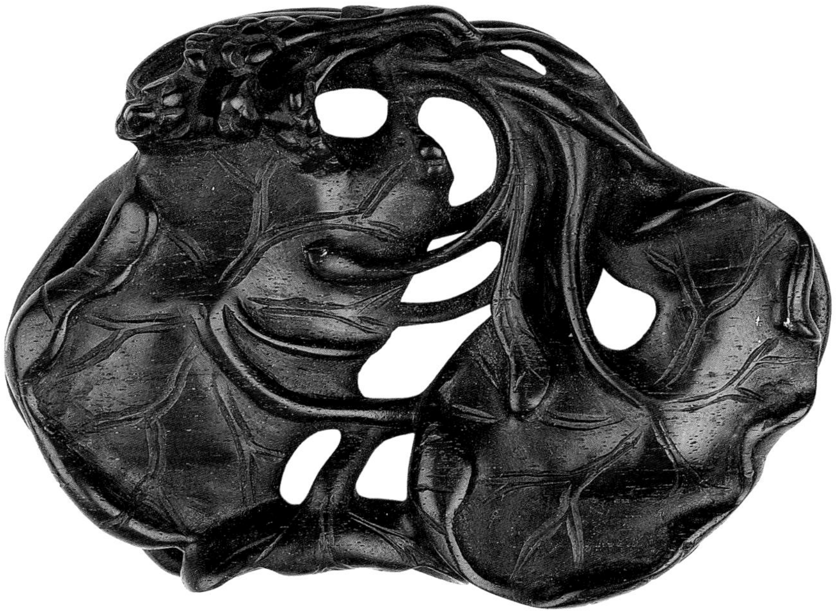

清
寿桃南红花插
高10厘米

清

于准（？~ 1725）铭
桃花芙蓉晶桃型洗
1697 年作
长 10 厘米

清
荷叶翡翠洗
高 10 厘米

清

佛手玉花插

高12厘米

清

松鹿长春翡翠笔筒

高11厘米

清
玲珑玉兰翡翠花插
高36厘米

清

佛手玉花插

高 14.5 厘米

清

鸳鸯玉砚滴

长 12 厘米

近代
吴昌硕（1844～1927）铭
丁辅之（1879～1949）铭
寿山石山子
高8.9厘米

清

造办处作三多白玉如意

长41厘米

清
造办处作
八宝白玉如意
长37厘米

清

造办处作

寿字八宝白玉如意

长47厘米

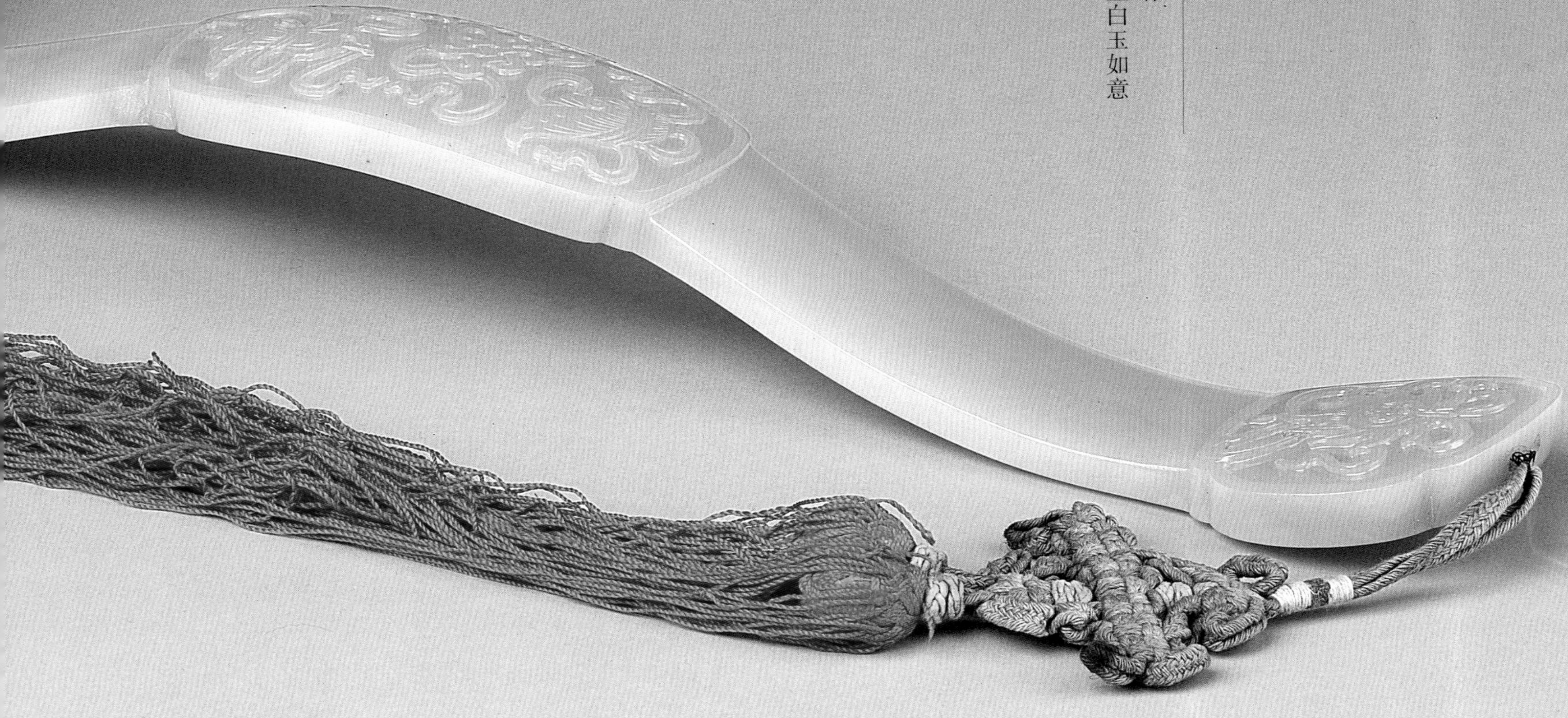

清

铁拐李剔红如意

长40厘米

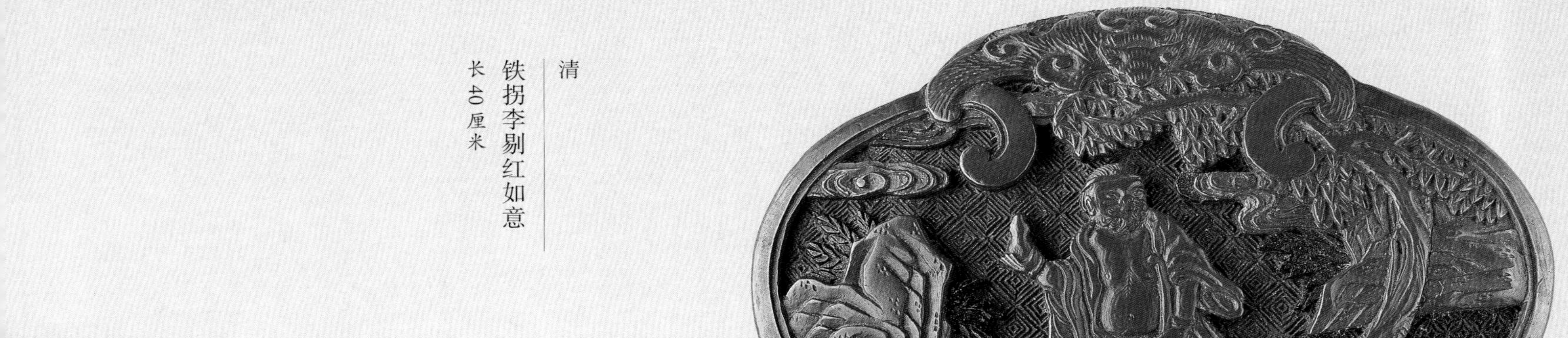

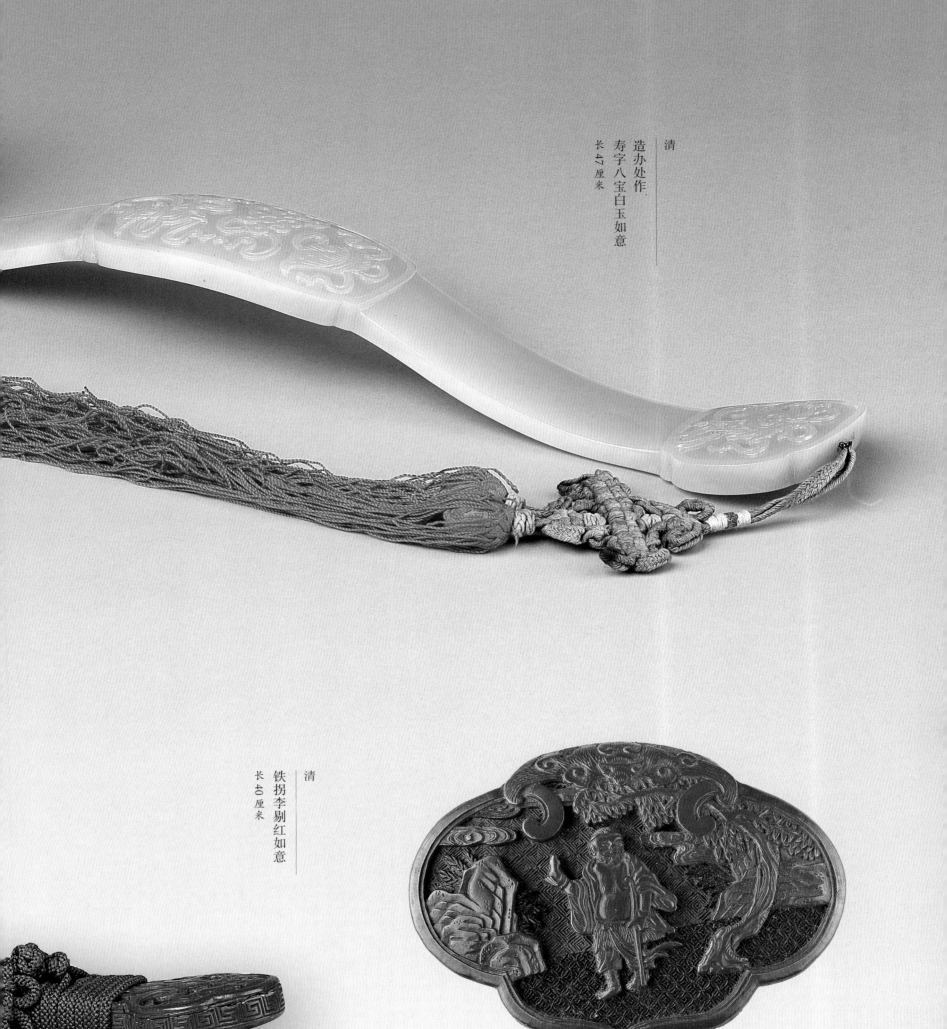

清

三嵌玉寿字八宝黄花梨如意

长44厘米

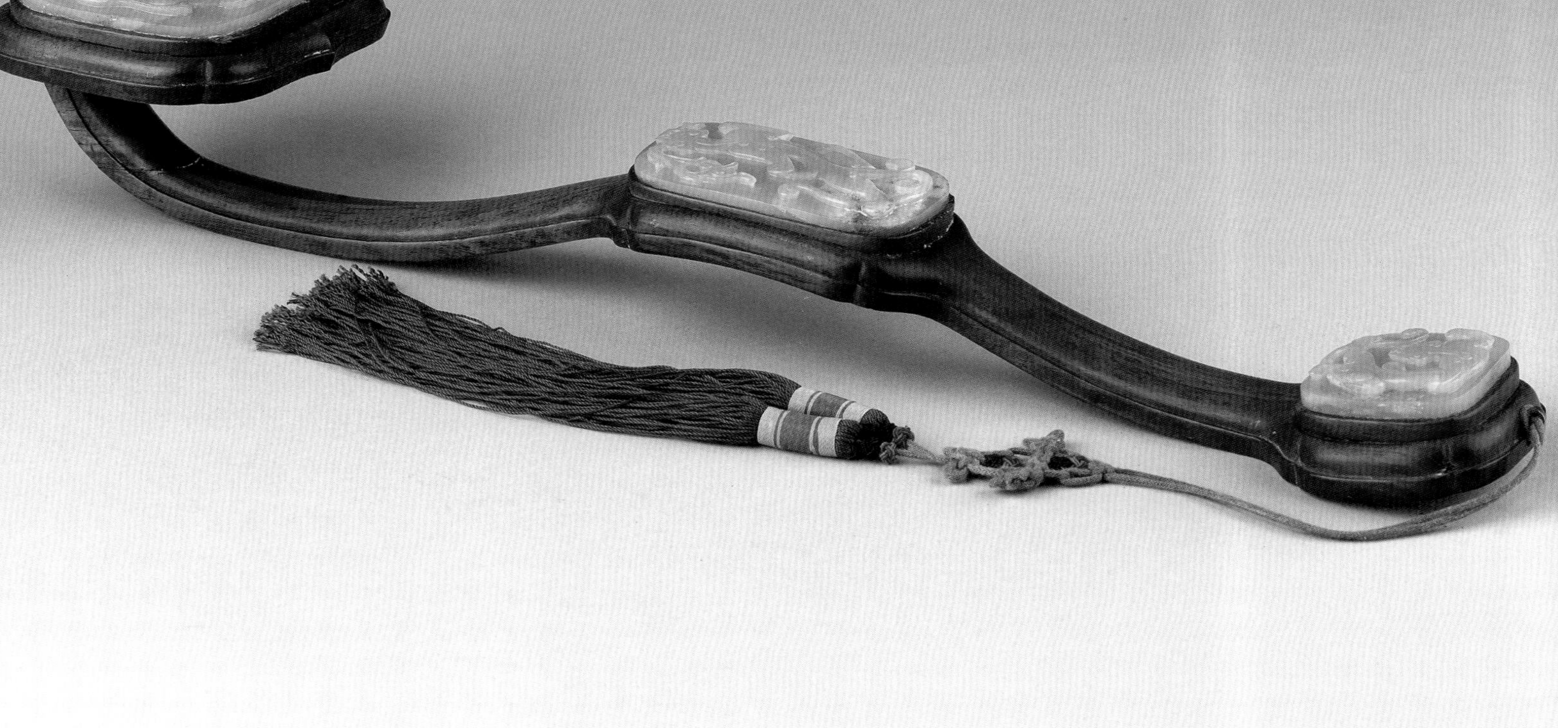

清

三嵌玉螭龙红木如意

长46厘米

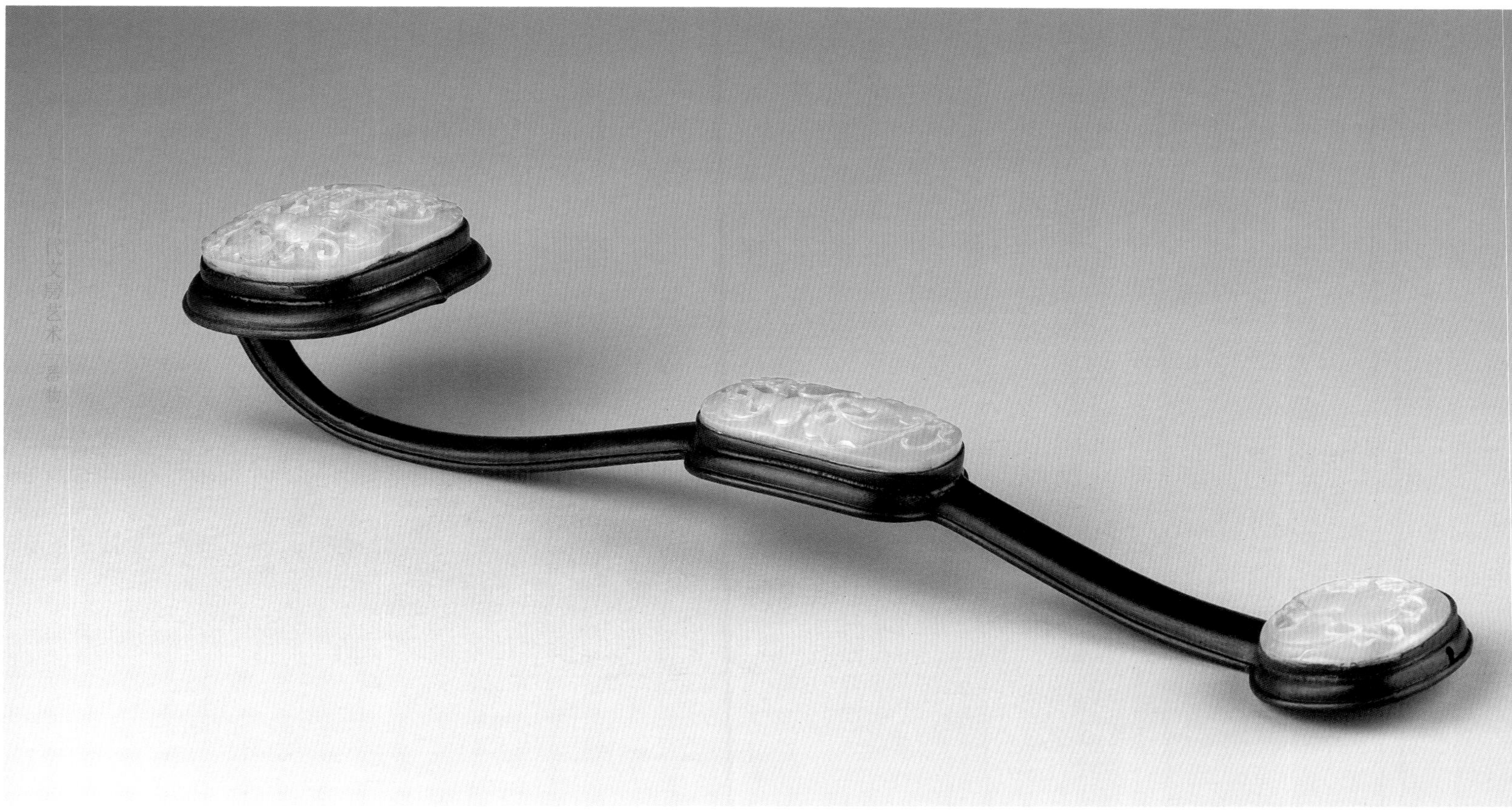

清

三嵌玉大吉万代黄花梨如意

长 48 厘米

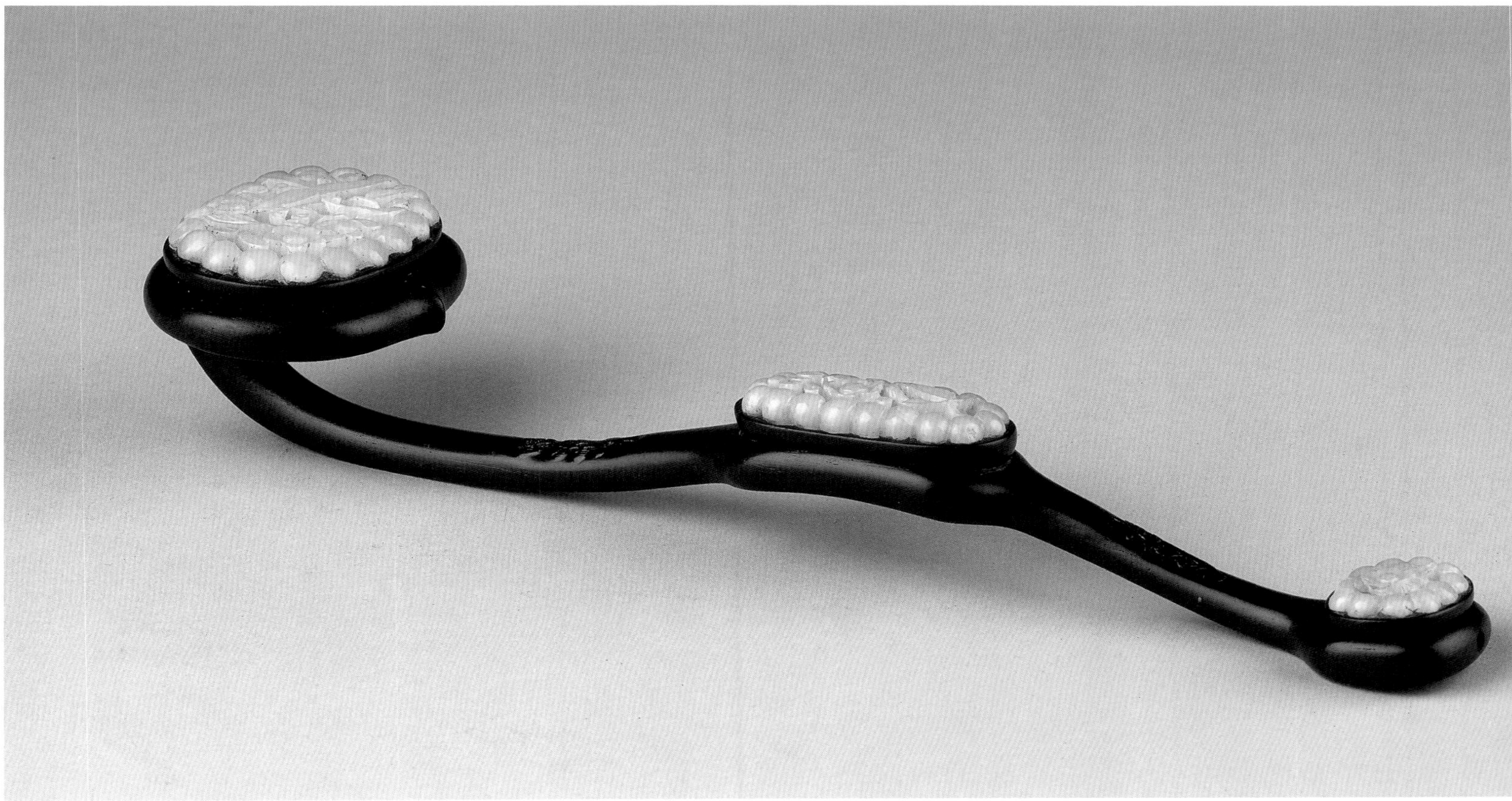

清

三嵌玉三友紫檀如意

长 30 厘米

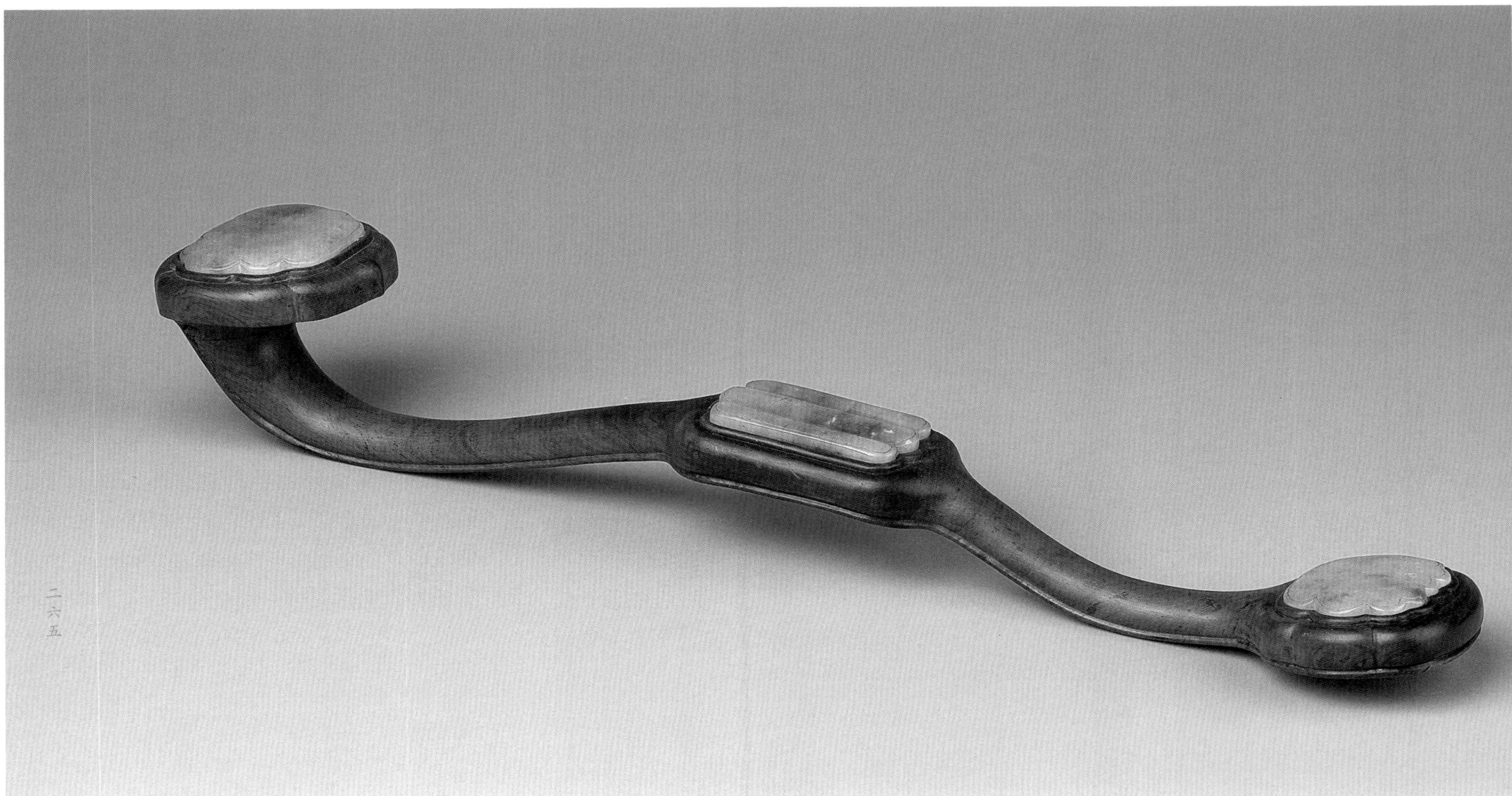

清

三嵌翡翠红木如意

长 42 厘米

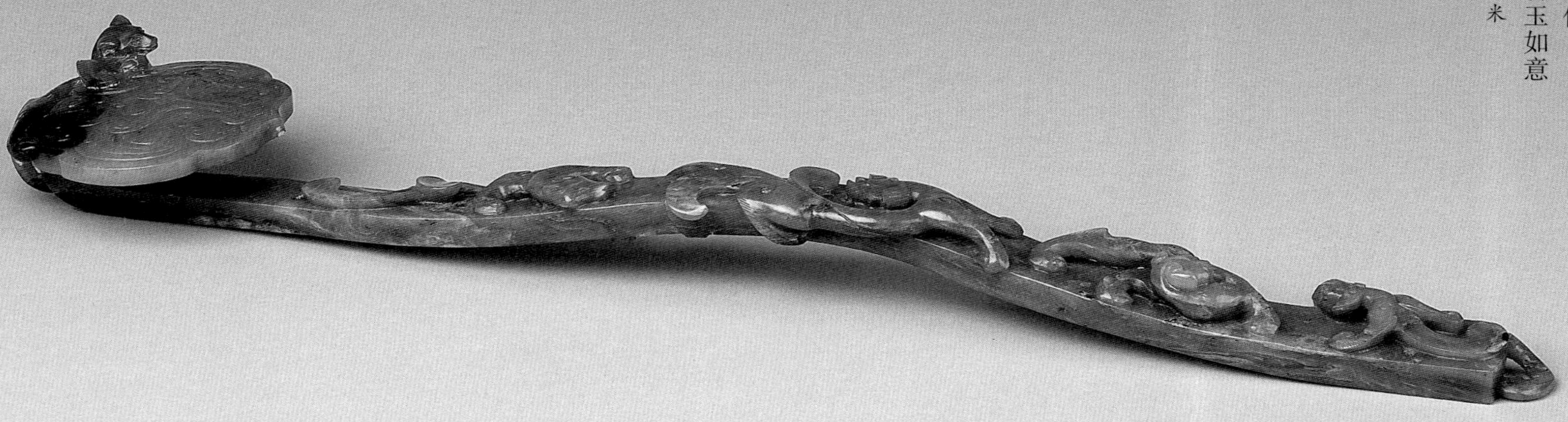

清

造办处作璃龙碧玉如意

长37厘米

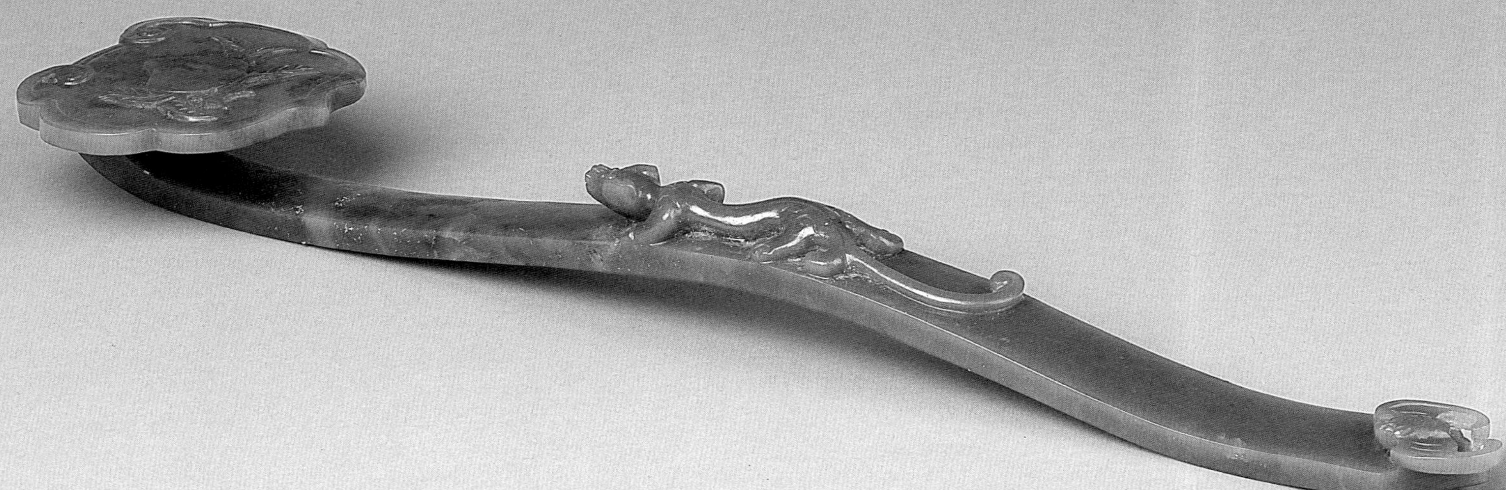

清

寿桃璃龙青玉如意

长35厘米

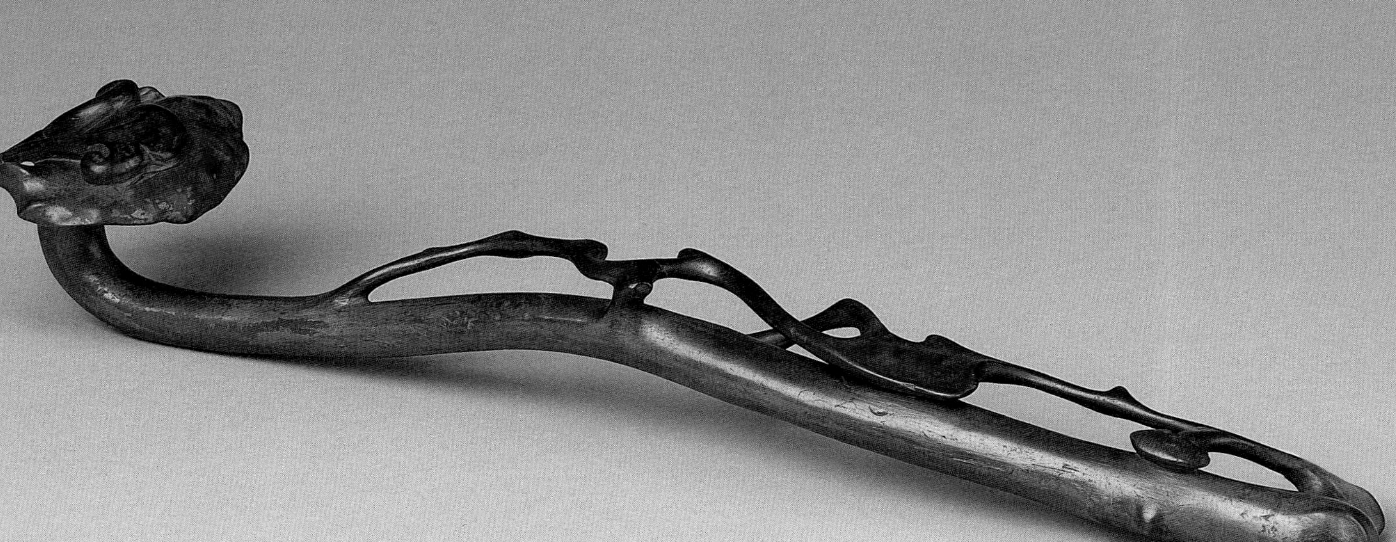

清

灵芝黄杨木如意

长36厘米

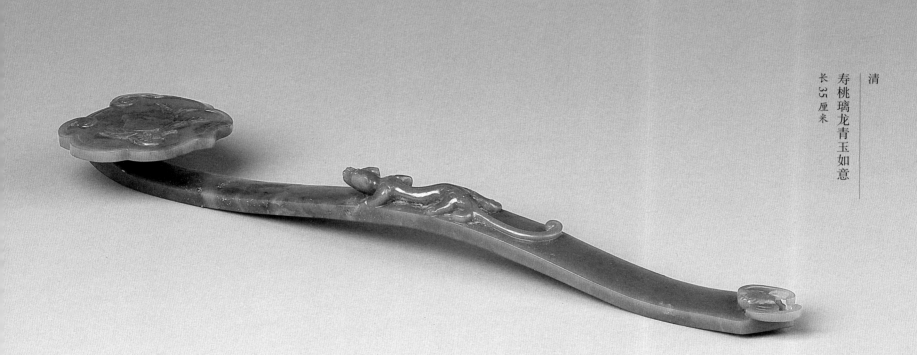

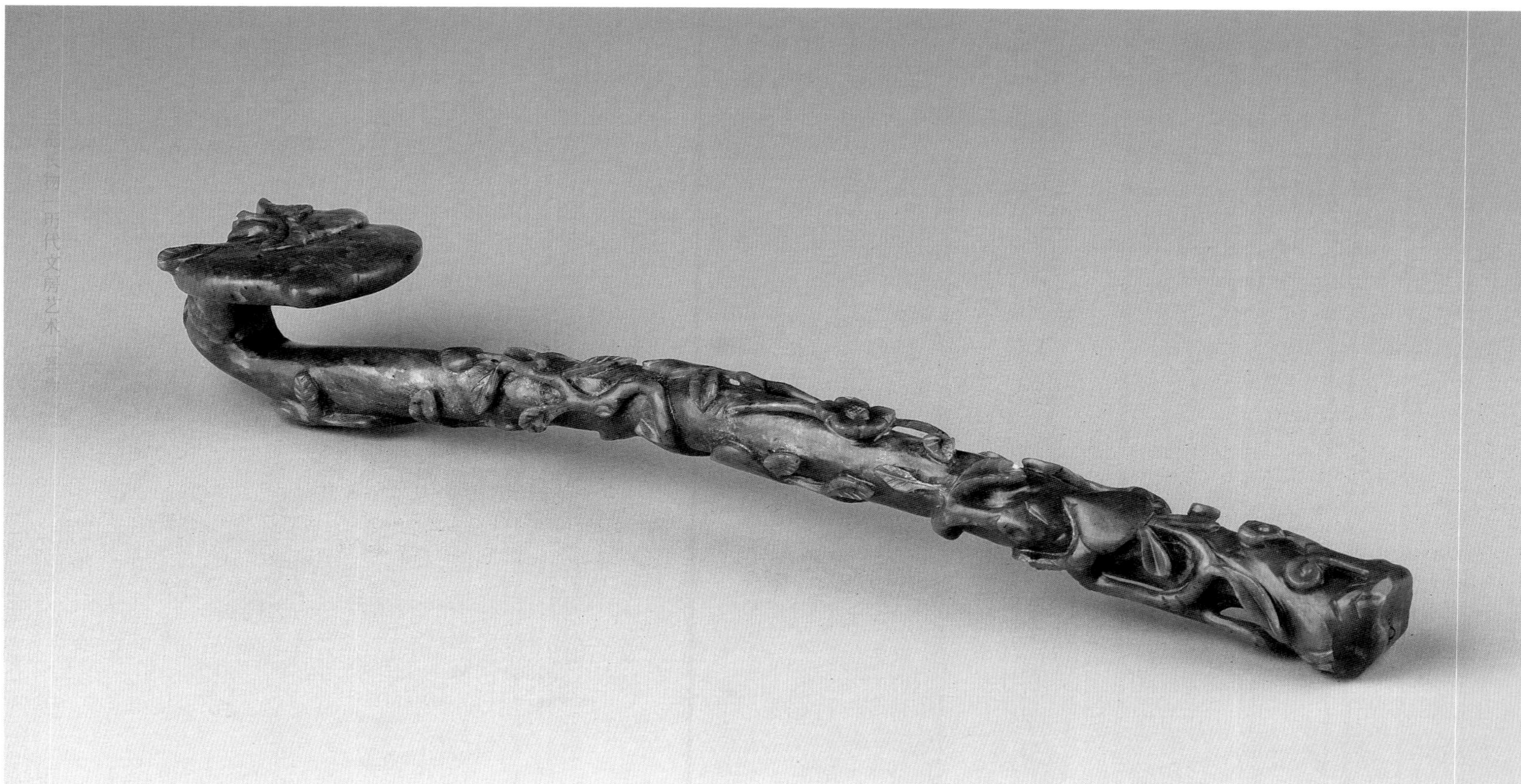

清

寿桃碧玉如意

长37厘米

清

造办处作

灵芝青花玉如意

长40厘米

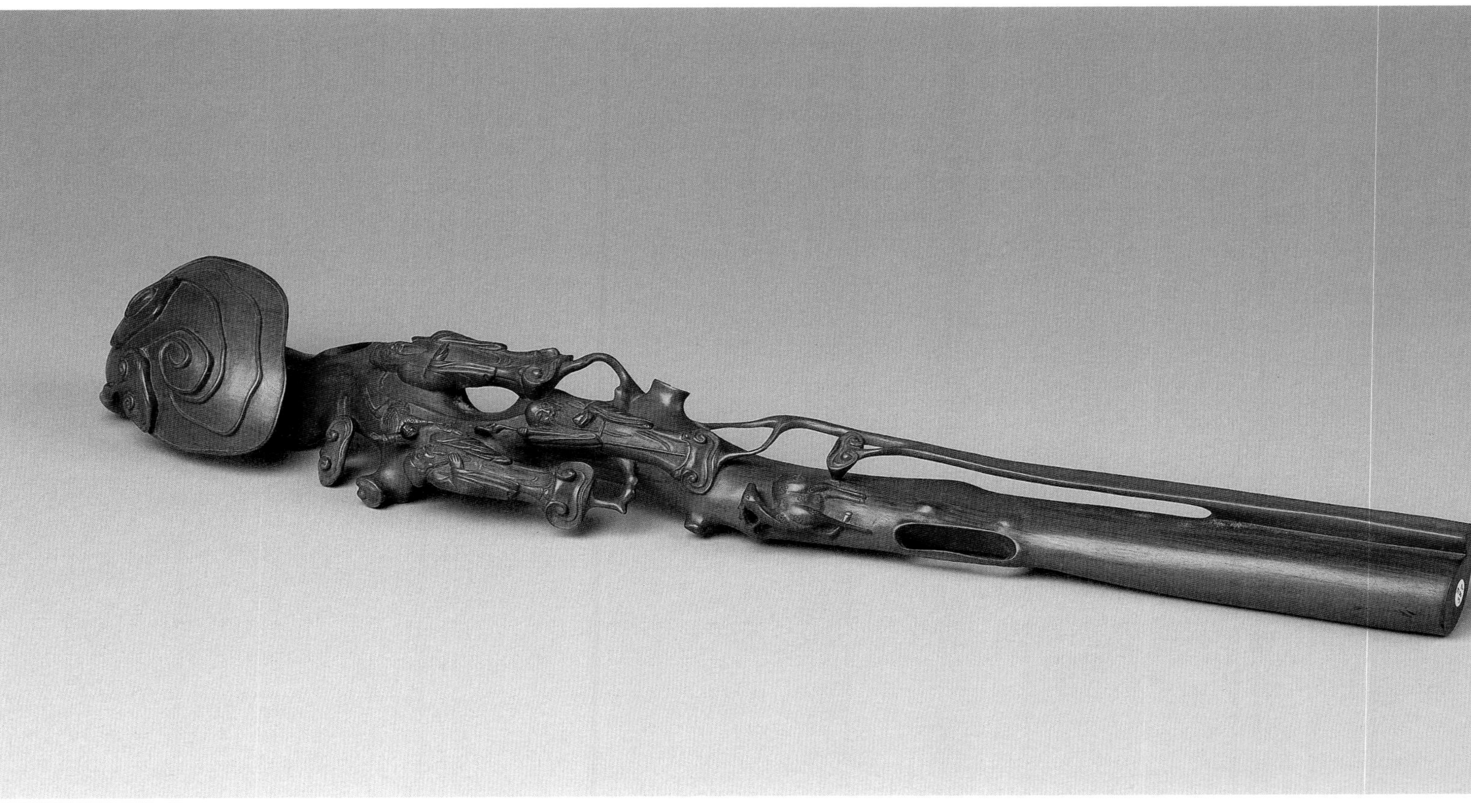

清

三星祝寿黄杨木如意

长50厘米

明

素作犀角杯

高8厘米

明

葫芦蔓代犀角杯

高4厘米

明

张骞乘槎犀角杯

高7厘米

清

螭龙博古犀角杯

高 7.5 厘米

清

胡星岳作（生卒不详）

仿青铜觚龙凤犀角杯

高16厘米

清

胡星岳作（生卒不详）

仿青铜觚螭虎犀角杯

高16厘米

清
仿青铜器螭虎犀角杯
高 15 厘米

清
百花螳螂犀角杯
高9厘米

清
伊秉绶（1754～1815）
隶书紫檀扇骨
长31.5厘米

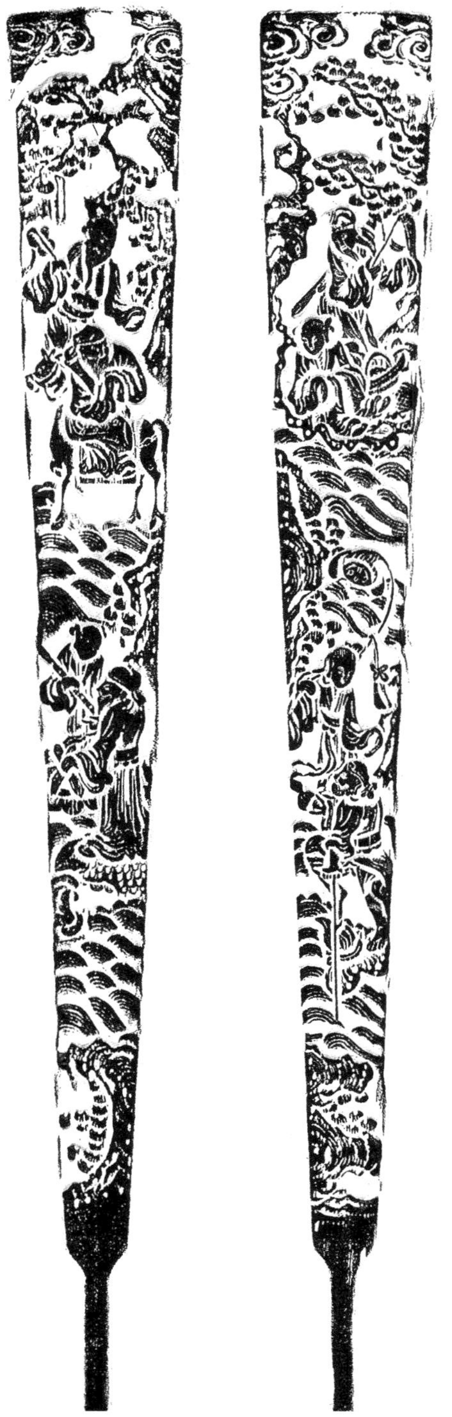

清
佚名
高浮雕八仙过海竹扇骨
长 34.5 厘米

清
佚名
高浮雕醉八仙竹扇骨
长 34.5 厘米

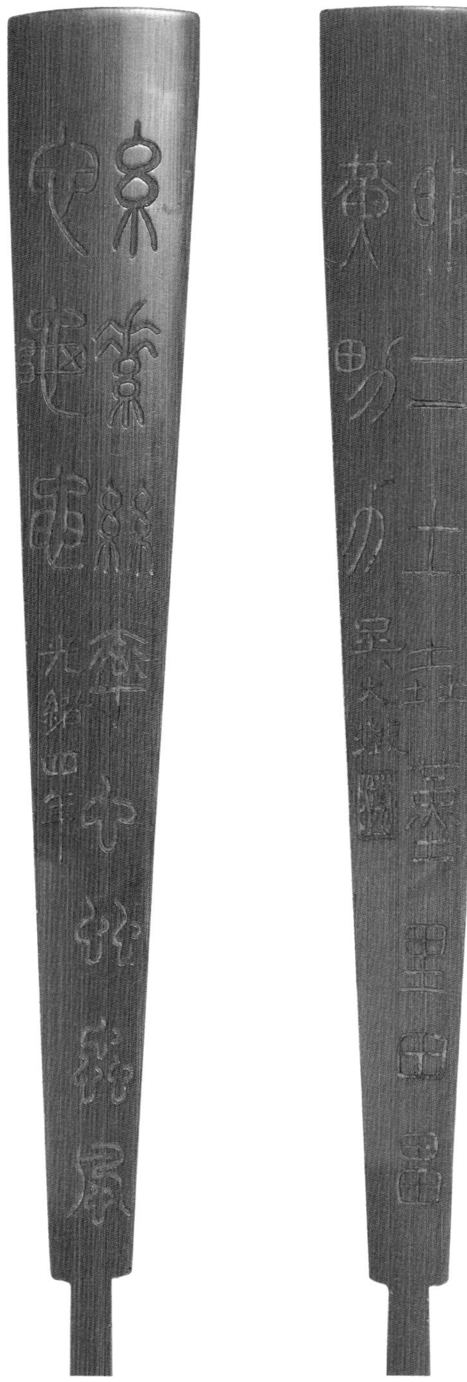

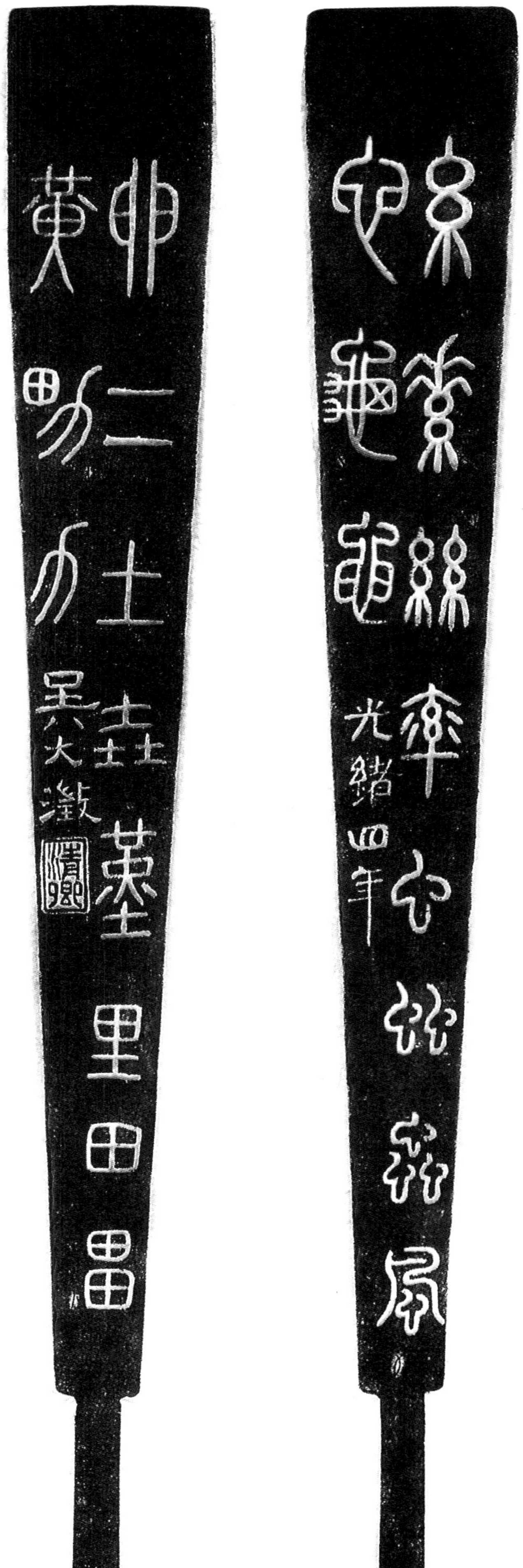

清
吴大澂（1835～1902）
篆书扇骨
1878年制
长34.5厘米

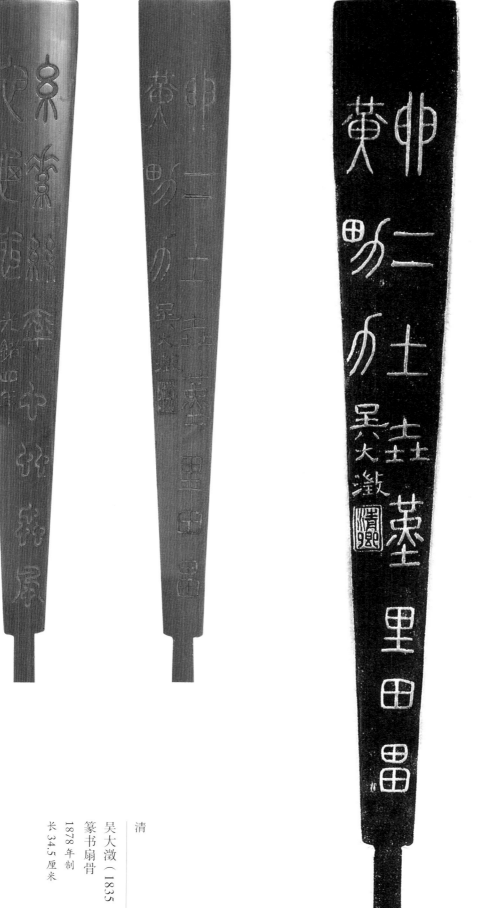

近代

吴昌硕（1844～1927）

梅兰书画扇骨

1924年制

长38.5厘米

近代

狄楚青（1873～1941）自用

留青湘妃竹花鸟扇骨

长56厘米

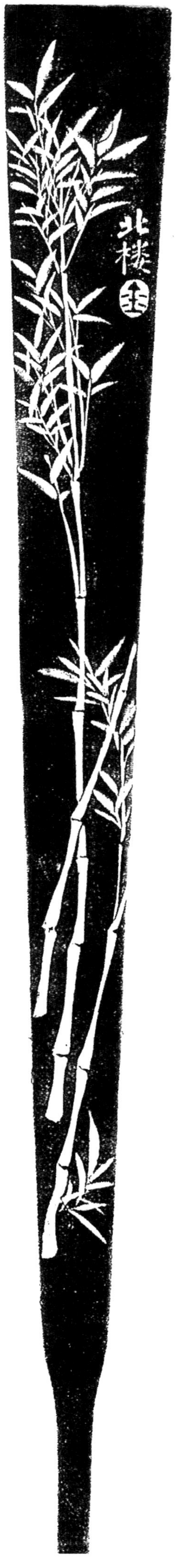

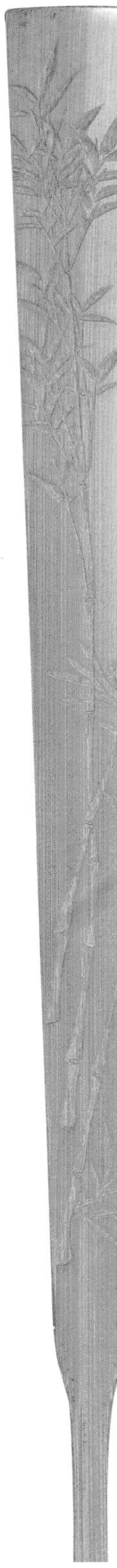

现代
张志鱼（1893～1961）刻
金　城（1878～1926）绘
花卉竹扇骨
长33厘米

现代
马晋（1900～1970）
留青花鸟竹扇骨
长31厘米

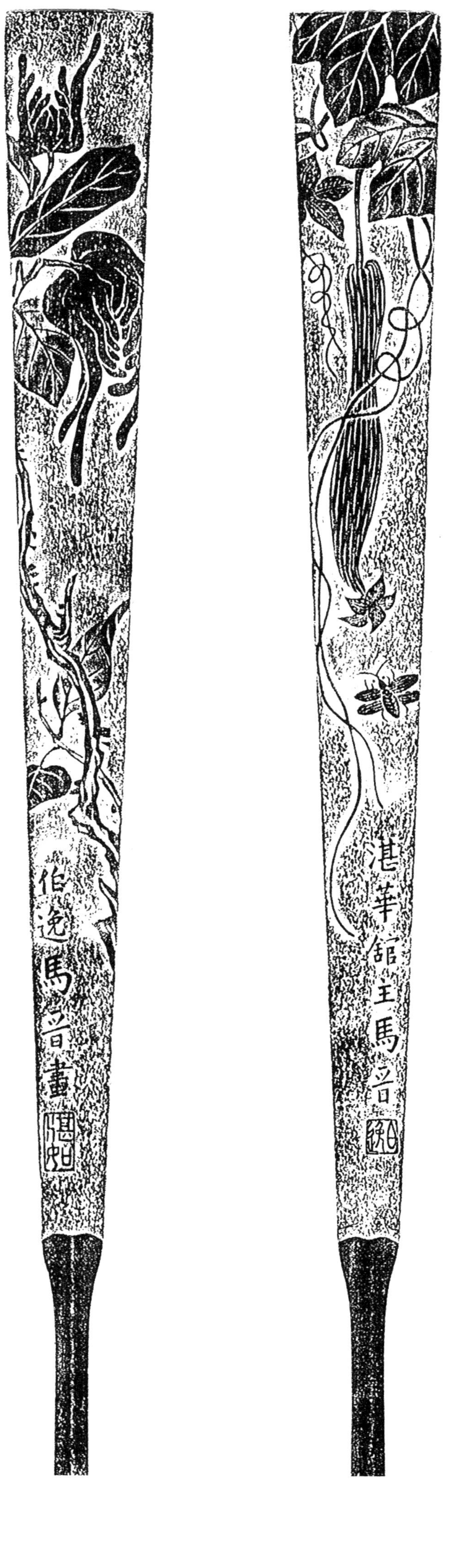

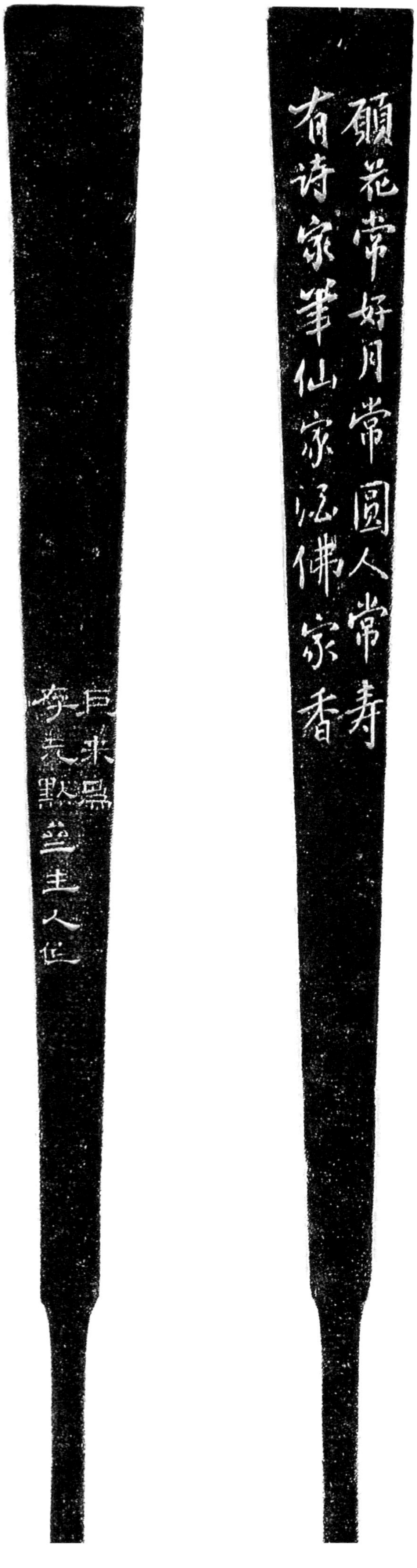

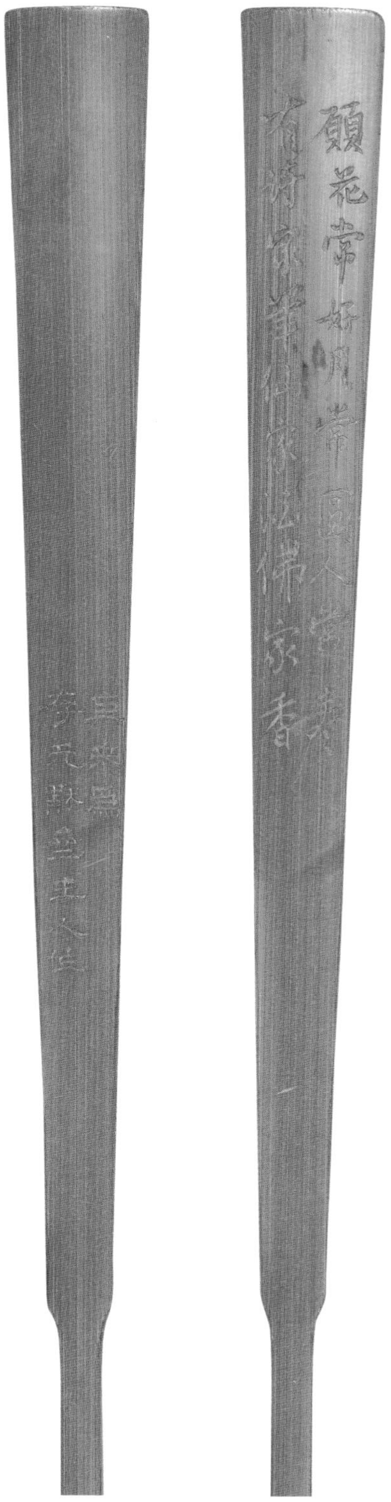

现代
陈巨来（1905～1984）
书刻竹扇骨
长31.5厘米

现代

徐素白（1909～1975）

刻花鸟竹扇骨

长31.5厘米

现代

傅式诏刻

邓散木张石园书画竹扇骨

长31厘米

现代
秦康祥（1914～1968）
刻章太炎书法竹扇骨
1934年制
长31厘米

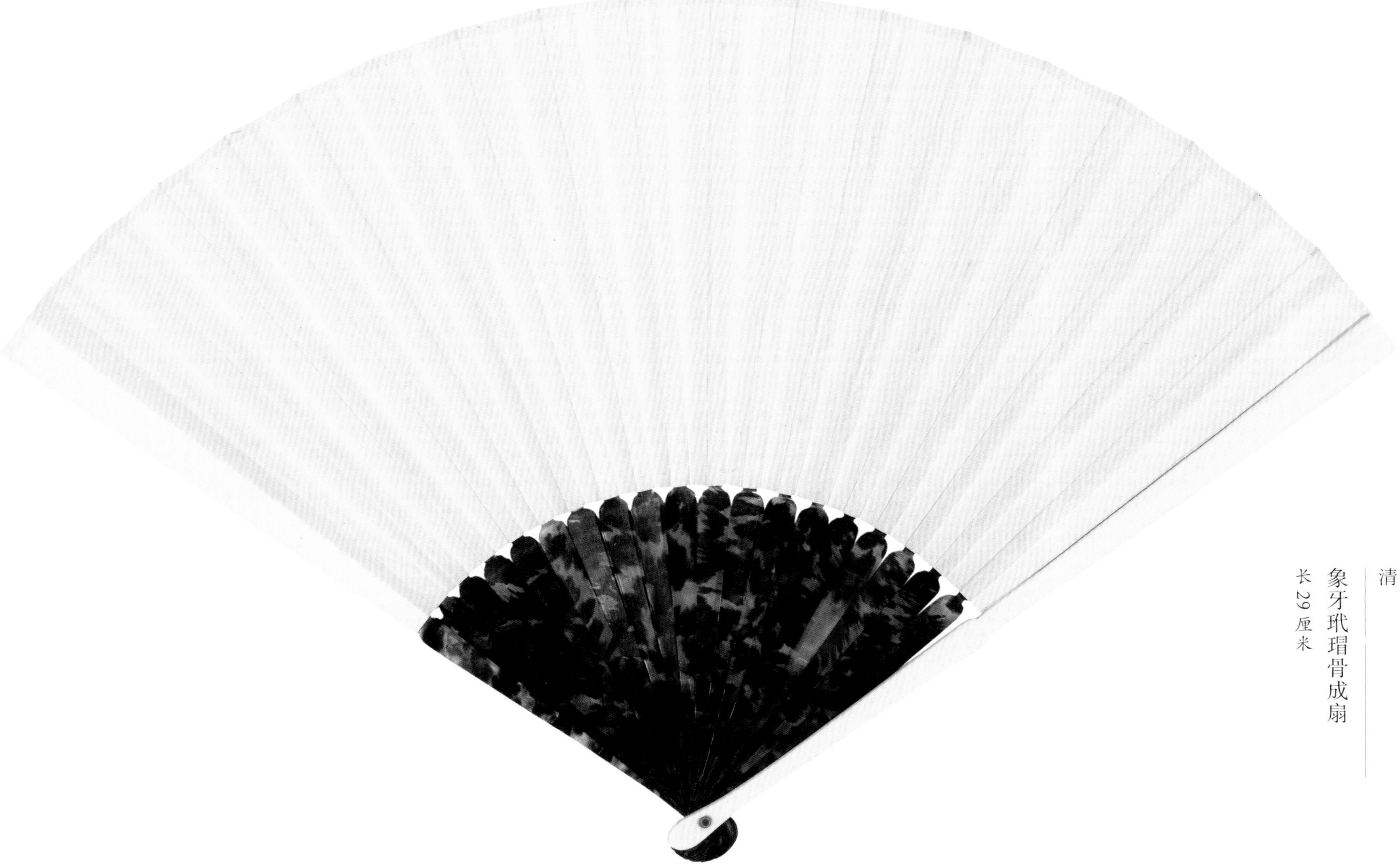

清
象牙玳瑁骨成扇
长29厘米

唐
海兽葡萄方镜
长9厘米

三国吴
凤凰三年铭铜镜（公元272年）
直径12.5厘米

宋
冲耳袋足鼎式炉
高 18 厘米

宋

饕餮纹铜茶炉

高 18.5 厘米

宋
嘉定五年
环龙耳三足铜鼎
1212年制
高24厘米

宋

六方铜箭壶

高 23 厘米

宋

蟠龙铜投壶

高45厘米

元
立狮铜茶炉
高28厘米

元

麒麟炉瓶铜三供

最大高度40厘米

元
松石山房 丙午孟春款
三足铜茶炉
1246年作
高14厘米

元
龙首活环耳铜瓶
高45厘米

明

麒麟狮子纹铜投壶

高51厘米我

明

错金银鸡首铜砚滴

高7.8厘米

清

乾隆（1736～1795）

造办处作掐丝珐琅麒麟香薰一对

高 23.5×2 厘米 ×2

宋

牡丹纹剔红方盘

宽34厘米

元

剔红百花盘

直径32厘米

元

剔红绶带山茶盘

直径 28 厘米

元
张成（生卒不详）造
红面剔犀盘
直径 15.5 厘米

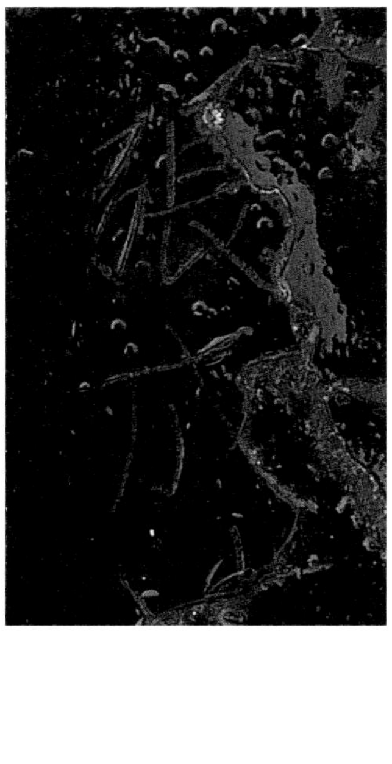

元

广寒宫图螺钿捧盒

高22厘米

元
广寒宫图螺钿抹角方盒
长34厘米

元

杨茂（生卒不详）造

红面剔犀圆盒

直径 11 厘米

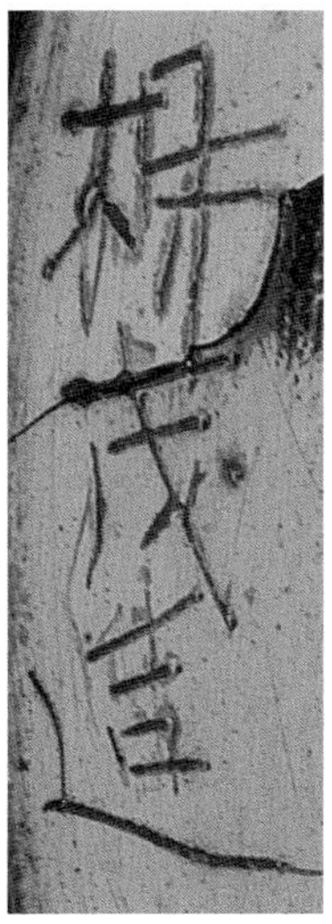

明

楼阁人物大小头螺钿柜

高46厘米

獨
蕙
風
虛
香
杳
花

明
刀马人物螺钿几
高51厘米

明
麒麟纹剔红葫芦执壶
高21.5厘米

明
人物文字剔红笔
长25厘米

明
人物龙纹剔红笔
长25.5厘米

元
黑面剔犀笔
长22厘米

明
黑面剔犀笔
长28.5厘米

明
人物剔红笔
长24.5厘米

明
梅花剔红笔
长26.5厘米

明
鹦鹉富贵剔红盘
宽38厘米

清
康熙（1662～1722）
描金西番莲匏器碗一对
直径7.3厘米

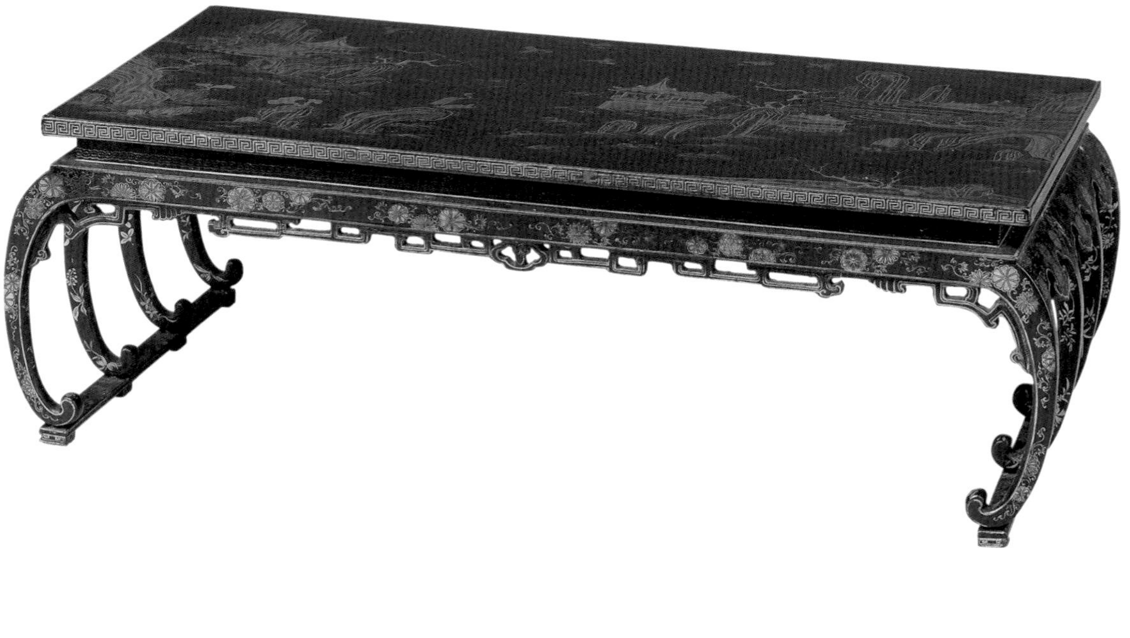

清

雍正（1723 ~ 17350）

造办处作

黑漆描金八足几

高 15.5 厘米

清

造办处作

百宝嵌漆屏

高 58 厘米

清
寿字百花剔彩抽屉柜
高38厘米

清

龙凤纹剔彩大捧盒

直径47厘米

万野美术馆旧藏

清
鹬蚌相争百花剔红幢盒
高16.5厘米

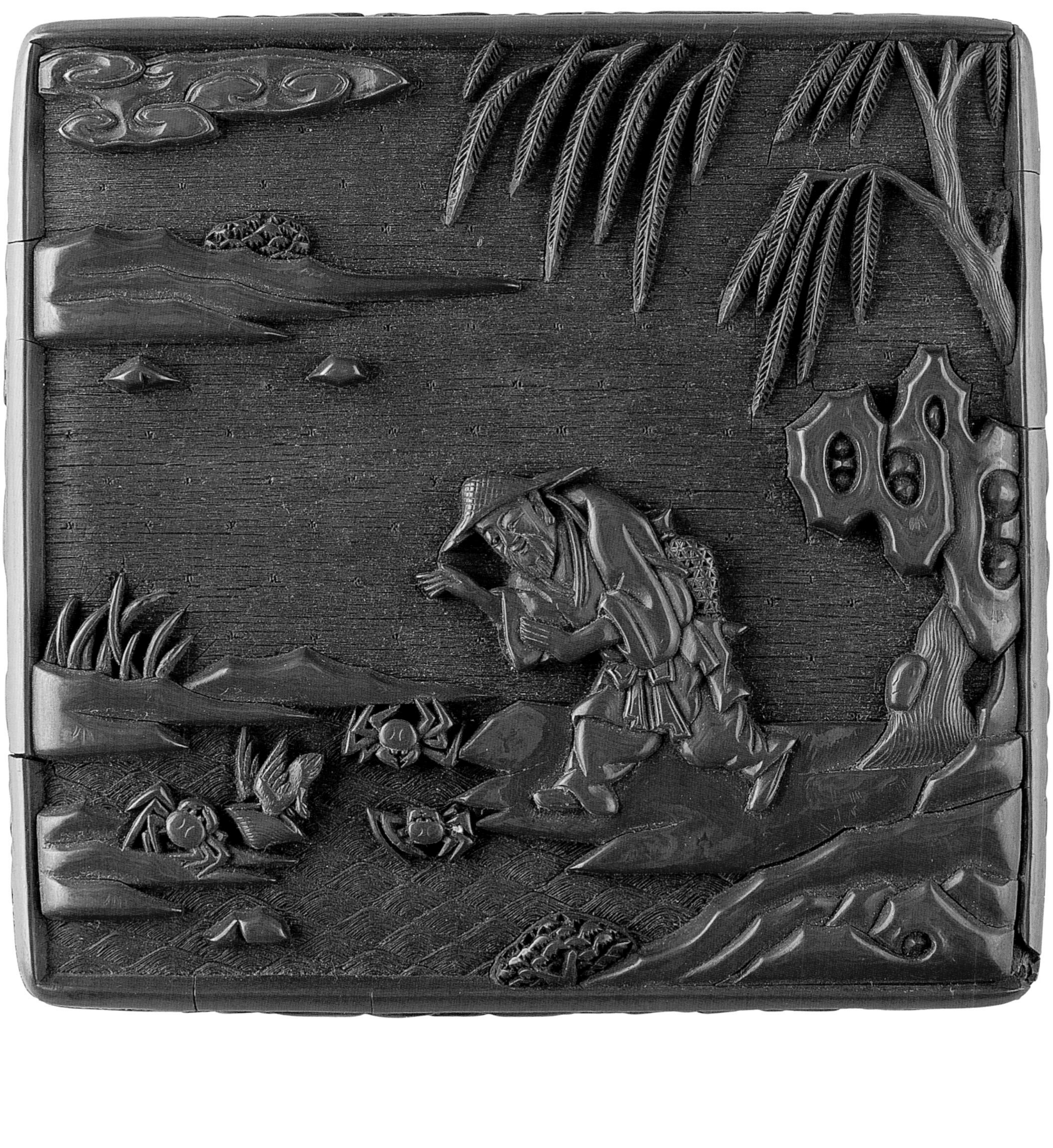

清

胡人戏狮剔红盒

直径6厘米

明

黄杨木雕树根型大几

高43.5厘米

明

黄杨木雕自在罗汉

高5厘米

明

竹雕童子吹肺

高6.5厘米

清
鹊上梅梢百宝嵌象牙笔筒
高 14.5 厘米

清
山水棋楠笔筒
高8.5厘米

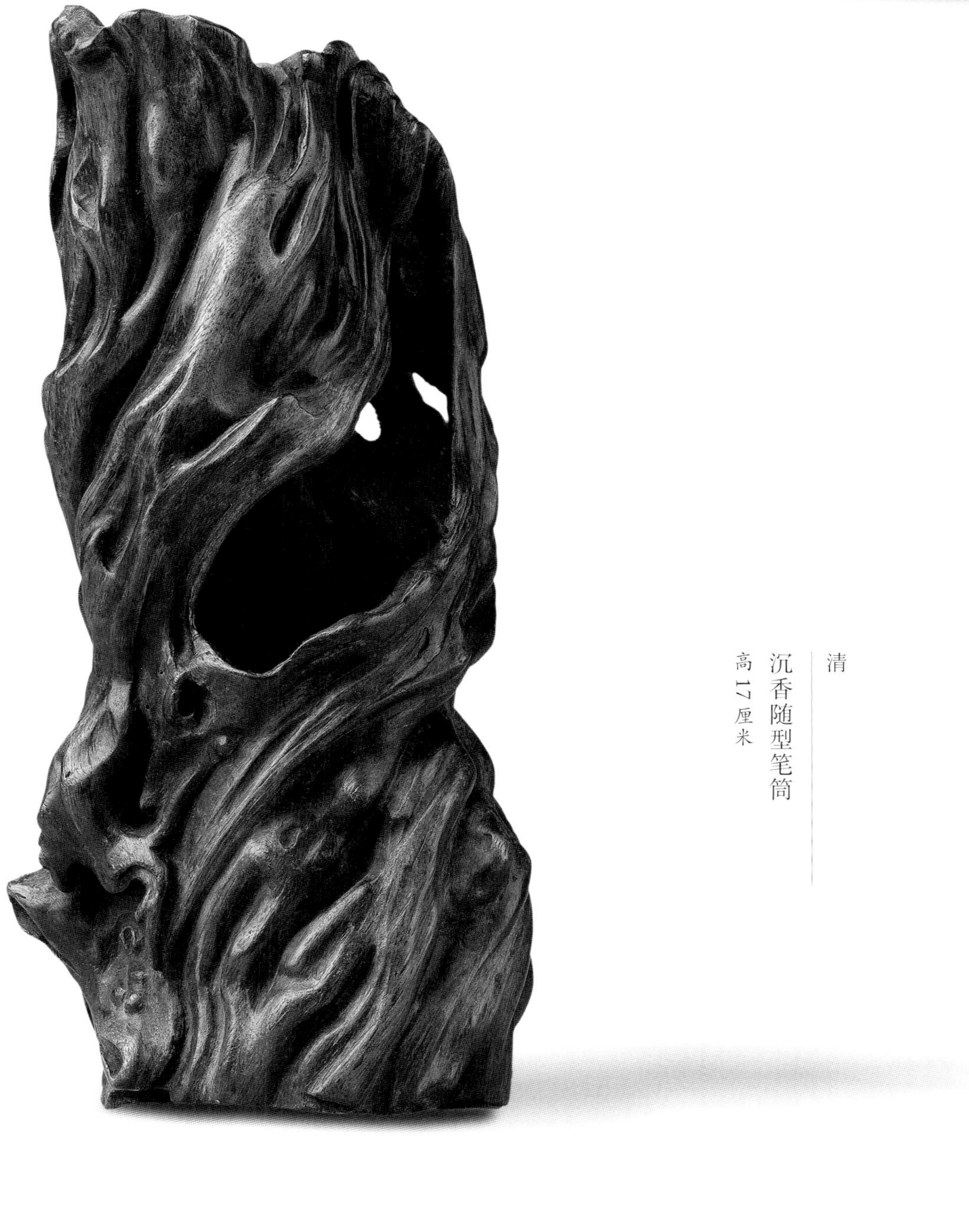

清
沉香随型笔筒
高17厘米

明
二乔共读竹雕香筒
高20厘米

明
二乔共读诗筒
高19厘米

明
烂柯图竹雕笔筒
高16厘米

明
松荫仕女竹雕笔筒
高18厘米

清

渔樵耕读剔红笔筒

高11厘米

清
造办处作
葡萄螭龙黄花梨笔筒
高16厘米

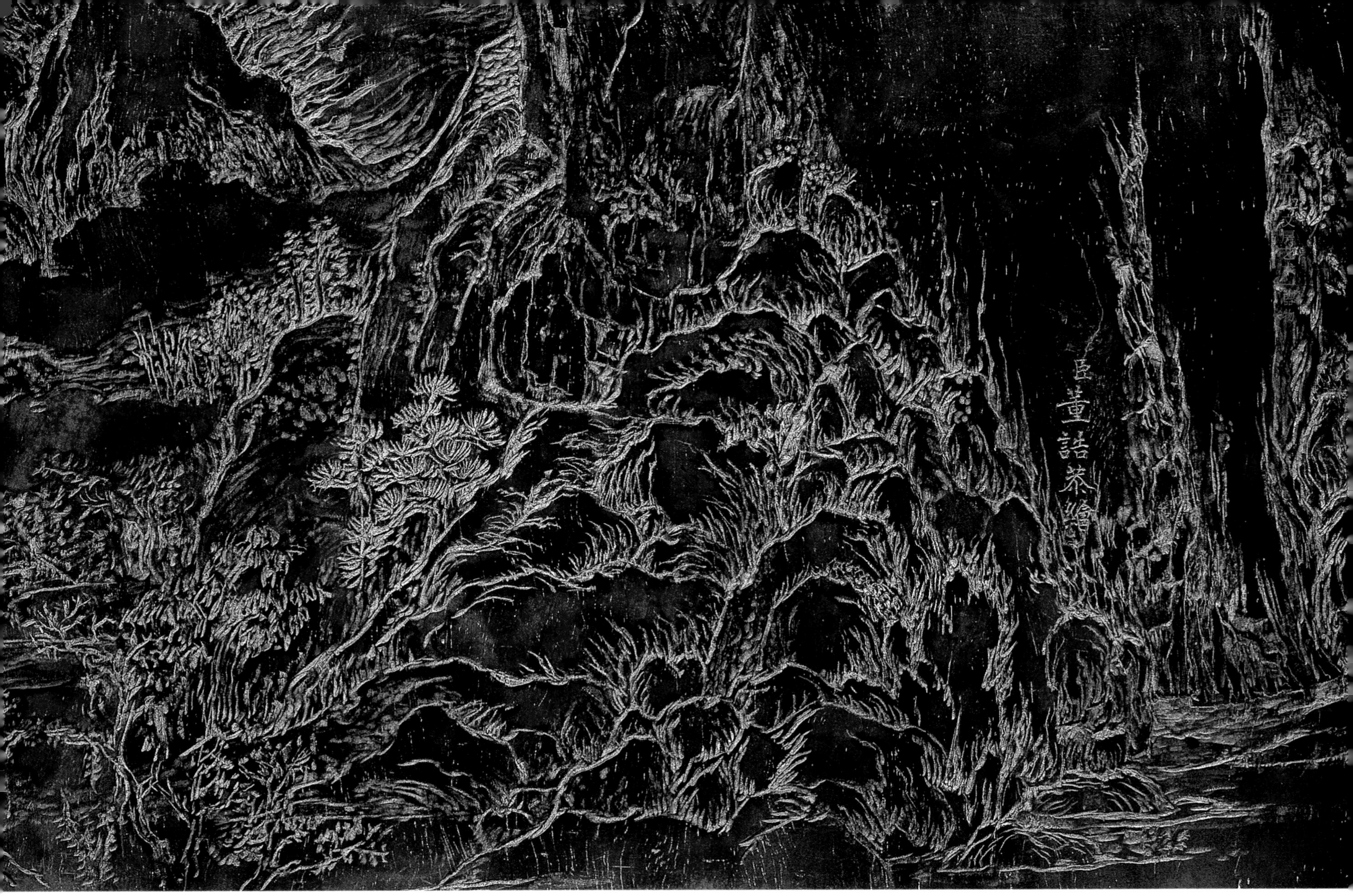
臣董誥恭繪

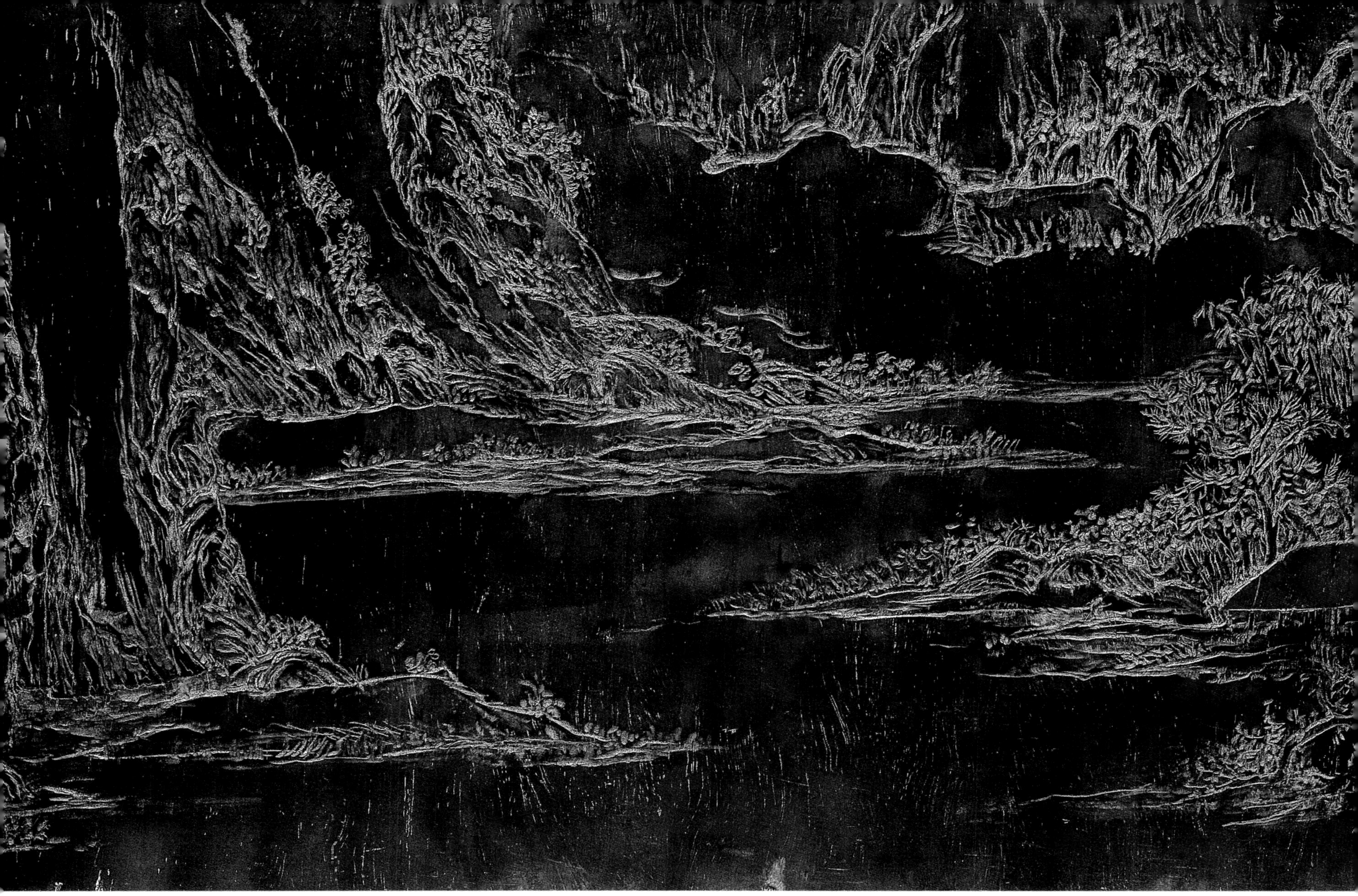

清

董诰（1740～1818）绘

山水紫檀笔筒

高15.5厘米

尋梅勿憚行老手
天與健半樹出千樓

清

金农（1687 ~ 1763）

梅花诗文紫檀笔筒

高 14 厘米

清

文姬归汉图竹雕笔筒

高16厘米

清

梁诗正（1723～1815）铭

黄花梨笔筒

高12厘米

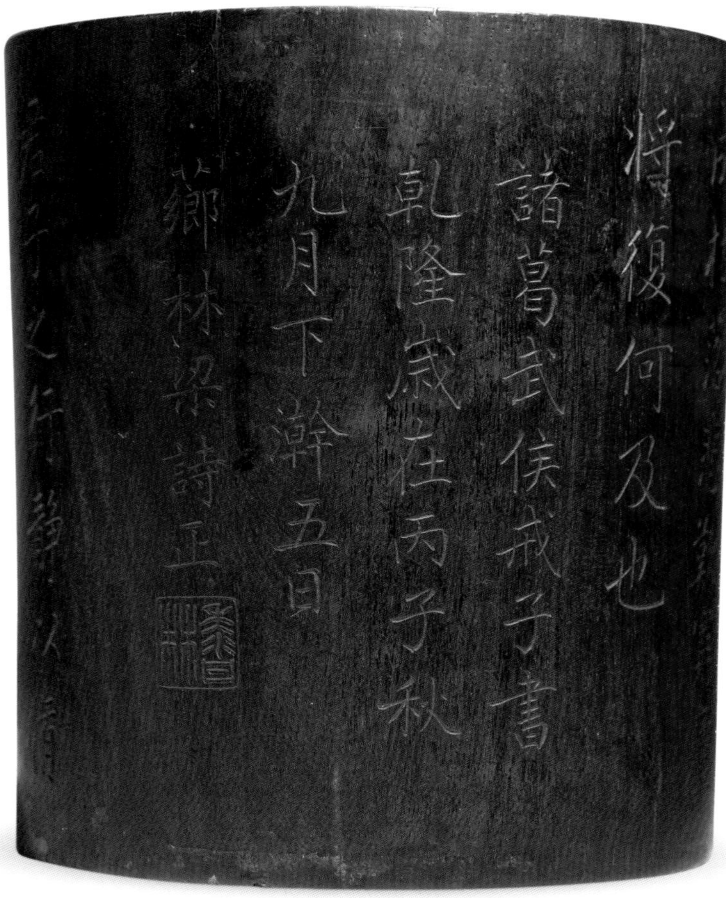

清
潘仕成（1804～1873）铭
树瘿笔筒
高 19 厘米

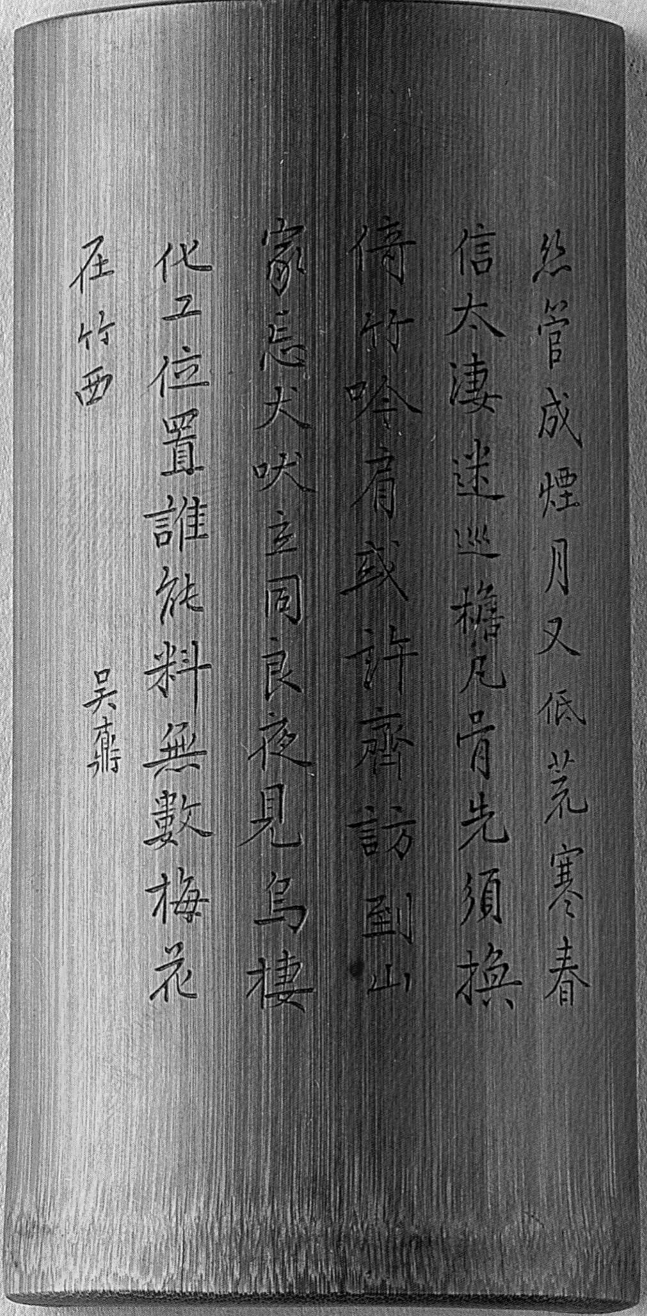

清

吴鼒（生卒不详）铭

竹臂搁

长11厘米

清
葫芦蔓代沉香瓶
高 16 厘米

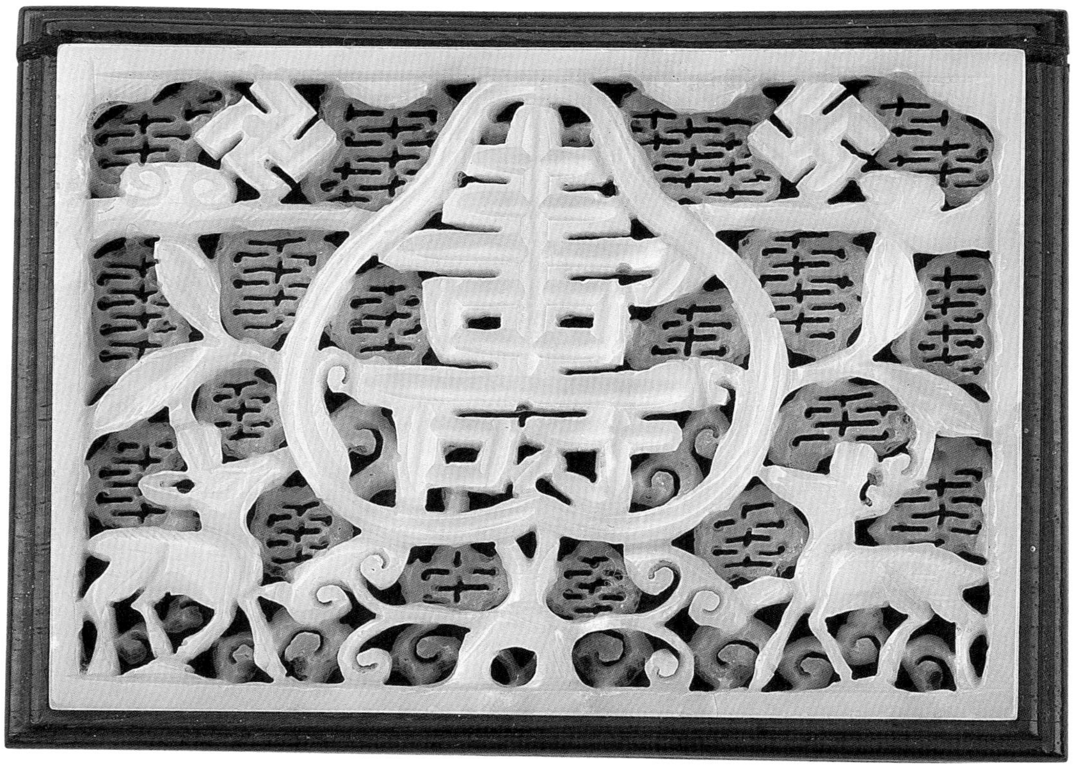

明
嵌玉带銙红木墨床
长8厘米

明
铁力木印床
长10厘米

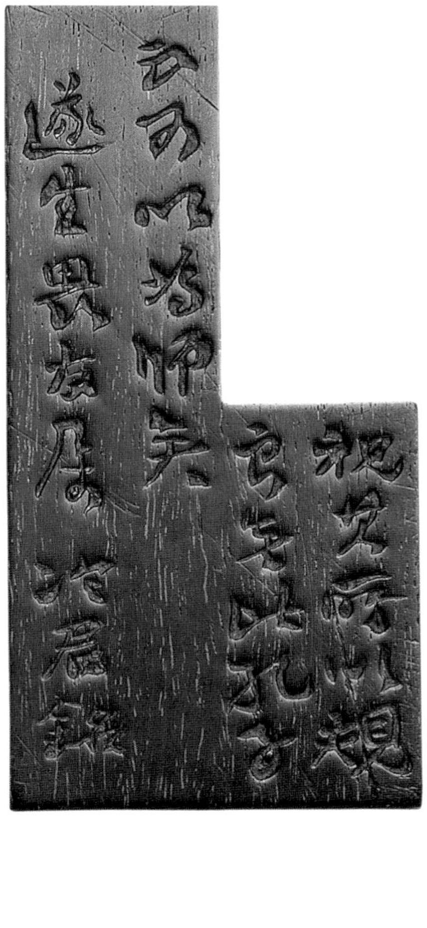

清

赵之谦（1829～1884）铭

紫檀墨床印规一套

长15.5厘米、长8.5厘米

明

饕餮纹铜茶炉

高 18.5 厘米

清

沈存周（1629～1709）铭

锡茶叶罐

高6.5厘米

清
朱石梅（生卒不详）
锡包紫砂壶
高8厘米

清

翡翠摘手白玉盖银茶壶

高 20 厘米

清
大明宣德年制
枣红铜炉
高13厘米

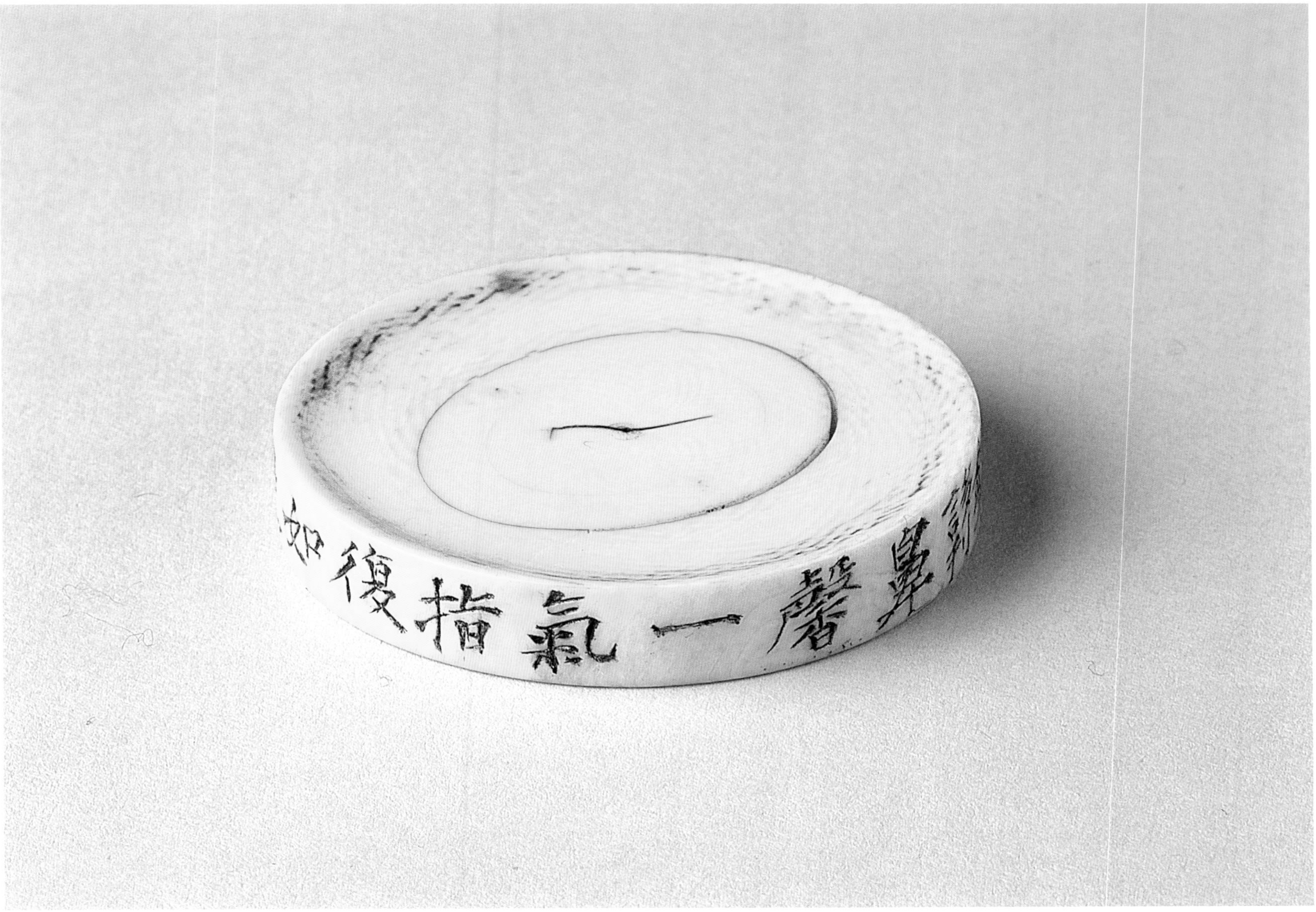

近代

吴昌硕（1844 ~ 1927）铭

王　贤（1897 ~ 1988）刻

象牙鼻烟碟

直径 5 厘米

近代
富冈铁斋（1837～1929）铭
二世藏六（1854～1932）作
锡茶叶罐
高9.5厘米

现代
严子陵钓鱼观赏石
长11厘米

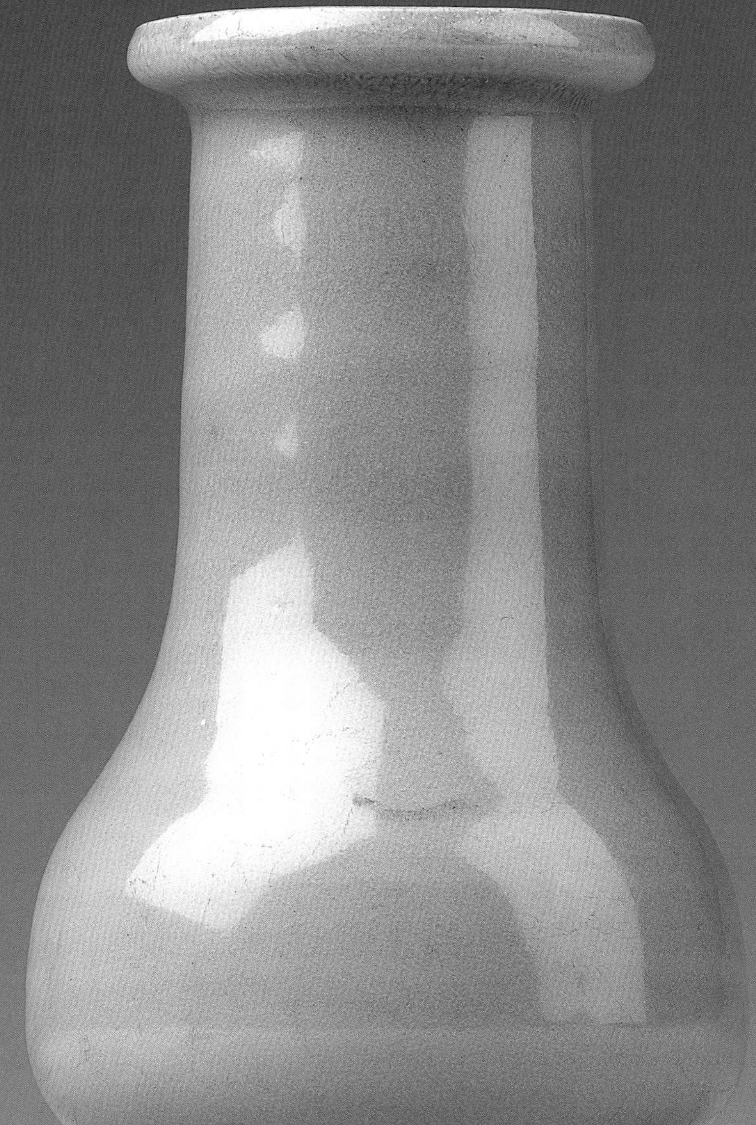

宋
青瓷盘口瓶
高19厘米

宋
定窑白瓷行炉
高12厘米

宋
青釉梅瓶连盖
高25厘米

元

龙泉窑青釉三足洗

直径 28 厘米

明

五彩麒麟纹一统瓶

高25厘米

清
大清咸丰年制
青花云鹤梅瓶
高22厘米

清
大清光绪年制
霁蓝描金赏瓶
高 44.5 厘米

清
大清光绪年制
粉彩云蝠纹赏瓶
高 39 厘米

清
大清光绪年制
茶叶末釉赏瓶
高38厘米

清
大清光绪年制
贯耳窑变瓶
高28厘米

清
大清光绪年制
青花一把青莲赏瓶
高43.5厘米

蘭室長物

历代文房艺术

专论

Refined Ancient
Stationary
in Scholar's Study

文房

文人的精神家园

韩回之

中国篆刻艺术院特聘讲师
西泠印社社员
韩天衡美术馆艺术总监

何为文人？文人，并非仅指会写文章的人，一般泛指读书人，讲的严格点是指在人文方面有建树的人物，是从事哲学、文学、艺术以及一些具有人文情怀且有思想的社会科学的人。

自隋唐时期科举制度的出现，『万般皆下品，惟有读书高』的读书人自发蒙、童生、生员、秀才、供身、层层晋级进士一路而上。科举，这一中国特有的考试形式，彻底打破血缘世袭关系和世族的垄断，使得部分社会中下层有能力的读书人进入社会上层，获得施展才能的机会。无论出身寒窗还是望族之后，在追求仕途的道路上都站在了同一个起跑线。古语曰『朝为田舍郎，暮登天子堂』，也道出了古人对于科举制度改变人生的美好向往。

伴随科举制度形成的官员选拔形式，在读书人里涌现了特殊的一个阶级群体——『士大夫』。他们既是国家政治的直接参与者，同时又是中国文化艺术的传承者、创造者。建国以后，很长一段时期，人们对『士大夫』存在误解，将其视为腐朽且具有垄断性质的知识分子阶级。但经过近几年的研究，『士大夫』其实是以中高级知识分子为主体的重要社会阶层，这个主体不管是过去还是现在，对整个社会都具有不可或缺的推动性。

中国的文人好文擅艺，然其审美情趣，当以宋代为勃发的源头。大量的史实证明，彼时的『士大夫』们在公务之暇多寄情于琴、棋、书、画、艺术，其场所即为之特辟的书房。赵希鹄著《洞天清禄集》有云：『明窗净几，罗列布置；篆香居中，佳客玉立相映。时取古人妙迹以观，鸟篆蜗书，奇峰远水，摩挲钟鼎，亲见周商。端研涌岩泉，焦桐鸣玉佩，不知身居人世，所谓受用清福，孰有逾此者乎？是境也，阆苑瑶池未必是过。』描写了理想化的书房环境。明人文震亨将文人生活中用以自乐的雅室景象如此描绘：『小室内几榻俱不宜多置，但取古制狭边书几一，置于中，上设笔砚、香盒、薰炉之属，俱小而雅。别设石小几一，以置茗瓯茶具；小榻一，以供偃卧趺坐，不必挂画；或置古奇石，或以小佛橱供鎏金小佛于上，亦可。』此皆谓之书房，或称之为书斋。

文房，读书写字赏艺之地也，其间不乏古今雅玩器物，古人统称为『骨董』，即今日所谓之『古董』。明代晚期，董其昌著有《骨董十三说》一书，定义『骨董』为：『杂古器物不类者为类，名骨董。玩礼乐之器可以进德，玩墨迹旧刻可以精艺，居今之士可与古人相见在此也。助我进德成艺，垂之永久，动后人欣慕在此也。』简言之：项杂而贵重，又讨人喜欢者曰『骨董』。在上海方言中，早前并没有『收藏』之说，谦称其为『白相（翫）』。然，何谓『收藏』？『收』与『藏』是由一生二的大概念。『收』是动词，指器物转换为我所得；『藏』非束之高阁，而是考据，是其价值，是其溯源，是其文化含义，是其制作背景，是研究之后将知识延续，此为『藏』。今日收进，明天卖出，则是『投资』的另一概念。

古代文人书房中除了赏玩摆放的大器物以外，最为实用的是笔墨纸砚所谓『文房四宝』。在很多人的概念中，说到文房就是四宝，那就以偏概全，知一忘百了。除了历史上比较耳熟能详的安徽宣城诸葛笔、李廷珪墨、澄心堂纸、婺源龙尾砚等。纸、墨、笔都是属于日常消耗品，至今保留未使用的完整器少之又少。

墨在古代除了日常使用之外，文人还会用它来制作礼品用以臣子对帝王的进呈，文人之间互相馈赠。风雅的交往伴手礼。以清吴大徵制龙节墨为例。吴大徵以自己收藏的楚错金铭文龙节为模版，制作了同样造型的龙节墨。用以恭送同好。既现实了对此器物的珍爱又与同好现宝。赠同款墨以示得意之情，表现的恰到好处，雅贿而不浮夸。

笔，古有『退笔三千』之说。旧时，尤其是唐宋元时期毛笔非一次性消耗品，笔头是可拆卸的，颓萎而换之，笔杆作为可长期保留使用之物，就生出了很多讲究。从材质的奢华上看，有翡翠、白玉、象牙、雕漆等等。尤其宋元时流行木胎笔杆，其上以髹漆彩绘、剔犀、雕漆、嵌螺钿等装饰手法，笔杆材质相对较轻，更符合把握使用。实用而更求美观精致，所谓『笔墨精良，人生一乐』。

砚，不易损坏，流传至今是最多的文房。但也是俗物最多的遗存。然而出人头地的文人对砚台的追求乐此不疲。往往择良石佳材，再聘名工大匠精雕细琢。选上等好木材，或紫檀、或花梨、或乌木，整挖拼嵌以为匣，上嵌珠玉金石，以显文心玲珑；再于砚上、盒上题跋以抒怀明志，行、楷、章、草、篆、隶各具风骚，无论繁复还是简洁都是各有乐趣。一件顽石璞玉的文具经文人苦旨经营便成为珍贵且有文化含量的佳宝。如这件清大西洞包袱砚，原配红木匣，为常熟沈石友旧藏，上有近代金石巨匠吴昌硕题跋，入载《沈氏砚林》。后流落东瀛近百年，为现藏家多年寻觅购回，为世所重。

纸、墨之用也是讲究多多，限于篇幅，则不赘述了。

屠隆《考槃余事》中记载了具有代表性的四十五种文房器玩。笔格、砚山、笔床、笔屏、笔筒、笔船、笔洗、笔觇、水中丞、水注、砚匣、墨匣、印章、书匣、印色池、糊斗、蜡斗、镇纸、压尺、秘阁、贝光、叆叇、裁刀、、剪刀、途利、书灯、香橼盘、布泉、钩、箫、麈、如意、禅灯、诗筒葵笺、韵牌、五岳图、花尊、钟、磬、数珠、钵、番经、镜、轩辕镜、剑。其实文具之数又何止这些。

砚屏，置桌案之上于砚端以障风尘之屏。也有说法是因为晚间油灯、烛光照在砚台上，砚台里的墨水会有折射光耀眼用砚屏以避之。传砚屏始于宋代苏东坡、黄庭坚二人。宋 赵希鹄《洞天清禄集》：『古无砚屏……自东坡、山谷始作。』此件近代微雕大师于硕（啸轩）制作的砚屏，于三寸的象牙板上刻严子陵富春垂钓图和严子陵钓鱼台赋。1873年于啸轩生于江苏省江都县塘头乡。1915年，42岁的于啸轩拿着他的两件作品，参加了日本大正博览会和美国的巴拿马太平洋国际博览会，两件作品都获得了金质奖章。作品刀刀传神，不但贵在小，且贵在精妙，其字微如蚁足，在放大后却结体扎实，具有苏东坡书法的韵味，鬼斧神工，形神兼备古今无匹，叹为观止。

如意，原是梵语『阿那律』的意译。脊背骚痒，搔之不及，用此器挠痒，可如人意，因而得名。自战汉时期引入中华，在魏晋时广为流传并逐渐发展成了文人所持风雅谈具，至明清时更是转化成附有吉祥含义的陈设器。玉石、翡翠、竹木、漆器各种材质皆有，其上饰以吉祥纹饰。古人云：器必有文，文必有意，意必吉祥。如意，早已摆脱了原本的意义，从器型、材质到装饰美轮美奂，无一例外的表现了这个吉祥的主题。

中国文房之道，当数以实用性与仪式感并重的自娱为最高境界。其意趣深邃，涉及艺事层面广袤，范围可广至园林室庐的营造、花木水石的栽植，舟车衣饰的乘服。用赏类则以文房用品笔、墨、纸、砚等四器为主体，进而游艺于鼓琴、焚香、奕棋、试茶、临帖、观画、刻竹、饲鹤等文人热衷的生活雅趣及艺事所必备的用具。文人崇尚自然，是由文房中的百般精致雅逸的陈设，追逐模拟创造着理想中的自然。在自然生态中，瘦梅病柳、石之皱瘦漏透、冬日养虫啼鸣，园中饲鹤相嬉，同样是文人之爱，情怀之寄。

苏东坡曾在怪石供中说道『凡物之丑好，生于相形，吾未知其果安在也。使世间石皆若此，则今之凡石复为怪，矣。海外有形语之国，口不能言，而相喻以形；其以形语也，捷于口；使吾为之，不已难乎？故夫天机之动，忽焉而成，而人真以为巧也。』虽然，自禹以来怪之矣。明大画家吴彬题《瑞兽》供石就是此思维指导下的产物。其石产自安徽灵璧，外型似长颈鹿。古人称长颈鹿为麒麟。吴彬是明代著名的人物画家，其作品多以神怪佛教题材为主。此石似麒麟必深为吴彬所爱，赏玩之余，题刻铭文于器上。后又入藏于明云间林有麟处。林氏为著名藏石家，曾编著中国最早的赏石图谱《素园石谱》，林复题刻其上。

投壶器具，从先秦延续至清末，是中国传统射礼的一个延续，也是宫廷宴饮游戏之一。六艺中的射礼是需要一定的空间的，但由于庭院不够宽阔，不足以张侯置鹄；或者由于宾客众多，不足以备弓比耦；或者有的宾客的确不会射箭，故而以投壶代替弯弓，以乐嘉宾，以习礼仪。宋吕大临在《礼记传》中云：『投壶，射之细也。燕饮有射以乐宾，以习容而讲艺也《礼记•投壶》说：『投壶者，主人与客燕饮讲论才艺之礼也。』《左传》曾记载过晋昭公大宴诸国君主，举行投壶之戏的事。此册所载投壶为铜质，作六方瓶，有贯耳，器物满布底文，有一蟠龙居于上，矫健有力，为宋代典型器。与『宣宗行乐图』中使用铜壶同款。

范制匏器是文人之爱。从小就给葫芦套上磨具，古代用瓦，近代用石膏，在葫芦长大的过程中，让模具的反纹印在葫芦表面，称之为坐范。范制匏器起源于明代，至清代颇受皇家重视，康熙帝玄烨曾于瀛台的丰泽园内种大量种植葫芦，并设专人管理，然百石一出，正品稀罕。在宫廷的督造下，生产出诸多清朗典雅的模制匏器，其制作工艺精巧，产品种类纷繁，领导标新，风神别具。在彼时，是远精贵于官窑器的奇品。

文房四宝仅仅是个大概念，四宝也只是一个虚数词，除了笔墨纸砚，文人所有的爱好与制作都可以归为文房。文人用器就如同文人的情感一样具有多元性，开拓性。它们材质多样，工艺繁复，形式多变。从中可以玩味古代文人多彩丰富，不一而是的审美情趣，乃至文心与匠艺结合所产生的匪夷所思的艺品妙构。

本次展览，以文人士大夫的情怀为主导，重现古代文人那窗明几净，满目玲琅的空间。同时体现的是美而绚丽、千古不朽的文房实物！

文房中的书画

徐建融
上海大学美术学院教授
上海文史馆馆员
辞海美术卷主编

书画，是历代文房具中的重要内容。《红楼梦》中曾说：『若大景致，若干台榭，无字标题，任是花柳山水，也断不能生色。』一所文房中，置以种种文具，当然也以书画最能提醒它的精神。所以，『兰室长物——历代文房具大展』中，600余件展品，林林总总，琳琅满目，尤以书画占了重头，也就属题中应有之义。

我们今天自觉到『坚定文化自信』在振兴中华、文化强国中的意义，首先需要明确中西文化的差异，才能保证『坚定文化自信』的方向。从大的方面讲，中国传统优秀文化五千年持续不断地发展，在于它强调『和而不同』、『吐故纳新』的『周虽旧邦，其命维新』；而西方文化注重的则是『物竞天择，适者生存』的『弱肉强食』。从具体的方面讲，中国文化渊薮于与日常生活一体化的『文房』，而西方文化则立足于与日常生活相隔离的『工作室』。

在传统文化中，作坊、店铺、书斋、画室等等，都是与日常生活的起居不可分割的，工作与生活一体化，甚至饭桌就是画桌。在西方文化中，工厂、商场、实验室、研究所等等，都是与日常生活的起居相分隔的。八小时之内是工作的状态，八小时之外回到家则是生活的状态。

这两种不同的『工作——生活』方式，造就了西方自然科学的强大，人文科学的规范化、体系化；导致了中国自然科学的落后，人文科学的『不规范』、『无体系』。相比于黑格尔、康德的著述，韩愈、苏轼、顾炎武的著述完全不符合『学术规范』，但有谁能否认它们重大的学术价值？二者的不同，固然由多方面的原因所导致，但一个显而易见的分别，正在于前者是在与日常生活相隔离的『工作室』中做出来的，带有课题公关性质的成果；而后者，则在于是在日常生活的『文房』中有感而发的体悟，而且，这个『文房』，不仅包括了居家的书斋，也包括了外出的舟车、旅舍。

近代以降，中国的自然科学引进了西方的『工作室』制度，促进了科学的大规模、高速度发展，这无疑是值得肯定的；近年来，中国的文化艺术也引进了西方的『工作室』形式，取得了一批课题攻关的成果，这同样值得肯定。但因此而荒废了传统的『文房』形式，却不免使文化自信沦于釜底抽薪的『去中国化』。正是在这一立场上，『兰室长物』展的推出，对于我们从最基础的方面落实文化自信的坚定不移，有它不容低估的重要意义。

兰室，专指芳香高雅的居室。但它其实并非雕梁画栋的华堂，而是如刘禹锡所说的『陋室』。虽然简陋，但因为室有长物，所以又『何陋之有』？而所谓长物，也不指贵重之物，而是指人所不取的剩余之物。人所不取，是因为它们的『无用』、『无益』。但古代的文人士大夫们却对之情有独钟，认为『若复不为无益之事，安能悦有涯之生』？并对之投入了身与物化的精力，借以变化气质，涵养性灵，坚守文脉的心香。

无疑，今天再也没有人视这些兰室中的长物为无益、无用而不取了。但如果不是从文房的立场来认识它们的价值，不仅不可能真正领略到它们的价值，更可能把它们的价值误导到相反的方面去。正因为此，这个展览不同于一般的书画展、文具展等等，它提醒我们，不能仅仅就物而物地认识它们，更需要就物而室地来认识它们。

唐宋的文房，我们不得而见了；明清人的文房，虽尚有遗存，但面目早已不复当时；但前辈学人的文房，我们这一代的人曾经还是有所出入的。宽敞的，20平米左右，狭隘的，简直乌有，不过起造于印石之上而已。相比于今人的画室、工作室，从硬件而言，简陋之甚矣；但从软件而论，『何陋之有』？反是我们的画室，简陋之甚矣。这个软件，就是长物的风雅包括长物所涵养的主人友朋的性灵。

这里专谈书画。美术馆、博物馆中的书画，是保管在仓库里的，是陈列在橱窗里的，可望而不可即。而文房中的书画，则是随时供主人和朋友摩挲玩赏的，有时还在其上作题跋考订。这两种不同的鉴赏方式，对观者所起『坚定文化自信』的作用迥然不同；而作品本身的价值，也因此而获得生生不息的提升。

『兰室长物』展中的书画展品，数量不过近百件，内容上却涵盖了近乎半部书画史。

金石上的文字、图像拓片，由西周『毛公鼎』全形拓、『许惠鼎』全形拓、秦『琅琊台刻石』旧拓、汉『祀三公山碑』旧拓、晋王羲之『孝女曹娥碑』明拓、北魏『曹望憘造像』墨拓、『王基半截碑』初拓、『李璧墓志』清拓、南朝『爨龙颜碑』清拓、唐李阳冰『怡台铭』清拓、李阳冰『城隍庙记』旧拓、颜真卿『大唐中兴颂』旧拓、『昭陵六骏』全形拓，到韩天衡『赤壁砚铭』墨拓，雄深雅健，默如雷霆中，如有大风飞扬。尤其是大多拓本上，都散散落落地分布了历代名家的题跋和鉴藏的钤印，不仅印证了它们的流传有绪，更使我们仿佛置身先辈们当年的文房，体会到他们奇文共赏、疑义相析的风雅。如『琅琊台刻石』上，胡澍、沈树镛、魏锡曾、赵之谦、叶恭绰所留下的印记；『曹望憘造像』上陈介祺、褚德彝所留下的题记，无不为『周虽旧邦』，注入了『其命维新』。文房，因长物而有精神；长物，因文房而有生气，由此可以看得再也清楚不过。

绢纸上的书画作品，由唐人的小楷《灌顶经》、南宋马麟的《松溪泊舟图》、明文徵明的《进春朝贺卷》、《千字文册》、张瑞图的『一丘、为圃』四言联、吴彬的《汉钟离》、《阮修像》、董其昌的《山水图》、黄道周的《恭读思诏有作诗》、丁云鹏的《太平有象图》、明末清初的《名人信札尺牍册》、清傅山的《五言诗》、金农的《古颂》、《鹤赋》、闵贞的《刘海戏金蟾图》、李复堂的《芦汀双鹭图》、伊秉绶的《行书诗》、刘墉的《诗稿册》、何绍基的『揽卷、援毫』五言联、赵之谦的『及时、今年』七言联、『金台、银汉』七言联、『五言诗』、虚谷的《松鼠图》、徐三庚的『王子渊圣主得贤臣颂四屏』、陈鸿寿的『吕坤呻吟语·修身』、『苏轼望云楼诗』、奚冈的『花巢』横披、任伯年的『锦鸡图团扇』、黄士陵的『博古图』，到近现代吴昌硕、齐白石、高剑父、黄宾虹、吴湖帆、于右任、潘天寿、徐悲鸿、刘海粟、白蕉、于非闇、陈之佛、谢稚柳、陆俨少、马晋、陆抑非、唐云、黄胄、程十发、陈佩秋的精品佳作，论形制，手卷、册页、立轴、横披、条屏、对联，无所不有；论书体，真、草、篆、隶，无所不备；论题材，山水、人物、花鸟、走兽，包罗万象；论形式，水墨、丹青、工致、粗放，流派纷陈。其中，尤以一件清代佚名的『清供花篮图』横卷，系叶恭绰的旧藏，工笔重彩，直追宋人李嵩的『花篮图』，刻画细腻，无毫发遗恨，而穷神极态，泄造化之秘。齐白石的『草虫图』，施于粗砺的麻布上，而叶脉、虫翅的处理，竟一丝不苟，细入微茫，如于花岗岩上作和田玉雕。潘天寿的『虬龙图』，则一味霸悍，顶天拔地，有『登峰造极』的险峻奇崛，魄力惊人。至于不少作品上的题跋印记，更留下了它们作为『兰室长物』的传承文脉。

回过头来读刘禹锡的《陋室铭》。在他的这篇短文中，并没有提到书画，而只是涉及了两件长物：素琴和金经。是不是当时的文房不重书画呢？我们认为并不是的。早在南朝，宗炳便在《画山水序》中讲到画图于室以作卧游的事实，说是『拂觞鸣琴，披图幽对』，『余复何为哉？畅神而已』。而到了文事郁郁乎盛的赵宋，『点茶、挂画、燃香、插花』更合称『四艺』，被明确作为文房风雅的标志，历元、明、清直至近代而不衰。只是近三十年间，如习近平总书记2014年在文艺座谈会上的讲话中所指出：有些人『以洋为尊』、『以洋为美』、『唯洋是从』，『跟在别人后面亦步亦趋、东施效颦，热衷于“去思想化”、“去价值化”、“去中国化”、“去主流化”那一套』，迷失了中华优秀传统文化的方向，书画、包括其他相关物具才疏离了与文房的风雅。则通过『兰室长物』展，正有助于我们厘清书画与文房『相倚为命』的关系，从根本上坚定我们实现传统创造性转化和创新性发展的文化自信。

文房，是书画安身立命的根本。书画，是文房斯文不丧的精灵。孔子曰：『天之将丧斯文也，文不在兹；天之未丧斯文也，其奈我何？』

雕饰之美
兰室长物漆器撷英

包燕丽
上海博物馆工艺研究部
主任研究馆员
中国文物学会漆器珐琅器专业委员会
副会长

中国是漆器的发源地，最早的实物发现于距今7——8千年的浙江河姆渡遗址和跨湖桥遗址等处。战国至秦汉，是漆器史上的第一个辉煌时期，各种生活用品、礼仪用品、丧葬用品等应有尽有。此时漆器主要采用彩绘工艺，也有雕刻、镶嵌、针划等等。经过三国两晋南北朝一直到隋唐时期的缓慢调整和发展，漆器工艺逐步向艺术品发展，宋元时期雕漆、嵌螺钿、戗金等工艺已经相当成熟，明清时期漆器制作呈现出千文万华的繁荣局面，迎来了又一个高峰。由于此时漆器制作数量大、品种多，留存至今的漆器大多是这一时期的产物。此外，中国周边的日本、朝鲜、琉球等地都生产漆器，历史上又时常相互交流，互为影响，现存雕漆和螺钿实物中也不乏邻邦珍品。

新春伊始，韩天衡美术馆《兰室长物》大展隆重登场，漆器也是其重要的展示内容，共展出剔红、剔犀、嵌螺钿等器物30余件，品种丰富，雕饰精湛，有些展品很值得观赏和研究。

雕漆就是在器胎上层层髹漆，至数十层或上百层，再用刀雕出纹饰，按所髹漆色的不同又可分为剔红、剔黄、剔黑、剔彩、剔犀等，为传世品之大宗。剔红是雕漆的一种，宋代多有制作，元末明初达到高峰。明代永乐、宣德时期的器物堆漆肥厚，雕工圆熟，纹饰繁密，漆色深沉。嘉靖及以后的器物刀不藏锋，棱角鲜明，并出现了很多新造型。万历以后刀法变得拘谨。清代乾隆时大为盛行，运刀如运笔，不加打磨，雕琢更趋繁琐，色泽鲜艳，器物向大件发展。清代后期雕工粗糙，纹饰呆板。

『元剔红花卉纹大盘』，直径32厘米，高3厘米。这是一件难得的双层漆雕作品，黄漆地上髹朱漆加以雕刻。上层雕茶花，下层雕海棠，盘外壁雕香草纹。这种花叠花的圆盘，在北京故宫的藏品中，也能找到实例，『元剔红双层茶花海棠纹圆盘』（《元明漆器》图15），就是采用这两种花卉作为装饰，只是她的叠压关系正好相反，海棠在上，茶花在下，并且用红色与紫色来区分两种花卉。从此盘破裂处可窥见其内部构造：木胎，外面裹麻布，批漆灰，再上漆。制作十分考究。

『明剔红葫芦形执壶』，高21厘米，宽19厘米，金属胎，壶身呈葫芦形。雕漆中的葫芦形执壶较为稀少，笔者仅在洛杉矶郡立博物馆见到过一件明代晚期的剔黑执壶，另外北京故宫发表过一件明晚期剔犀葫芦形执壶（《元明漆器》图202）。此件剔红执壶上部雕花卉纹，边缘用回纹及莲纹间隔，下部开光内雕麒麟纹，开光外雕花卉纹。壶流及把手部位雕花卉纹及回纹，圈足部位雕两圈相对的仰覆莲纹。此壶造型独特，花纹繁多，有些花草与传统漆器上的纹饰很不相同，弥漫着一股乡野之气，且剔刻风格犀利，未经打磨，应该是明代中晚期一件传说中的云南雕漆。虽然现今能判别的『云雕』器物尚有一些，但大多为盘、碗、盒之类，这样的剔红执壶实属罕见。

剔犀是雕漆的一种，制作方法是用两种以上的色漆逐层堆髹，然后用刀剔刻出有规律的几何或花卉图案。无论从考古出土还是传世的实物来看，剔犀器在宋代就已相当流行。其外观可分朱面、黑面或紫面等，间以它色，纹饰则以香草纹、云纹、回纹、剑环纹等最为常见。

『元杨茂款朱面剔犀盒』，直径11厘米，高3.8厘米。盒平顶，直壁，盒内及底均髹黑漆。盖面雕云纹，从斜刀口看，底层至顶层，有黄、黑、红、黑、黄、黑、红……色漆间隔共达18层，制作非常精美。尽管底足边上『杨茂造』针划款不一定可靠，但是元末明初特点明显，不失为一件珍品。这种三种间色的剔犀器物十分罕见，国内博物馆未见有发表实物。笔者仅在大英博物馆库房看见过一件相似的圆盒，但盒盖雕香草纹，色漆层达26层，从漆质分析，可能是日本后来仿宋元之作。

『明黑面剔犀长方盒』，盖面雕云纹12朵，盖顶为两组相对云纹，黑面间朱漆，雕刻规整，布局端庄而大气。这样大朵的云纹装饰在晚期的剔犀器中找不到实例，而且盖顶周边一圈8朵云纹都是盖连边设计，其年代至少可以上推至元末明初。当然，盒子的金属搭扣应该是后配的。

螺钿工艺历史悠久，早在商周时期，古人就已采用蛤、蚌之壳来装饰漆器。后世的『软螺钿』工艺成熟于宋元之际，因其螺片细薄，做工精巧别致，很快成为螺钿生产的主流。其做法为：先将螺壳浸软，打磨成薄片，根据自然色分类并切割成不同规格的备用料，然后在完工的木器上，用刀挖铲出花纹轮廓，再用生漆调面糊，涂在需要嵌饰的部位及螺钿的背面，嵌入螺钿，使之与漆面持平，再罩透明漆加蜡刮平，使螺钿与木器之间不留下任何缝隙。明清时期螺钿工艺空前发展，达到了高峰。此时的特点为：嵌饰饱满，精细华贵，螺钿色彩格外美妙，当时可能采用鲍贝壳作为螺钿的材料，并多加金银片屑，具有青、黄、蓝、赤、白等五色，在乌黑的漆地上，精刻细磨的螺钿薄片如繁星般闪烁，绚丽夺目。

『元黑漆嵌螺钿广寒宫图捧盒』，直径21厘米，高14厘米，是一件早期螺钿漆器。盒盖装饰广寒宫图案，盖的左上方为广寒宫，刻有『广寒清虚之宫』字样，右边为桂花树。中间主体是各种人物，表现了唐玄宗在吕道士的引导下夜游月宫，嫦娥出宫接驾并以仙乐相迎的情景。人物用整片雕刻过的钿片镶嵌而成，除3位主角外，另有乐手11位，侍从3位，按照身份，服饰、神态各有不同。下面的牌楼上刻着『丹桂坊』3字，左边是月兔在捣药。盒边开光内装饰人物故事图案，开光外嵌团花纹锦地图案。器物周边用金属丝缘边，以加固胎体，这与史书记载的螺钿制法完全吻合。

元代螺钿漆器除元大都遗址出土过一片『广寒宫』盘残片以外，国内博物馆藏品中非常稀少，目前公家博物馆仅北京故宫发表过2件，浙江省博有1件陈列，其余均流散于海外。

展览中还有一组剔犀、剔红笔，制作精良，也很值得观赏，为研究漆器文具提供了重要的实物资料。

传统中国文房雅玩在日本

邹涛

中国篆刻艺术院研究员
《中国书法》杂志编委
旅日艺术家

2007年夏日本东京的槙社文会举办了已故日本著名书法家青山杉雨先生的旧藏《叒斋爱玩文具》展，其中展出了宋元明清历代各式砚台就达109方，各式宫廷笺纸27种，乾隆御墨及明墨4挺，田黄印材、摆件15方，其他田白、白芙蓉、鸡血石等名贵印材108方（组），其他还有曼生壶、子冶壶，各种明清竹木雕等笔筒，水滴、水丞、笔洗、砚屏、镇纸、笔搁、笔架山、墨床、印泥盒、雅石、花插等等，此展考虑到场地的局限，只是选出了青山先生旧藏的一小部分，但已经可以说数量颇多，关键是质量一流。比如砚台中，就有《沈氏砚林》吴昌硕铭文佳砚数种，乾隆御铭明代端溪老坑龙凤砚，黄莘田铭明代端溪云月砚等，即便是国内私人藏家，收藏有如此质量的也为数不多。笔者曾应邀参与编辑，大开眼界。

记得1991年刚到日本不久，应著名书法家谷村憙斋先生的邀请，前往东京谷村家拜访，三楼的工作室正面就是一张瘿木面的大书桌，边上是百宝柜，墙边是古籍类书架，陈列有数百种历代碑帖、印谱、金石古籍。墙上挂着吴昌硕行书扇面，还有特别为我挂出了文征明、张瑞图、王铎、刘墉、吴让之等巨幅书法作品，书桌上，放着端溪古砚、古墨、黄花梨大笔筒，还有一个汉代鎏金虎镇，至今二十几年过去，依旧印象清晰如昨。在之后的十几年交往中，我了解到谷村先生不仅仅是个书法家，还是个汉学家，中国书画杂项文玩大藏家，对中国文化的了解、理解，完全与国内文豪没什么两样。也正是这个原因，他也是启功先生以及台湾的江兆申、吴平、曾绍杰等先生的朋友。在谷村先生家，我拜观过多种名砚、明墨，仅田黄印材佳石就十几方，且有巨型极品。当然，书画是谷村先生收藏的强项，文征明的作品有八件，故取雅号『八征老人』，其他明清大家作品数百件，几乎一应齐全。又喜爱明清名家竹木刻笔筒，镇纸、水盂、笔洗、等等，藏古印六百有余，曾命我编辑《纘述堂古铜印存》，收玺印400方。后又命编辑《吴让之书画篆刻作品集》，凡此等等，皆可知其金石雅好。

与青山杉雨、谷村憙斋等先生一样爱好中国文玩的书法篆刻艺术家，在日本不是少数，比如宇野雪村先生，尽管是前卫书法家，但却是文玩研究家，特别专心于古墨的研究和鉴藏，系统研究了中国的明清古墨并著书多种。其他还有松丸东鱼、村上三岛、梅舒适、小林斗盦、栗原芦水、高木圣雨等等，书法界不分流派，也不分地域，爱好者、赏鉴家非常多。

日本人喜爱中国文玩是有历史的。日本是中国文化圈最主要的邻国。从汉代开始就有直接的交往，其时，日本还处于没有文字的弥生时代，1784年出土现藏于福冈市立博物馆的《汉委奴国王》金印，据考《后汉书东夷传》，记载有汉光武帝建武中元二年（57）赐给日本朝贡使节以印绶，史书记载得到了印证。这是目前所知最早的中日间历史关系实物，如果古印章也算是文房雅玩的话，这是日本所藏最早的中国文房件，通过这方金印或可以遥想两千年前的历史状况。

中日间交往最频繁的当然是遣隋使、遣唐使时期。据中日双方相关历史记载，隋文帝开皇二十年（600）开始，一直延续到大唐乾宁元年（894，日本宽平六年）终止，前后近三百年，日本派遣二十余批次，众多的公私留学生到中国留学，归国时带去了大量的历史文化遗产。根据东大寺的献物帐记载，日本皇家捐赠的包括唐摹王羲之帖二十卷在内的书法名品就有61卷之多。现藏日本宫内厅的王羲之《丧乱帖》，日本前田育德会的《孔侍中帖》，可能已经毁于战火的《游目帖》，还有新发现的《妹至帖》、《大报帖》等等，这已经是天下顶级文房书画宝物了。这些大概都是遣唐使们带到日本的。笔者曾随谷村憙斋先生同访日本宫内厅，拜观《丧乱帖》实物，这件唐摹本装裱成轴，可以推想曾挂于日本皇家墙上无疑。

除这些名帖外，还有大量的唐代文玩雅物藏于正仓院。正仓院是日本东大寺于 8 世纪建立的宝物仓库，日本奈良时代天平胜宝 8 年（756），光明皇后捐献了六百余件皇室宝物，之类此献物，前后有过五次。正仓院的收藏，多达 9000 余件，其中就有相当数量的大唐宝物。笔者曾赴奈良博物馆参观一年一度的正仓院展，拜观过大唐斑竹、湘妃竹的鸡矩笔，大唐金银平脱古琴，紫檀面琵琶，各类大唐八菱镜、海兽葡萄镜，镂空雕香薰炉等等。正仓院所藏唐笔共 18 支，其他还有墨 15 挺，砚 1 方，纸 22 卷共计 1850 张。通过这些文房宝物，我们看到了大唐文房雅玩的精美、考究，也看得出，日本与中国一样对文房雅物的喜爱。

德川家康（1542 ~ 1616）是日本著名的武将、将军、当时日本的实际统治者，极其喜好收藏明墨，其时正是中国造墨史上最发达的时期，罗小华、程君房、方于鲁等等造墨家辈出，德川收藏了不少程君房、方于鲁等明墨。在他去世后遗产单上就有 163 挺明墨。这些墨分给了第九子尾张德川家的第一代藩主德川义直（1600 ~ 1650），这位九公子，自幼喜爱中国文化，受其父家康的影响，也特别喜好藏墨。他与明末的浙江人陈元赟等有交情，通过各种途径收藏明墨，根据幕末《御道具帐》记载：极上唐墨四挺，上上唐墨二十五挺，上唐墨二百七十九挺，中唐墨八十九挺，下唐墨十六挺，上渡朱墨四十八挺，中渡色墨百拾贰挺，总数达一千一百二十四挺。这些墨基本上都是明墨和清初墨。由此推测，这些墨应该是家康、义直两代收集而成，现藏于名古屋的德川美术馆。这批墨的制墨家除了罗小华、程君房、方于鲁外，还有叶玄卿、吴去尘、方澹玄、吴申伯等等 82 家。不少制墨家之前未见有记载，因此这些墨也补了墨史研究之不足。

光这批藏墨，就足可看出日本人对文房雅物的喜好，而德川美术馆的所藏，岂止这批明墨！宋元明各代的剔红、剔犀笔，髹漆笔，螺钿笔，石砚，笔架，砚屏，墨盒，水滴，香炉，，香盒，香盆，轴盆，轴台，花插，古琴，雅石等等，几乎我们熟悉的文房雅物，应有尽有。由此可以看出中国文化在日本的影响程度。

中国历代藏砚家，砚谱，以皇家的《西清砚谱》为贵，之外还有纪晓岚《阅微草堂砚谱》，高凤翰的《砚史》，沈石友的《沈氏砚林》等等，其中《沈氏砚林》计 156 方中有一百二十余方吴昌硕的砚铭而为世所特别珍重。然而，这批砚台，由其子通过钱瘦铁，唐吉生，由日本画家桥本关雪担保抵押给日本在上海的银行，后来悉数运往日本，归桥本所有。战后散出，七方由林朗庵转给台湾林寿伯最后捐给台北故宫，部分回流国内，大部分还在日本，为日本藏砚家所喜爱。

日本有专门喜爱砚台的『洗砚会』，有广泛的爱好者。二玄社 1976 年出版的《古名砚》五巨册，至今依然是当代经典砚谱。

南宋时期，日本的禅宗和尚荣西（1141 ~ 1215）从中国带回茶种，在京都附近的宇治等地种植成功，被日本尊为『茶祖』。尽管在他之前日本就已经有过喝茶的记载，但并不盛行，经过荣西的推广，茶道在日本形成风尚。中国的宋元明茶道具，更受日本茶人喜爱。不知何时传到日本的建盏，如曜变天目、油滴天目等等，都是日本茶道的至宝。

据传，南宋朝赠送给平重盛（1138 ~ 1179）一只龙泉窑青瓷茶碗，受到日本历朝将军们的宠爱。据传，在足利义政将军时期，因瓷碗有冲口，命人再求一只完好的碗而不能得，故而请工匠锔丁保护，因锔丁颇似蚂蝗而名为『蚂蝗绊』，传为佳话。

通过隐元传到日本的明代饮茶法，逐渐形成为『煎茶道』，在日本普及了茶文化。经过日本工匠们的精心制作，铁壶、金壶、银壶以及各种煎茶具，在近十年不断销往中国，成为当代中国茶文化的时尚。也成为了文房的新品目。

文房文化，是中国传统文化的一部分，在日本的爱好者主要由书法家、篆刻家、茶道家、香道家、花道家等传统文人为主。随着西方文化在日本的不断渗透，日本固有的传统文化，包括由中国传到日本的传统文化在不断消弱，年轻一代，对传统文化的陌生，令人生寒。大量的文房雅物在快速回流中国，日本人在渐渐远离已经传承了两千年的中国文化。战后一大批为传统文化的弘扬做出过巨大贡献的书法家、文玩雅物收藏家们大多在近三十年间先后仙逝，他们的后继者们如何在这种逆境中保持、发展传统文化已然成为今后的一大命题。

二〇一七年二月二十二日于九松园

胡星岳犀角杯的真形

施远

上海博物馆工艺研究部副主任
副研究员

中国资产评估协会文物艺术品
专业委员会委员

中国犀角雕刻的研究，一直是个困难重重的领域。我国文献资料中有关艺术家和工艺家的记录应该说还是很丰富的，文人艺术家自不必言，即便是过去易遭忽视的匠师之辈，也有不少留下名号于笔记野史之中。然而犀角雕刻却很诡异，除了明人高濂、张岱所推许的鲍天成和曾经清高宗弘历御咏的尤通这二家有传世具款作品可以相互印证外，其他大量见于传世犀角器的作者名号在文献中毫无痕迹。国人历来有在仿古制作上留署『托款』的作风，寄托也好，伪托也罢，总之是以伪冒真。作伪便要傍名，然而『天成』、『雨源』之作未见其多，无名之辈未见其少，足称一奇。传世犀角器中，具款作品较多而文献记录绝少，无款之作多而添款作品少。这与其他品种工艺雕刻中铺天盖地的伪款、仿款、后加款等现象一对比，更显得十分特殊。

得不到文献支撑，加上极端缺乏考古出土的断代标准器，使我们在传世犀角器的断代、辨伪上常常莫衷一是。以前所有有关犀角器的知识，泰半来源于古董商人，而古董商的意见，来源混杂，真伪莫辩，耳食居多，靠谱则少，要么人云亦云，要么不知所云。上个世纪末叶，终于有一位叫做Jan Chapman的欧洲人，勇敢地进入这无主之地，居然所获颇丰。1999年，其撰写的《中国的犀牛角雕刻艺术》由伦敦佳士得图书公司出版。这本书作为目前研究中国犀角雕刻艺术最全面的著作，所依靠的核心材料正是Chapman供职的爱尔兰都柏林切斯特·比棣图书馆收藏的二百多件犀角器，以及欧、美、日的大量公私收藏。而国内收藏犀角器最多的两家博物馆——故宫博物院和上海博物馆——在接受海外藏家捐赠之前的藏品数量，相加也不足二百件。到目前为止，中国人自己的犀角研究尚未诞生令人满意的专著。虽然1999那一年，由著名犀角器收藏家霍满棠先生编集的《中国犀角雕刻珍赏》也得以面世，从而使这一年成为犀角艺术研究史上的里程碑，但该书的体例及其研究深度，都还不足以称为一部真正的学术著作。由于语言与文化的隔阂，西方人对中国文物的研究注定会有许多瑕疵。Chapman的这本煌煌大作也不例外，特别是其中『The Cavers』（雕刻者）这部分内容，讹误尤多。

此次韩天衡美术馆『兰室长物——历代文房具展』上出品了不少犀角器，十分引人注目。这些在公立博物馆都难以一见的陈列，充分体现出民间藏家的眼光与实力。其中的胡星岳款仿青铜觚龙凤杯，特别地引起笔者的重视，因为它是件在犀角器研究中极为难得的『标准器』。所谓『标准器』，是指具有明确考古学地层或纪年信息的遗址、墓葬、窖藏中出土的古器物，其自身所具有的包括材质、工艺、美术、文字等各方面的信息，构成为一个个坐标节点。传世的以及不具备年代信息的出土物就可以放入这个坐标之中，获得绝对或相对的断代结论和真伪判断。对于没有出土器的文物品类，则只有通过对传世实物的排列比对，并以之与文献著录、递藏情况相参照，再利用相关的多种学术研究成果，将其中公认的、完全没有疑问的作品确立为『标准器』。至于像明清犀角器这种完全缺乏出土资料和文献著录的传世工艺品，我们如何断代、如何判断真伪、如何确立『标准器』呢？

目前对犀角器的认识还处在摸着石头过河的阶段，断代上大致还是使用类型学的方式，结合古玩界的经验之谈，粗略地划分为明、明末清初、清乾隆（清中期）、晚清四个大板块，其间有很多模糊性。如何摸定牢靠的石头作为将来构建沟通迷津的桥梁之基础，应该是当下犀角器

图 1

图 2

图 3

研究的重点。前面说到犀角器『具款作品较多而文献记录绝少』，这导致我们很难通过掌握作者的时代信息来判断器物的年代，而只能通过器物的时代特征（如果判断正确的话）来大致推定作者的活动时间。尽管具体器物的断代与款识的可靠与否常常还在可商之列，但从带有作者名款的器物中尽最大可能寻找出可靠的作品，无疑是研究者必须去摸的『石头』。

胡星岳款犀角器无疑是能够摸到这种『石头』的富矿。存世有相当数量的胡星岳款犀角器，为我们进行排比研究提供了基础。能够排列比对，就能找出特征、找到规律，这比那些只有孤品、无从对照的具款器物更能获得可靠的结论。

传世胡星岳款的制品较多，故宫博物院公布有四件，上海博物馆有一件，Chapman《中国的犀牛角雕刻艺术》披露欧美公私收藏有十件，霍满棠《中国犀角雕刻珍赏》收录有两件，此次『兰室长物』展中亦有两件。此外，近年海内外公私拍卖亦时有所见，或与前述的部分私人收藏有所重叠。这些制作的器型以杯为主，亦有炉鼎之类。其样式几乎全为仿古铜玉器风格的款式，多具蟠螭。工艺水平间有差异，提示有伪作羼入的可能。

这些制品的款式分为两类，一类为单一的印章形款，一类为带有节令及上款的文字并印的形式。前一类印章形款中，以『胡星岳作』四字篆书方章款为多见，偶有作『胡星岳制』者，如本次『兰室长物』中的一件；另有『星岳』二字篆书圆印款与椭圆印款，其中圆印款中的『星』字作三个小圆圈排成品字形，十分有特色。带有『胡星岳作（制）』四字篆书方章款的制作，工艺水平差异较大，款识信息也较少，从中仅靠排列比对较难确立标准器，可以暂不深究。带有时间及上款的文字并印章的这一类，信息量大，为我们确认胡星岳制犀角器的真面目提供了极其难得的抓手。

这类带有时间及上款的文字并印章之作，目前所知有四件。其中行书款一件、楷书款一件、篆书款两件。

蟠螭觚式杯，原为香港著名藏家叶义医生旧物，捐入故宫博物院（图 1，以下简称为故宫杯），作略近四方的觚状。口足部四面四角雕刻仰覆蕉叶形饰带，内填变体云雷纹，中出扉棱；腰部为变形兽面，四面四角亦出扉棱；镂雕蟠螭计 15 条。杯外底刻阳文行书『壬午七夕胡允中为仲青盟翁作』及『星岳』二字篆书圆印并『胡允中印』四字篆书方章。

螭柄古器纹杯，今藏上海博物馆（图 2，以下简称为上博杯），作束腰敞口小足的喇叭形。杯身饰变体仿古夔龙纹，腰间出扉棱四道，口沿内部饰云雷纹一周，杯柄透雕蟠螭数条。杯外底刻阳文楷书『壬午嘉平月为仲翁先生，允中』及『星岳』二字篆书椭圆印。

以上二器均为仿古铜器风格的蟠螭杯，雕刻水平接近，尤其是蟠螭的造型处理与体势韵味具有共性。其款识文字虽有楷、行之异，但皆作隐起阳文细字，工艺不凡，是其特色。且上款一作『仲青盟翁』，一作『仲翁先生』，纪年同为壬午，极有可能是同一年为同一藏家所制。上博杯有『星岳』二字篆书椭圆形印章款，与之类似的款识见于清宫旧藏的一件犀角雕兽面纹方鼎上。但此方鼎制作年代明显较晚，雕刻水平亦与上博杯迥不相侔，故宫博物院两代专家均鉴定为清代中期制品。仅就『星岳』二字篆书椭圆形印章款而言，尚不能作为鉴定依据，故在以下讨论中从略。

仿青铜觚龙凤杯，即『兰室长物』展中的这件（图 3，以下简称为韩美杯），造型较为特殊。整体为仿青铜觚的造型，但上方而下圆，上、中二段为方体，足部为圆体，极为别致。有关韩美杯造型与纹饰的讨论详见下节，这里先说款识。杯外底阴刻篆书，韩天衡先生释为『甲申春日仿古汉爵，为约生先生识于泊云阁中』及『星岳』二字篆书圆印并『胡允中印』四字篆书方章。

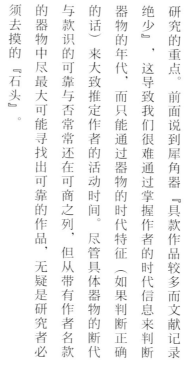

图 4

图 5

另一件同为篆书长款的例子，见于Chapman书中的图132，原器为塞克勒（Sackler）所藏，器物图象未载，仅有款识的图片（图4，以下简称为塞氏杯）。款识字体及刀法与韩美杯绝似，其文为：『甲申七夕先一日为□翁老先生制（？）于□□□』。

以上两杯所用篆书均为所谓『古文奇字』，其字常常不合六书造字之法，体现了清代乾嘉古文字学大发展之前人们对上古文字的认识水平。『古文奇字』的流行在明末清初之际发展到登峰造极的阶段，明末出版家闵齐伋于1661年完成的《六书通》，是对这一时期所见古体篆字的大总结。我们看见这一类书法，基本上便可大致判断作品的时代范围。值得一提的是，故宫杯行书款识风格十分接近陈洪绶峻峭遒劲的书体。考虑到陈洪绶在清初江南博古收藏界中的广泛影响，亦可作为此器制作时间不晚于清初康熙朝的旁证。

除去具有文人酬唱馈赠性质的作品之外，同时带有上款和作者本人款印的落款方式在工艺类器物上本不多见，在犀角杯中就更为难得。而胡星岳款犀杯中此种形式款识的集中出现，不能不说是一个特例。其中透露出的时代信息，尤当引起我们的注意。在馈赠或定制的作品上书写上款，原本是文人画兴起后的格式，在元代已属多见，至明代就极为通行了。但先写本人名款再写上款以示谦逊的做法，如故宫杯之『壬午七夕胡允中为仲青盟翁作』那样的模式，清初以后即使在书画上也已很少出现。再一个，明代后期到清代乾隆年间，因文人结社、结盟风气的影响，在上款中惯用『词丈』、『社兄』、『道兄』、『盟翁』等称呼，这类称呼，雍乾后就逐渐消失，仅『道兄』、『道长』等少数仍在沿用。因此仅从格式与内容来看，故宫杯就具有典型的十七世纪款识行文风格，而其余三件犀杯也与之近似。

故宫杯、韩美杯、塞氏杯三者在款识上还有一个共同点，即在款书后镌有『星岳』二字篆书圆印并『胡允中印』四字篆书方章。三件犀杯的印章在章法、篆法上是完全一样的，特别是『胡允中印』之『中』字的篆法，在『中』字上面加了个『匕（人？）字头，非常有特点。（这一圆一方二印，据Chapman所述，还出现于斯德哥尔摩东方博物馆的一件犀杯上，惜乎未附图像，也不知道有没有款文。而『允』字上部盘曲，在Chapman书中释为『见』字，遂使坊间流传的犀工名头中凭空添了一个『胡见中』。）有一种可能，这圆方二印是胡星岳的标准用印，其可靠程度远大于『胡星岳作』四字方章。更大的可能，胡氏只有在表示郑重时，才同时镌此二印。

以上讨论了款识行文和字体的时代性，为确立故宫杯和韩美杯作为胡星岳雕犀角杯『标准器』提供了一部分断代依据。下面我们来看看器形与纹饰的情况。

先从韩美杯说起。韩美杯的造型与纹饰有点奇特，作为仿古觚式，其上下半身并不『协调』。上方而下圆也就罢了，其纹饰风格还不统一。上段蕉叶纹与中段的兽面纹都是中规中矩的仿古风，下段却出现了颇具西洋色彩的垂花饰。这种垂花饰完全不同于中式风格，极为特殊。在犀角杯中造型与装饰元素古今杂揉的例子比较多见，中西风貌混用的却非常之少。无独有偶，故宫博物院有一件清宫旧藏『丽』字九八九号犀角镂空莲螭耳高足花式杯，杯身偏下处束腰，上部浮雕双层莲瓣展开为杯口，束腰以下的处理则与韩美杯全同（图5，以下简称丽字杯）。并且，杯外底足内刻有胡星岳独特的『星岳』二字篆书圆印。此杯所雕蟠螭的体势、韵味，与故宫杯、上博杯也系同调。

明清工艺美术中带有西洋元素，第一次集中出现是在明代后期。欧洲殖民者来到中国近海，以利马窦为代表的传教士进入中国，都使国人更容易接触到西洋制品。景德镇窑、漳州窑等陶瓷产区大量接受欧洲定单，更使西洋图案成规模地流入中国。著名的《程氏墨苑》都收录了西洋画风的墨样，纯粹供中国文人消费的文房用品尚且如此，其它工艺领域可以想见。想来正是在这样的时代风气下，胡星岳进行了中西『合璧』的尝试。或者说，为迎合藏家个人的口味，雕刻家乃有这种独特的创作。台北故宫许雅惠女士在《晚明的古铜知识与仿古铜器》一文中指出，晚明仿古铜器与瓷木玉器常常出现风格矛盾、『兼具奇与古双重效果』的制作，其原因一是『知识混乱』，一是『符合当时对于「奇异之物」的喜好』。显然，晚明的『尚古』与『好奇』之风交相错杂，从而导生出胡星岳这一类型的犀雕创作。也正因为是一种尝试，所呈现的不成熟感就很容易得到理解。到了康熙后期直至乾隆时期的仿古雕刻与学习西洋的工艺制品，皆整饬严整而更加圆熟，不再有这种生拙的处理。

再谈谈故宫杯、韩美杯在纹饰风格上的一致性。故宫杯三段纹饰风格统一，韩美杯的上中二段与之大略相同。上段同为四面四隅蕉叶形饰带，内填变体云雷纹，中出扉棱。腰部同为变形兽面纹。故宫杯出扉棱，韩美杯则无；故宫杯兽面眉上作两层回纹相勾连，韩美杯则仅为一层。故宫杯扉棱上加有几何纹饰，韩美杯则无。但二者在雕刻手法上是一致的：中段兽面纹均由减地起凸的阳线构成，不具深浅层次变化；上段蕉叶形饰带内填变体云雷纹则均有退晕层次。其出于一人之手具有风格学上的依据。

综合以上的分析，可以得出两个结论：一、胡星岳的活动时间不应晚至乾隆朝；二、韩美杯与故宫杯同为胡氏犀雕的『标准器』，丽字杯与上博杯可称为『准标准器』。塞氏杯未见全器，不能妄断，但就款识的情况来看，大概率属于真品。有了这个认识，对于四件纪年犀杯的系年才能下一个比较准确的判断。纪年仅有『壬午』与『甲申』二个。最能与之对应的，前一甲子的壬午为明崇祯十五年（1642），甲申为明崇祯十七年（1644）；后一甲子的壬午为清康熙四十一年（1702），甲申为清康熙四十三年（1704）。后一甲子虽稍稍逸出17世纪，但所去未远。这是笔者目前就所获材料对胡星岳活动时间所作的判断，接近以往视之为『明末清初』犀工的通行看法，而不同于故宫博物院刘岳先生将其归入十八世纪下半叶清代中期的断代意见。

丹泥素楮 铁笔印灯
兰室长物中的印章与印谱

张炜羽
中国篆刻艺术院研究员
西泠印社社员
上海韩天衡美术馆副馆长
暨首席典藏研究员

近期在上海韩天衡美术馆举办的『兰室长物』文房大展中，荟萃了我国历代书画篆刻珍品与文房雅具近六百件，其中周秦两汉及宋元古玺印、清代以来名家印章、明清稀见印谱达八十件，贯穿整个中国印章发展史，具有艺术观赏与学术研究的双重价值，成为本次展览中的一个亮点，已引起篆刻界同仁们的极大关注。

在历代印章展品中，首先陈列是珍罕的战国古玺与两汉私印。说其珍是因为像古玺『郘𤸫』、『史昌』，汉印『嘉』、『去疾』等均为玉质，制作精良，为其它谱录中之未见。其中『郘𤸫』印材为上佳的和田籽玉，质地细腻温润，寓含着佩玉之士，比德于玉，纯洁高尚的品德。称其罕是因为如古玺『长城』系鼻钮象牙印，汉代『季临私印』为木质，『吴良私印』、『王奉德印』为银印，这在以铜质为主，延续千载的周秦汉魏玺印体系中，均属稀罕之物。至于韩天衡美术馆的镇馆之宝——三国曹魏时期的金质官印『关中侯印』，虽经历了一千八百年风烟的侵蚀磨荡，仍然焕发出其耀眼、永恒的光芒。在此黄金之艳丽，雕钮之生动，篆法之雍容，刀锋之铦利，气势之沉雄，皆浓缩在这方寸之间，使观者无不为之心动。

在欣赏完这批斩金截玉、竭尽工巧的秦汉玺印后，再移步观看那些一度被忽视的五代以来官私印章时，能真切地感悟到自周秦两汉向宋元的时代变迁，带来的印章艺术嬗变与发展史迹。如展品中可上溯到五代十国的收藏印『文房之印』和宋代书简印『汶阳翁书』、斋馆印『黼轩』等，功能不同，风格有别，从中可一探当时文人士大夫书斋生活与精神境界，也是书画艺术创作与鉴藏活动兴盛期重要的历史印记。此外『监房州清酒务之记』和『税场』为北宋官署印，皆与商贸相关。其中曲叠的多字印有两行清晰的背款，曰：『太平兴国三年九月铸』，为公元978年宋太宗赵光义在位时京西南路所属房州（今湖北房县）的清酒税务印记。长形楷书印『税场』，亦为商税征收管理机构。文房大展的主办者有意精选这些不同类别与印风的印章参展，欲使人们对宋以来五代至文人用印体系形成初期官私印章的品类、工艺，有更加直观的认识。

作为印章艺术发展史中的第二个高峰期——明清流派篆刻，也是本次展览的重头戏。如展品中有清代东皋派代表人物黄楚桥的五面印，成为清中期曾风靡一时的如皋地区文人篆刻的缩影。晚清六大家吴熙载、徐三庚、赵之谦、胡钁、吴昌硕、黄士陵的作品，早已被印坛奉为圭臬，他们以鲜明的个人印风，将流派篆刻艺术推向了巅峰。而他们的印石原作，大多已被国内各大博物馆与印学团体珍藏，或流失海外，私人弆藏量很有限。此次主办者拿出了压箱底的宝贝，令人惊艳。如吴熙载九字白文印『汪鋆字砚山又字汪度』，布局自然，笔意强烈，用刀更以轻浅取势，如行云流水，表现出其高超的篆刻技巧。吴熙载在边款中称：『熙载所作，极作绝思，汪度宝之。』可见吴氏殚思竭虑，为其心血所铸。

作为对近代海上及东瀛印坛产生深刻影响的第一人——徐三庚，其印章深受书画家、鉴藏家与市民阶层的欢迎。此次展出的双面对章，乃徐三庚五十四岁时为湖州书法家、藏书家章绶衔所制，风格多样，也是其成熟期的代表作。如刻章氏姓名、字号两面印，以切刀为主，顿挫起伏，苍劲老辣，展现出徐三庚娴熟的用刀技能与浙派印风对其创作的影响。而另一枚两面多字收藏印，分别以婀娜的元朱文与古雅的大篆为之。该对章在喜收藏徐氏印作的张鲁庵等谱录中未曾出现，为研究徐三庚篆刻艺术风格的流变与交游，提供了新鲜的实物资料。

赵之谦的『胡澍壬戌年后所得』，为同治元年（1862）替书家兼好友胡澍所镌，意在两汉碑额与摩崖刻石之间。赵氏天才卓绝，却不愿多作，遗世的篆刻原石仅百余件，流散在私人藏家手中则更罕，此次能征集到赵氏的原作洵属不易。此外像胡钁的『长毋相忘之室』，吴昌硕为后任浙江省省长、陆军上将的张载阳和鄂中士子关棠所制的两对对章，也是胡、吴二人不可多见的力作。至于像黄士陵晚年刻的『方文寯印』，运刀光洁挺健，线条古茂浑朴，为典型的『黟山派』风格。因此印边款明确记载为『戊申五月』，还牵涉到关于黄士陵卒年的一桩公案。该印的出现，彻底推翻了旧说黄氏于光绪『戊申（1908）正月初四谢世』的论点，使其人们既领略了黄士陵晚年印风神采，又具备了重要的史料价值。

在篆刻展品中，还陈列了现代书画印大师齐白石为国民政府要员谭延闿、陈毅秘书郑瑛所刻对章等。如留意一下谭氏白文印，能观察到齐白石中年后赵之谦仍对其有着根深蒂固的影响。因齐白石晚年印名大震，为利所趋，以致赝鼎遍天下，并传言印作多为弟子代刀。齐白石在『清君』印款中告白道：『余平生不作伪，此印实白石刊也。』白石翁朴实、直率与风趣的性格可见一斑。

收藏家多注重收藏印鉴的优劣，每每钤盖于书画藏品之上，以示递藏有序。此次展览的『叶恭绰自用印』合辑，汇聚了近代鉴藏大家叶恭绰自用印三十一方，为近代篆刻高手易大厂、乔大壮、邓尔雅、陈巨来、叶潞渊、冯康侯、邹梦禅、钱君匋、方去疾等所制，曾频频出现在叶氏珍藏的历代书画名迹之中。其中陈巨来的元朱文『第一希有』，圆润秀逸，工致匀净，已达到无可挑剔的境界。这套组印，既是甄别叶氏收藏品真伪的重要印鉴，也是近代印坛风貌的一个缩影。

与印章艺术相辉映的，是这次文房大展中陈列的九套重量级明清印谱。其中最夺人眼球是两套明代张灏的《承清馆印谱》。《承清馆印谱》是明清流派篆刻史中第一部汇辑诸家印作的印谱，成书于万历四十五年（1617），它集中了自明中期文彭、何震、苏宣、梁袠等以来的二十二位著名篆刻家的印作，成为考察明代文人篆刻兴起之后印坛风貌的重要依据，在印谱史上有着崇高的学术地位。然而传世的《承清馆印谱》一直存在逐印注出刻者姓名的二册本和未注姓名的四册本，存印数也不尽相同，因流传有限，学者多仰之而不可及，无缘深研。此次展出的《承清馆印谱》木板装帧四册本，为东瀛回流之物。韩天衡先生慧眼识宝，砥志研思，最终确认为《承清馆印谱》之母本。该谱存印四百八十方，印章释文、印材与作者均用毛笔墨书，而其他版框印刷后钤印者均参照其仿刻。此外该谱存舒曰敬、张崃、项鼎铉及张灏等印谱序跋达二十九篇，亦多于他谱，弥显珍贵。同期陈列的《承清馆印谱》初、续集本，二册存印各为三百三十六方，总数达六百七十二方，较西泠所藏张鲁庵缺佚本多出八方，当为传世二册本中之足本，世所罕觏。

本次大展中还陈列了在印谱史上有『三堂印谱』艳称的张灏《学山堂印谱》、周亮工《赖古堂印谱》和汪启淑《飞鸿堂印谱》，它们是研究明末至清代乾隆时期篆刻艺术演变最为重要的谱录。汪氏曾称所辑《飞鸿堂印谱》：『非敢夸多斗靡，炫耀前贤，欲使衔木者不穷于邓林，采珠者如游于南海。』实非浮夸之言。『三堂印谱』因所辑印人、印作众多，文辞精彩，风格多样，一直被后人翻印出版，而原钤印谱也因制作精良且繁琐，为人珍秘。

此外黄山的《孝慈堂印谱》乃宇内孤本，是韩天衡先生于上世纪八十年代不惜巨资从岭南购归者。韩先生之所以志在必得，是因为其在早年研究印谱过程中，发现日本太田孝太郎的《古铜印谱举隅》曾有记载而实物未见者，令其神绕梦牵，一经发现，岂容错失。后经清代金石家翁方纲题记及韩先生考证，是谱辑者黄山，名树穀，号松石，为西泠八家之一黄易之尊翁。而展品中成书于清代嘉庆年间的黄易《黄秋盦印谱》，为早期罕见的印款并存类印谱。要知原钤印谱虽肇始于明代隆庆顾从德的《集古印谱》，文人镌刻边款也于同步兴起，但钤朱拓墨则是两个世纪之后的风气。《黄秋盦印谱》与《西泠四家印谱》，开启了辑录印谱的全新样式。使这册貌不惊人的印谱，在印谱史上有着重要的学术研究价值。

印谱史上不可有二的巅峰巨作是清代杰出金石家陈介祺的《十钟山房印举》，存印达一万余方。因陈氏玺印品类繁多，数量惊人，随收随拓，以致陈介祺竭其毕生心力，最终仍未定稿。展品中的《十钟山房印举》二函二十八册，是以陈介祺同治十一年（1872）年届花甲时原钤者装订而成，颇为罕见，其中汉代鸟虫玉印『婕伃妾娋』等传世之作已入陈氏囊中。此外被罗振玉誉为最为精美的吴式芬《双虞壶斋印存》一函八册，也于同期展出。相信通过展览，观众们会对我国印章艺术有一个全景式的认识，而专业观众也能在这些珍稀的印章、印谱中，获取更多的学术信息，这些都得益于主办者对印章艺术的痴迷与其开放的意识。

丁酉惊蛰于春申郢庐

好砚·说砚·藏砚

韩天衡

吾少好弄翰，七十年前，墨膏、墨汁的生产尚属初生期，书画挥运无不以砚为用，以砚为基，作『人磨墨，墨磨人，磨墨人』之无尽止的耗磨时日。砚多为石，『石不能言最可人』，正是在斗转星移的悠悠岁月中，我对砚石产生出伴侣般的依恋情结。

『吾生无田食破砚』，农之生计在于田，儒之生计在于砚。砚、田是等量齐观的，故『砚田』之说亦由来久矣。细细思忖，文房固称四宝，笔、墨、纸、砚，笔易损，墨易耗，纸则是字的载体，虽此三品之藏家代不乏人，然毕竟是易耗之品。唯砚之为物，坚而寿，能久用，可传世，留汗臭墨香，历酸辛甘苦，寓人事沧桑，遂成文士须臾不离、情深意笃之忠贞友伴。从这几层意思生发开去，足见古来文士之爱砚、藏砚、玩砚，且生瘾成癖之理所当然。

砚的产生，当在早而又早的上古时代，到唐宋时期，砚的身价已很显赫。北宋大文学家欧阳修曾撰有《砚谱》，记录了彼时产于端、歙之砚以及绛州角石、归州大沱石、青州红丝石、虢州澄泥等砚品九种。宋大书家米芾著有《砚史》，列有用品、性品、样品三节，考订古今，论性之优劣、形之繁简、制之嬗变、石之产地，言之凿凿，俨然是专家里手。自北宋至晚清，文士所撰砚之著录，有影响者即不下五十种，可见千年以来好砚之风代代相承。

因自小所处家庭环境，我在孩提时就恋旧好古。明知这会使自己成为跟不上时尚的『落伍』者，好在时代毕竟给了每人一片耕耘的『自留地』，我渐渐痴爱起砚台来。少年时代把玩的那几方砚，伴我走过天南地北，乃至于偕之从戎海疆，共度过浪高涛急的多年海上生涯，至今依旧毫发无损地依偎左右。仅此一例，也足见我的爱砚之笃。其实，再往深处里想，情深意切是双向的，这硬冷的石头岂是不通灵性之物？它同样有物化了的人格、人性。爱砚、藏砚，是我之论它；以它论我，它所爱，所蓄的，也正是不弃不离、日长天久的那份执著而温馨的感情！

我之收集旧砚，主要在本土和东北亚与东南亚一线。缘于砚的使用和收藏皆不出东亚文化圈，尤为素好书艺的东瀛人士所好。几百年来流出的佳砚何止千万计，如1917年吴昌硕的挚友沈公周殁，其一生延请吴氏题刻铭文的一百五十余方石砚即被精明的日本人席卷。在日本，无论是街头古肆，还是书家斋馆，能见到的好砚是远胜于国内的。在异国他乡摩挲这类佳砚，大有与流浪街头的旧友相拥而泣的欣喜，其间自然也掺杂些莫名的酸楚。

也因在日本之佳砚甚多，我所集藏的砚台，有半数来自东洋。记得二十余年前，在东京的一爿古董店里购得一方价廉而品优的端砚，那瘦骨嶙峋的老板询问我是哪里人，我要他自己猜，他猜了香港猜台湾，猜了韩国又猜东南亚……最后，他泄气般地说『猜不出了』。当我告诉他我来自上海时，他居然神经质地狂吼起来，并叽里咕噜地说个不停。我问身边的翻译，他怎么变得这样激动，翻译告我，他说的是：『从来是日本人到中国去买古董，还从没见过中国（大陆）人来日本买古董。』说来有趣，花不多的钱买了一方东流的旧砚，居然会为中国人争回了脸面。事实上，收藏与故事是如影相随的，收一方砚，何止一个故事可讲。

作为好砚者，我的收集砚石，大致从三方面考虑。其一是溯源，从砚史的角度去搜求，从砚的发展演化脉络上去考虑。如汉时的平板砚，虽已有了许多装饰成分，然而，使用时多为墨丸加胶后研磨，书字不大，用墨有限，故砚多作无边栏的平板状。其后，晋之多足石砚、陶砚、瓷砚，唐之箕形砚、风字砚、三彩辟雍砚，宋之抄手砚、铁砚、暖砚、双履砚、盖砚，元之铁砂砚、鱼化龙砚，明之井字砚、石渠砚、巨型状物砚，清之漆砂砚……自古迄今，斑斑可见地显示了因时代、气候、地域的不同而显出的审美之异。在砚的大千世界里，大致地说，宋以前，砚之制以实用为主，制作大都不求繁缛；宋以后，砚之制因文士的爱好有加，讲究石之细润，品之珍罕，故制作之工、用心之专远出于实用。明代制纸尺幅扩大，要书写大字、榜书，大型砚遂应运而生。至清代，显贵之族，于砚之制，每由巧匠施艺，鬼斧神工，精妙绝伦，诚可作书斋案头清供，值等金玉，与实用则无涉，有些佳砚，甚至从未沾染墨香。砚者，研也，从这意义上讲，这样的砚是枉称为砚的。

我的收集砚石，其二是求其品类。作为文具之砚石，当以发墨且不伤笔为佳。广东之端石、江西婺源之歙石（婺源民国时始由安徽划入江西）、甘肃之洮河、山西之澄泥都是公认的名品。不过，名品中也有高下之分，端之水坑大西洞，歙之眉子、豆瓣、玉带、枣核、雁湖，澄泥之虾头红、鳝鱼黄、蟹壳青、鱼肚白，更是名品中的名品。中国地大物博，可以制砚之石远不止百种。如米芾提到过的唐州方城的葛仙公岩石，温州华岩尼寺岩石，苏州褐黄石，通远漞军石，夔州黟石；欧阳修提到过的绛州角石，青州紫金石、红丝石，归州大沱石……此外石品亦多多，如驼基石、徐公石、松花江石、龙头山石，皆是制砚的好材料。以上是从石材上作简括的归纳，石材之外还有用金、银、铁、铜、玉、水晶、玛瑙、翡翠、陶、瓷、竹、漆等制砚的。在明季，即有别出心裁用硬木制砚的，其所取材有伽楠木、紫檀木、黄花梨、榉木等。而即使同一石品的砚，也因其间花色的有别而各具价值。以端砚论，因其间有火捺、胭脂晕、鱼脑、翡翠斑、青花、冰纹、金银线、蕉叶白、玫瑰紫、玳瑁斑、鸲鹆眼、白玉点、玉带、虫蛀等名目的存在和各具差异，都值得收藏。就以品类之多及其形质的同中不同，藏家之收藏欲也是永无尽境，永无满足的。

我的收集砚石，其三是求其名品。名品者，除却材质外，还附加有诸多的条件，如砚之制作者为大名家，如梁仪、顾二娘、汪复庆、张太平、陈端友等，也包括当代之制砚名家刘硕识、杨留海、林文举、李铁民、方见尘……此为一种；砚为古今之名人题字署款者，如所收祁豸佳、吕潜、吴历、查升、林佶、余甸、丁敬、高凤翰、王文治、吴昌硕、郑文焯署款或造像砚；或为黄莘田、徐世昌、周梦坡等藏家所藏流传有绪之砚……此为一种；旧砚多重视其外包装，特别是明以来，砚之木椟制作也极考究，不仅用材高档，且在其盒盖上（包括砚身），每多名人之书画题记，或正、或草、或篆、或隶；或山水、或花卉、或人物、或禽兽，或一家独运，或友好共为，或隔代递增，并由高手镌刻。集石之名品、书画之名家、镌刻之名手于一砚，这更是千不一遇，堪称绝品的，此为又一种。

皓月临窗，或晴日几闲，吾兴来时，取清代贡墨一锭，在此等名砚上作三千磨。不解者以为是寂寞枯坐，而此时与古贤神思相接相交共鼻息的心绪是何等的愉悦，常人难以体会得到。然名品砚是砚台中最具文心，也是最昂贵的一款，故往往爱不释手而又无奈地望而却步。对于今天的好砚者，我总是提醒他们，『要当心，再当心』。作假者时常采用旧砚，乃至新砚加刻古贤的题记字款，以高价蒙人。倘太缺乏对砚史和作家及对书艺的认识，往往会受骗上当。对于收集砚石，我重在历史、文化、艺术，是弦外有音的。所以，我自视是爱砚者，而非止是藏砚人。

图书在版编目（CIP）数据

兰室长物：历代文房艺术 / 韩天衡，韩回之主编 .
-- 福州：福建美术出版社，2017.3
ISBN 978-7-5393-3645-9

Ⅰ . ①兰… Ⅱ . ①韩… ②韩… Ⅲ . ①文化用品 - 中国 - 古代 - 图录 Ⅳ . ① K875.42

中国版本图书馆 CIP 数据核字 (2017) 第 050080 号

兰室长物——历代文房艺术

主　　编　韩天衡　韩回之
委　　员　张炜羽　韩因之
　　　　　叶林心　卢为峰
　　　　　王新雨
封面题字　韩天衡
编　　务　张学津　刘言超
　　　　　朱美煜　王轩渲
　　　　　杨晓康　郑澄琳
　　　　　谷　雨　伍成灏
　　　　　王余洋
摄　　影　王　华
设　　计　张华君

出 版 人　郭　武
责任编辑　卢为峰　蔡晓红
出版发行　海峡出版发行集团
　　　　　福建美术出版社
地　　址　福州市东水路 76 号 16 层
邮　　编　350001
网　　址　http://www.fjmscbs.com
服务热线　0591-87620820（发行部）
　　　　　87533718（总编办）
经　　销　福建新华发行集团有限责任公司
印　　刷　上海雅昌艺术印刷有限公司
开　　本　787 × 1092 毫米　1/8
印　　张　47.5
版　　次　2017 年 3 月第 1 版
印　　次　2017 年 3 月第 1 次印刷
书　　号　ISBN 978-7-5393-3645-9
定　　价　888.00 元